全球治理视域下的
国际海关法研究

王　珉／著

STUDIES ON THE INTERNATIONAL CUSTOMS LAW FROM THE PERSPECTIVE OF GLOBAL GOVERNANCE

法律出版社 LAW PRESS · CHINA ｜ 北京

图书在版编目(CIP)数据

全球治理视域下的国际海关法研究 / 王珉著. -- 北京 : 法律出版社, 2022
ISBN 978 - 7 - 5197 - 6820 - 1

Ⅰ. ①全… Ⅱ. ①王… Ⅲ. ①海关法 - 研究 - 世界
Ⅳ. ①D912.2

中国版本图书馆 CIP 数据核字(2022)第 107856 号

全球治理视域下的国际海关法研究
QUANQIU ZHILI SHIYU XIA DE GUOJI HAIGUANFA YANJIU

王 珉 著

策划编辑 刘秀丽
责任编辑 刘秀丽
装帧设计 汪奇峰

出版发行 法律出版社
编辑统筹 法商出版分社
责任校对 晁明慧 王 皓
责任印制 胡晓雅
经 销 新华书店

开本 710 毫米×1000 毫米 1/16
印张 17.5 **字数** 271 千
版本 2022 年 9 月第 1 版
印次 2022 年 9 月第 1 次印刷
印刷 唐山玺诚印务有限公司

地址:北京市丰台区莲花池西里 7 号(100073)
网址:www.lawpress.com.cn
投稿邮箱:info@lawpress.com.cn
举报盗版邮箱:jbwq@lawpress.com.cn
销售电话:010 - 83938349
客服电话:010 - 83938350
咨询电话:010 - 63939796

书号:ISBN 978 - 7 - 5197 - 6820 - 1
定价:68.00 元
凡购买本社图书,如有印装错误,我社负责退换。电话:010 - 83938349

前　言

经济全球化加速了自由开放的世界贸易市场以及全球资本市场的形成，国际经贸秩序逐渐步入全球治理时代，不再单纯地以领土边界划分贸易市场，各国经贸规制的趋同化、经贸治理的国际化不断加强。全球治理中国方案的基本点在于各国携手建设相互尊重、公平正义、合作共赢的新型国际关系，共同构建人类命运共同体。共商共建共享理念正在为国际社会所广泛接受，成为全球治理的一项重要共识。

国际化进程也构成了中国海关与全球联系的重要纽带，加强了海关对全球体系的依赖；在中国参与国际体系的进程中，海关作为国内、国际交往中重要的沟通行为体，推动了中国与全球的紧密互动；中国海关通过参与越来越多的国际合作机制，进一步促进了中国与世界关系的法治化。概言之，全球化背景下的全球治理孕育了国际海关法，并不断推动其转型与发展。

国际海关法构成海关法学的国际法部分，属于国际经济法的下位部门法。本书共分为七章。第一章聚焦全球治理与国际海关法形成、发展的互动关系，重点阐释国际海关法的法理基础、制度体系和发展趋势。全球治理理论促进了多边世界秩序的强化和国际经济组织的发展。在理论构建基础之上，第二章至第五章深入剖析全球、区域、双边三个层面的海关法治体系。全球层面以世界海关组织（World Customs Organization，WCO）和世界贸易组织(World Trade Organization,WTO)为着眼点,从国际组织法和国际条约法出发,重点探讨两大国际组织的历史演进及其框架内的海关法律制度问题;区域层面以不同形式的区域经济一体化机制为着眼点,重点探讨区域性海关合作法律问题;双边层面以中国与美国、欧亚经济联盟、欧盟等重要国家(地区)的海关合作机制、重点项目为着眼点,围绕双边海关合作在全球治理中的重要作用进行分析。面对新时期世界经济贸易变化和我国外经贸发展所面临的新情况、新趋势,海关国际合作的变化引起的国际海关法发展的新动向值得关注。第六章深入探讨全球治理视域下海关国际合作实践挑战与影响因素,并提出中国参与并推动海关国际合作的发展构想。当今世界正经历百年未有之大变局,逆全球化思潮抬头、新冠肺炎疫情突如其来等增加了全球局势的不确定性,与此同时,新技术层出不穷,新业态风起云涌,新模式激荡澎湃。第七章以新冠肺炎疫情应对措施对跨境货物贸易的影响及中国对策、海关税收担保主体制度的国际比较与创新探索、跨境电子商务规则的国际协调三个主题为例进行研究,探索新发展格局下推动全球海关治理的中国方案。

本书从国际法、国际政治学、国际贸易学等跨学科融合的视角,立足中国国情,在全球治理视域下针对国际海关法领域的重要理论和实践问题、前沿性热点和难点问题进行比较研究,对于系统构建国际海关法治理论体系、推动全球海关治理完善和促进中国贸易强国建设具有较为重要的参考价值。

目　录

Contents

Chapter 1 第一章

全球治理与国际海关法理论基础

经济全球化加速了自由开放的世界贸易市场以及全球资本市场的形成,改变了传统的地域疆界。国际经贸秩序逐渐步入全球治理时代,不再单纯地以领土边界划分贸易市场,各国经贸规则的趋同化、经贸治理的国际化不断加强。[①] 戴维·赫尔德指出,全球化给人类带来的挑战可以归纳为以下三个核心问题:第一,全球共同关心的生态与环境问题,如全球变暖、生物多样性危机、生态系统损失、水缺乏等。第二,人类可持续发展问题,如消除贫困、防止冲突、控制全球传染性疾病等。第三,全球竞赛规则,如核不扩散、有毒废物处置、知识产权保护、遗传研究规则、贸易规则、金融和税收规则等。[②] 这些全球性问题就是全球治理的对象。20 世纪末,跨国交往与经济全球化程度的加深,提高了对全球治理的要求。

作为一种理念,全球治理重视并强调人类社会生活的整体性、共同性和利他性,倡导共存共赢、共同利益等,以提升治理的合法性、公共性;作为一种机制,全球治理着力于构建覆盖全球,包容多元行为体,并依托多层级、多向度网络的制度与规范,以提

① 参见郑玲丽:《国际贸易关系的法治与全球治理》,载孙琬钟、余敏友主编:《WTO 法与中国论丛》(2008 年卷),知识产权出版社 2008 年版,第 32—33 页。

② [英]戴维·赫尔德:《重构全球治理》,杨娜译,载《南京大学学报(哲学·人文科学·社会科学版)》2011 年第 2 期。

升治理的效率、力度和适应性;作为一种实践活动,全球治理已体现于人类应对诸多全球问题、国际事务的对策。[①] 理想的全球治理应当是国家行为体与非国家行为体协同管理全球性事务、解决全球性问题的民主治理机制。在这一机制中,国家、全球性国际组织、区域性国际组织、非政府组织、跨国企业以及行业协会等各种行为体应尽可能以全球利益为出发点共商共建,维护稳健发展的全球秩序。[②] 全球化背景下的全球治理孕育了国际海关法,并不断推动其转型与发展。

第一节　国际海关法的产生逻辑与海关职能的演变趋势

海关是国家的进出境监督管理机关,负责监管进出境的运输工具、货物、物品、人员等,征收关税和其他税费,查缉走私,并编制海关统计和办理其他业务。海关所执行的国家法律、政策包括国家对经济的管理和调控,也包括落实国家对外承担的国际义务。随着国际经济关系的不断发展,国际经济领域的法律制度处于发展变动之中,不可避免地推动国际经济秩序的变革。为了适应不断变化的新形势,国际社会在经济合作中就需要改革相应法律规则和制度,建立更为公平合理的国际经济秩序,在这种背景下国际海关法这一法律部门应运而生。与此同时,伴随外贸体量的急剧发展和经济全球化浪潮,传统安全和非传统安全交互叠加,贸易便利化与贸易壁垒相伴相生,海关监管体制和监管模式不断变革,各国海关职能也发生了巨大变化。

一、海关制度法治化与全球化的基本路径

海关作为国家的进出境监督管理机关,是人类历史发展到一定历史阶段的

---

① 参见蔡拓:《全球学与全球治理》,北京大学出版社 2018 年版,第 231 页。

② 参见孙珺:《全球治理视角下的国际经济法》,北京大学出版社 2021 年版,第 12—13 页。

产物。在政府对国际贸易实行监督管理并获取财政收入的过程中形成了海关制度。国际贸易的两个主要概念——海关制度中的保护主义和自由贸易主义是随着资本主义关系的发展应运而生的。其中,保护主义是由制造业发展引起的。国家财政部门开始从国内生产中获取税收,因而逐步重视国内生产的发展,倾向于保护国内产业,使其免受外来竞争的冲击,并为其创造出有效发展的条件。而自由贸易主义的产生源于市场扩张以及该过程中国家之间贸易壁垒的消除。在共同关境不断扩大和关税壁垒日渐消除的同时,海关的重要性也在进一步增强。海关成为一种捍卫国家主权,如阻挡外国竞争者扩张渗入的方式。除了合法产品流动全球化以外,毒品及精神类药物、武器、有毒及放射性废料以及黑钱等的国际流通也趋于全球化。在各国海关的任务不断增加的同时,外界对海关监管的要求更加严格,海关制度所发挥的作用也越发重要。①

海关不仅在贸易往来和征税方面起着举足轻重的作用,而且直接影响着公民的个人权利和义务。海关需要坚实、有效的法律框架确保透明、可预见和统一的海关制度。海关制度具有一定的实用功利性和合理技术性,成为人类制度文明的一部分。海关制度文明在任何一个历史发展阶段中都包含法律制度,都采用法律手段调整海关涉及的各种关系。特别是近代西方法治建立起来后,海关制度也逐渐法治化,采用法治手段调整海关相关法律关系。很多国家相继颁布海关法,规范海关机关职能和为海关执法提供法律依据。这就是海关法律制度的国内法阶段。海关法成为行政法体系中的一部门法,各国在建设和实施海关法治的时候基本上是以本国为本位,很少顾及与他国之间的关系。② 随着世界贸易关系日益向规则取向发展,是否具备充分的法律手段、是否善于运用各种法律手段,将日益成为是否有效处理国际经济贸易问题的关键。

第一次世界大战结束之后的时期标志着海关和关税的国际合作时代的开始。随着资本主义的发展和国际贸易的扩大,许多国家开始采取贸易保护措施,关税水平上升,海关手续更加复杂。当时,除了 1890 年在布鲁塞尔成立的"海关关税出版国际联盟"(Union internationale pour la publication des tariffs

① 参见[阿塞拜疆]A. A. 阿里耶夫:《海关业务与世界经济发展》,方宁、刘平译,中国海关出版社 2006 年版,第 1—2 页。

② 参见何力:《国际海关法和国际海关法学基本问题初探》,载《上海海关学院学报》2007 年第 4 期。

douaniers,以下简称国际联盟)之外,并没有其他国际组织处理与海关和关税相关的事务,而该国际组织的职能也仅仅是发布各国的关税标准,根本无法阻止关税继续上升和海关手续更加复杂化的趋势。国际联盟在第一次世界大战结束一年多之后的1920年1月正式启动,它在经济方面的第一个成果就是设立了关于简化海关及其他手续的国际大会。第一个制定《关于简化海关手续的国际公约》的动议是在欧洲商人国际大会支持下提出的,由国际商会提交,供国际联盟审议。在国际联盟的支持协助下,最后形成了《关于简化海关手续的国际公约》的草案,包括23个条款的第一部国际海关公约于1923年11月3日签订形成。尽管《关于简化海关手续的国际公约》后来在1973年被海关合作理事会在京都会议通过的《关于简化和协调海关制度的国际公约》(International Convention on the Simplification and Harmonization of Customs Procedures,以下简称《京都公约》)所取代,但它仍然是唯一一部独立管理海关手续的国际公约,因此也被称为《京都公约》的前身。就世界海关和关税历史而言,1927年召开的国际联盟世界经济大会无疑是最重要的国际会议之一,会上就海关税则目录的简化和统一、关税的稳定性、税率的采用、海关手续、贸易统计问题进行了认真讨论,并在会后汇编了第一个国际海关税则目录,即《日内瓦目录》,它对全球性的统一关税分类和国际贸易分类做出了巨大的贡献。①

第二次世界大战以后,随着新的国际经济体制的建立,特别是多边国际贸易体制的建立和发展,海关法律制度也发生了根本性变化,为国际海关法的形成创造了客观条件。第二次世界大战后期,英美希望建立一个在政治上和经济上皆有规则可循的世界,于是联合国、世界银行、国际货币基金组织相继成立,但原计划作为经济三大支柱之一的国际贸易组织夭折了。美国等许多国家将关税减让谈判达成的成果及国际贸易组织宪章(哈瓦那宪章)草案中有关关税与贸易政策的条款合并起来,即《关税与贸易总协定》(General Agreement on Trariff and Trade,GATT),根据《关税与贸易总协定临时适用议定书》(PPA)临时适用。GATT自1948年1月1日起,一直临时适用到世界贸易组织成立,临时适用期限长达47年。GATT逐渐演变为事实上的国际组织。GATT主持进

① 参见[日]朝仓弘教:《世界海关和关税史》,吕博、安丽、张韧译,中国海关出版社2006年版,第201页。

行了8次贸易回合的谈判，主题涵盖关税减让以及反倾销、反补贴、贸易技术壁垒、进口许可、海关估价等一系列非关税措施。1986年开始的乌拉圭回合谈判，谈判议题空前扩大，不但就关税减让、非关税措施进行了谈判，而且还对与贸易有关的知识产权、投资措施、服务贸易、争端解决机制等问题进行了谈判并达成了协议。该谈判导致了世界贸易组织的诞生。1993年12月15日，乌拉圭回合谈判的代表草签了谈判达成的协议，标志着乌拉圭回合谈判的结束。1994年4月15日，乌拉圭回合谈判代表正式签署了《乌拉圭回合多边谈判结果最后文件》，各国立法机关遵循国内程序批准这一谈判结果。WTO于1995年1月1日起正式成立。[①]

与此同时，第二次世界大战后，在被战争破坏的欧洲兴起了各种各样的一体化运动，目的是消除任何未来在欧洲爆发战争的可能性。[②] 1947年9月12日，比利时、丹麦、英国、法国、意大利、希腊、荷兰、瑞典等13个欧洲国家在巴黎签署了一项联合声明，本着实现促进海关制度标准化和协调化及便利国际贸易发展的目标，研究在布鲁塞尔建立一个负责研究协调海关制度的专门机构的可能性，并在此后成立了欧洲海关联盟研究小组专门负责此项研究工作。1948年，欧洲经济委员会和海关委员会宣告成立。后来，欧洲经济委员会因其工作与欧洲经济合作组织（Organization for European Economic Cooperation，OEEC）重复而停止了活动。欧洲经济合作组织负责落实有关美国对欧洲提供援助的工作，此后，它又被经济合作与发展组织（Organization for Economic Cooperation and Development，OECD）所代替。欧洲海关委员会的工作则一直持续进行，其为了实现海关手续标准化的目标，主要在三个方面开展工作：一是对许多国家海关技术问题进行比较研究，促进海关制度协调化和标准化；二是制定一个统一的商品分类目录和采用一个统一的海关估价的价格定义；三是研究其他方面的海关政策。在此基础之上，1950年12月15日在比利时布鲁塞尔诞生了3个最早也是最重要的海关公约，即《建立海关合作理事会公约》《海关商品估价公约》《海关税则商品分类目录公约》。其中，《建立海关合作理

① 参见韩立余：《世界贸易组织法》（第3版），中国人民大学出版社2014年版，第4页。

② 参见［日］朝仓弘教：《世界海关和关税史》，吕博、安丽、张韧译，中国海关出版社2006年版，第211页。

事会公约》是设立海关合作理事会和指导其活动的法律文件，它的正式生效标志着海关合作理事会（Customs Cooperation Coucil，CCC）的诞生。为了更明确表明海关合作理事会的世界性地位，1994 年，在海关合作理事会第 83、84 届理事会会议上，决定将海关合作理事会非正式的工作名称定为“世界海关组织”。[①]

在 GATT/WTO 以及 CCC/WCO 体制下，[②]一个国家的海关法律制度无论是技术性规范还是关税实体规范都受到该国参加的与海关有关的国际条约以及国际组织的制约。GATT/WTO 以及 CCC/WCO 体制把以前各自分散的各国海关法律制度结合成为一个世界性的有机整体，使之与全球性法律体制相互联动。通过 GATT/WTO 以及 CCC/WCO 体制的实践，调整海关国际关系的若干法律原则、规则、制度和规范逐渐出现，并在实践运作中不断完善、成型，构成了海关法律制度的另外一个领域——国际海关法。它是国际法律体系中的一部分，与国内行政法体系中的国内海关法相对而存在，分别成为海关法律制度体系中的国际法部分和国内法部分，使海关法律制度体系得以完善。大体上，国际海关法作为一个部门法初步形成于 20 世纪 50 年代初期海关合作理事会成立之时，它实际上是战后国际法领域不断扩大，其部门法不断分化的产物。[③]在目前相互依存态势深化和全球化进程中，国际经济制度的体制和游戏规则主要由西方发达国家决定，发展中国家在参与国际制度的同时，首先要求接受现行国际经济体制，并且对本国所有与国际体制不相适应的现行体制进行优化，其直接后果就是因按国际规则运行而受国内法律和政府管理的程度降低。各国必须对国际贸易作出正确的分析判断，擅于通过国与国之间的不断博弈，相互沟通、妥协，找出最有利于自身贸易发展的适应性选择，并尽快以国内立法的形式加以确定。事实上，国际组织和条约可构成一种独特的“互联机制”，一国经济通过该项机制可以互联到别国经济中，消除了某些程序对世界经济发展的

---

① 参见何力主编：《海关国际法教程》，中国海关出版社 2011 年版，第 75—76 页。

② CCC 即成立于 1953 年的海关合作理事会，1994 年 CCC 决定其工作名称为世界海关组织，即 WCO。GATT 即《关税与贸易总协定》，起初是一个国际条约，但是在后来 47 年的历史中实际上起着多边贸易组织的作用，1995 年为世界贸易组织，即 WTO 所取代。所涉及之处如果与 WCO 以及 WTO 的前身有关，就用 GATT/WTO 以及 CCC/WCO 表示。

③ 参见杨泽伟：《宏观国际法史》，武汉大学出版社 2001 年版，第 393 页。

不良影响,使货物、服务、资金和劳动力的跨国流动保持必要的动态平衡,为国内经济创造出均衡发展的适宜条件。①

20世纪末和21世纪初始,海关层面呈现区域经济一体化的新特征,区域性国际经济组织得到迅猛发展,特别是当全球范围的多边谈判难以达成协议,或者世界经济面临波动、贸易保护主义抬头的时候,加入区域性国际组织成为许多国家促进贸易与投资,巩固国际竞争地位的有力措施。区域经济一体化,是指地理上邻近的两个或两个以上国家或地区政府通过签订区域贸易协定,甚至让渡部分主权,制定统一对内对外经济政策、财政与金融政策等,消除国家(地区)之间阻碍经济贸易发展的障碍,实现区域内互利互惠、协调发展和资源优化配置,最终形成一个政治经济高度协调统一的有机体的过程。② 经济主权让渡程度的不同决定了区域性组织经济一体化深入的程度,从而划分为优惠贸易安排、自由贸易区③、关税同盟④/海关同盟、共同市场和政治同盟五种不同层次的经济一体化组织。20世纪90年代以来,区域贸易协定数量激增。1995年以前,共有62个区域贸易协定生效,而自1995年世界贸易组织成立以来到2003年的短短9年时间,各国签署的区域贸易协定的数量是1958年至1994年37年间的2倍。如在欧洲,除已有的欧共体外,1992年5月,欧共体与欧洲自由贸易联盟(European Free Trade Association,EFTA)共同签订了《欧洲经济区协定》。欧盟还于1995年年底与由巴西、阿根廷等组成的南方共同市场签署了2005年建成自由贸易区的协议;1998年12月与美国签署了《跨大西洋新纲要》,以期建立跨大西洋自由贸易区。在北美,美国和加拿大于1989年签订了《美加自由贸易协定》。1992年12月,美国、加拿大、墨西哥三国正式签署了《北美自由贸易协定》(North American Free Trade Agreement,NAFTA)。在亚洲,东盟国家1992年1月签署了《经济合作框架协定》和《共同有效优惠关税协定》,正式启动东盟自由贸易区的建设,并于2002年11月与中国共同签署了《中国—东盟

---

① 参见[阿塞拜疆]A. A. 阿里耶夫:《海关业务与世界经济发展》,方宁、刘平译,中国海关出版社2006年版,第34页。

② 参见陈漓高、郑昭阳、齐俊妍等:《全球化条件下的区域经济一体化》,中国财政经济出版社2006年版,第51页。

③ 自由贸易区(Free Trade Area,FTA)。

④ 关税同盟(Custom Union,CU)。

自由贸易区的基本框架协议》。[①] 区域经济一体化的法律制度促进了世界各国法律的融合,对于发达国家和发展中国家而言是一个“双赢”的制度。在该制度下,西方国家可以为其资本进入发展中国家采用行之有效的方式,即要求东道国以西方国家认定的制度作保证,而发展中国家则可以法律制度来换取贸易的互惠安排,由此促进了各国法律制度的融合。

二、海关职能的发展演变与世界各国海关职能的共同特点

在全球化时代,随着世界各国间联系日益密切,海关对外交往职能的重要性正为越来越多国家的海关所认识。国际政治边界模糊化,国内政治与国际政治联动性增强。经济全球化的发展和非传统安全问题的凸显,使海关之间加强合作进行全球治理成为必然。正如沃尔兹所言:“国家之间的相互依赖变得如此紧密,以致国家都受到了严格制约。国家不断地、更多地卷入彼此的事务,它们变得越来越依赖于自己边界以外的事务。”[②]作为国家对外职能的重要内容和实现途径,海关职能的发挥直接影响国家对外职能是否有效履行。

海关职能涉及海关在国家经济、社会中的角色和作用,职能定位是海关监督管理的核心问题,也是海关机构存在的基础和前提。影响海关职能变化和调整的因素是多方面的,海关的职能也在不断地与时俱进、发展优化。海关所执行的国家法律、政策包括国家对经济的管理和调控,也包括落实国家对外承担的国际义务。目前世界各国海关履行的职能主要包括征收税赋、实施贸易政策和法规,以保护国民经济,保护环境和社会安全等。大多数国家的海关履行上述全部或者多数职能,但是由于各个国家经济发展阶段及政府管理侧重点的不同,各国海关的职能及机构设置都存在一定的差异。欧美发达国家经济的市场化进程更快,比我国更早接受全球化浪潮的冲击,其海关的职能也随着政治经济环境的变化而逐渐演变,一些传统的职能逐渐被弱化,一些新兴的职能逐渐出现且变得日益重要。从国际海关特别是西方发达国家海关的职能设置及履

① 参见何力主编:《海关国际法教程》,中国海关出版社 2011 年版,第 145—146 页。

② [美]肯尼思·沃尔兹:《国际政治理论》,胡少华、王红缨译,中国人民公安大学出版社 1992 年版,第 168 页。

行情况来看，随着关税的逐渐降低，海关的职能已经由传统的税收征管、打击涉税走私等逐步向反恐、知识产权保护和维护贸易安全等非传统职能拓展，许多国家的海关先后对其管理职能进行了适应性调整和变革，一些国家的海关机构甚至进行了重组。

从国际海关发展现状及趋势来看，海关早已不仅仅是传统意义上的“守门人”，而是逐渐演变为“口岸综合管理者”和贸易便利化与安全化的主导者。当前海关不仅成为连接国内、国外两个市场的重要纽带，也已成为各生产要素竞相集聚的重要引力。综合而言，世界各国海关的职能呈现以下共同特征：

（一）体现贸易安全与贸易便利耦合统一的价值目标

总体而言，国际贸易便利与贸易安全的平衡始终是各国关注的焦点问题，在不同的阶段和条件下，两者的发展逐步从各有侧重走向耦合统一。一是20世纪80年代至“9·11”事件前，贸易便利化是各国追求的目标，安全隐身于进口的监管环节。20世纪80年代以来，全球贸易大发展。在“9·11”事件前，国家安全和反恐在全球范围的海关内均非其主要任务和职责。发达国家海关的监管重点在毒品和侵权物品等违法货物上，部分海关尝试通过贸易便利化带来的益处来平衡业务量迅猛增长与有限的一线监管资源；发展中国家海关最重要的任务在税收上，关税收入是其政府开支的重要支柱。二是“9·11”事件后至金融危机前，由美国利用安全问题成功主导全球布局，形成“海关供应链安全范式”，便利不再是国家政策的优先选项。“9·11”事件发生后，确保国家边境安全纳入了海关的优先政策目标。有外国学者将国家安全界定为国防和国土安全政策。WCO学者进一步将其聚焦于海关供应链安全政策，即边境保护和边境安全。由美国主导的单边和双边“反恐”和“安全”政策迅速扩散到世界各国，并将WCO改革与研究的重心调整到贸易安全方向上来。2005年6月，WCO出台《全球贸易安全与便利标准框架》（SAFE Framework of Standards to Secure and Facilitate Global Trade，以下简称《SAFE标准框架》），建立了海关与海关的合作、海关与商界的伙伴关系两大支柱，将国际贸易供应链的全过程视为一个整体。2005年版的《SAFE标准框架》与美国主导的战略密不可分，支柱一基于集装箱安全倡议（Container Security Initiative，CSI），支柱二基于海关—商界反恐伙伴计划（Customs-Trade Partnership Against Terrorism，C-TPAT）设计构建。随着全球化的发展与经济一体化进程的加速,金融、环境、信息安全、流行疾病、民族分裂主义等其他非传统安全问题也日益突出,已经对国家安全构成了严重威胁,迫使海关在非传统职能方面承担更多的责任。三是 2008 年全球金融危机爆发,海关关注的重点转向全球供应链的安全与便利。金融危机后,随着世界经济持续萧条及小规模贸易保护主义的抬头,重拾贸易便利化议题至关重要,顺畅便利的贸易物流成为当前各国提升经济竞争力、促进增长和减少贫困的关键。2008 年 WCO 年会正式通过《21 世纪海关》战略文件,重申贸易安全与便利的平衡,"加强贸易便利和边境安全,促进提高发展水平",并提出协调边境管理(Coordinated Border Management,CBM)新理念,强调海关与其他边境管理部门和机构的合作,强化海关边境保护职能。四是第三次工业革命浪潮和后金融危机时代的到来,安全与便利呈现更为复杂的融合形态,不断被赋予新的内涵。新兴战略产业布局和全球价值链再分配格局的变化,新型贸易形态不断涌现,虚拟经济集聚化、实体贸易碎片化日趋明显,对全球供应链的安全、传统货物贸易和海关管理都形成了巨大挑战。WCO 2012 年 6 月出台新版《SAFE 标准框架》,增加协调边境管理部分,丰富了政府部门协作、跨境管理、"单一窗口"及贸易可持续和复苏等内容。2012 年《WCO 60 周年报告》也提出国际贸易与供应链的安全便利的战略目标,行动领域的内涵不断丰富,提出框架标准、空运货物安全、风险管理、协调边境管理、"单一窗口"、放行时间研究等内容。2013 年 12 月,在 WTO 第九届部长级会议上,WTO 成员就《贸易便利化协定》(Trade Facilitation Agreement,TFA)的文本最终达成一致,成为"巴厘一揽子协定"的重要组成部分。2017 年 2 月 22 日,协定正式生效并实施。从全球范围看,《贸易便利化协定》的生效和实施意味着国际贸易程序将更趋简化和协调,货物流动、放行和结关速度将进一步加快,势将推动全球贸易和经济增长。

(二)实现监管模式由聚焦关境逐渐向供应链全链条转变

传统海关战略以保护关境、准确征税和打击违法走私等为目标,将进出口的货物、物品作为主要监管对象,以守法监控为驱动,将主要力量集中在对货物和旅客的物理检查和干预上,在货物或个人到达口岸后才开始办理通关手续。如在"9·11"事件前,这一时期各国海关在理论和实践层面都有一共同趋势,即将重点放在进口环节。无论是打击走私、征收关税还是减少通关手续,海关通常都聚焦于进口,海关监管和分析也集中于进口物理场所或以贸易商为前提,而非覆盖整个供应链的节点。"9·11"事件后,为防止恐怖分子利用为了促进贸易便利而疏于监管的某些供应链环节,对美国进行颠覆性破坏,当时提出了"边境外推"(Push the Border Outward)的口号。美国认为边境管控的地点应该更接近出口地,而非传统上聚焦在进口,"海关供应链安全范式"由此形成,并由其主导实施了一系列举措:海关—商界反恐伙伴计划、集装箱安全倡议、自动化商业环境(Automated Commercial Environment, ACE)、24 小时提前申报规则(24-Hour Rule)等,取得显著成效。[①] 欧美等发达国家海关逐渐将职能目标上升为服务和保障安全的层面,以供应链安全管理为业务重心,将海关管理的视野和手段沿供应链两端延伸。随着监管对象从单纯的通关货物转向整个供应链物流链条,监管方式则从以守法监控为驱动发展转为以风险预先防控为基础,海关构建安全风险防控体系将面临重大变化。

(三)全面整合资源形成供应链层面协同治理

供应链全链条监管模式建设是"从分散走向集中,从部分走向整体,从零散走向整合"的过程,国际贸易供应链、管理链各方作为组成部分,以贸易安全与便利化的实际需求为导向进行调整、整合和优化,形成协调、协作、协同的整体联动关系,实施复合型、多元化综合治理,以确保全链条的有效运作。在供应链全链条监管模式下,口岸管理部门、相关政府部门以维护全链条的贸易安全和便利为目标,需从顶层设计上制定共同的管理规则,对管理信息、资源、模式、流程进行全面整合,实现彼此之间对国际贸易供应链的协同治理。口岸管理部门、政府部门与企业是战略合作伙伴关系,企业的国际贸易经营活动与口岸管理部门、政府部门的管理行为形成有效互动,共同促进国际贸易供应链的安全与便利。

海关与国际伙伴的合作,在全球化的背景下,由于国家之间的相互依赖性增强,无论是反恐还是贸易便利化,单纯依靠一国的努力是不现实的,为此,海

---

① 更为典型的案例是美国出台《100%集装箱扫描法案》。美国将防御网覆盖全球港口,试图对出口至美国的集装箱在出口地实施 100% 的扫描。虽然该法案因场所、成本、新型非贸易壁垒等原因经各方强烈抗议(以欧盟和拉美地区为代表)而难以实施,但反映出美国为了实现其国家利益和国土安全,将保护其国家和领土安全做到了极致。

关除了强化与国内其他政府部门、商界的合作关系,还需对外加强与国际伙伴之间的协作关系。美国海关与加拿大海关展开合作,提出了大陆边境线"边缘安全"的概念,内容涵盖多个方面,如交换监控人员名单、实施入境港的双向咨询、开展陆路货物预放行和在入境港实施联合执法行动。美国海关与墨西哥海关的合作主要围绕共同打击跨境贩毒集团违法犯罪活动。未来,供应链全链条监管模式应通过信息互换、监管互认、执法互助,加强各国、各地区间口岸管理部门、政府部门在全链条监管中的合作。建立全链条上的监控网络,实现商业贸易数据、企业资信、货物进出口申报、运输工具动态信息、口岸监管结果等贸易经营和执法监管信息的全程展示、互换共享。在此基础上,以经认证的经营者(Authorized Economic Operator,AEO)合作认证以及智能物流技术的应用为主要内容,推动监管互认和执法互助,集多方力量增强供应链的安全保障,并减少重复查验对物流的阻滞。通过数据信息的高度共享将口岸管理、相关政府部门的管理要求内嵌至供应链的全过程,实现环环相扣的链条式管理,更有利于适应贸易安全与便利平衡发展的现实需要。

(四)充分应用信息技术手段提升海关监管效能

有效的科学技术手段是保障贸易安全与便利的重点。21 世纪以来,物联网、云计算、区块链等重大技术创新在创造新产业、新业态,重塑全球经济结构中发挥了重要作用。信息网络将世界各国的商品、服务逐渐连接成一个整体,加速着世界一体化进程,同时也突破了传统贸易市场的地域限制,促使传统国际贸易中的很多业务转向信息化的"虚拟市场"。目前,各国已开始根据 WCO 所确立的电子化系统标准和国际先进做法着手审查国内海关政策和手续,确保手续简化和现代化,并广泛采用风险管理和信息技术等手段。国际公认的最佳实践主要体现为以下五个方面:(1)采用符合国际和区域层面有关清关和准入信息的要求,包括 WCO 数据模型(旨在支持"单一窗口"系统和管理部门之间的数据交换);(2)采用"单一窗口"界面提前报送信息资料,以便政府对风险进行综合管理与监督;(3)货物、人员、运输工具等预先提交信息的运用;(4)利用系统互联性对人员和货物等进行跨国追踪;(5)对出入境的货物和人员采用非侵入式检查。此外,一些高标准区域贸易协定则要求各成员方全面履行 WCO 公约及其软法规定,其中包含了信息化建设。

各国海关也都高度重视信息化在海关转型发展中的重要作用，把信息化作为海关业务模式转型的重要抓手。新加坡海关提出通过“云服务”，满足多变环境下数据的灵活共享需求，整合各类物流信息，为海关加强供应链管理提供强大数据支持。韩国海关推广“电子海关”建设，采用以互联网为基础的申报系统，建立“单一窗口”提供一站式服务，建立“电子贸易”网站系统营造在线通关环境；引入高科技监控系统，构建全方位的监控体系，根据风险等级使用不同的监控方法，引入民间机构和人员的参与实施自愿监控，仿照发达国家建立联合移动巡逻制度。欧盟海关提出完善统一的电子信息化平台，实现海关行政的完全电子化。南非海关提出实现海关查验智能终端解决方案，通过构建畅通的价值链，有效调动组织内部管理能力，包括培训和绩效支持、利益相关者管理、各部门协同配合能力以及完善的报告机制等，有效解决了查验作业环节效率低下、业务监管存在漏洞等问题。

第二节 海关国际合作的价值理念与中国模式

全球治理的主要目标在于增进全球公共利益，实现全球稳定发展。在国际经济领域，为了实现这一目标，需要国际经济组织强化相互之间的协调合作以支持货物、服务、人员、技术、资本、文化的自由流通。[①] 就国际海关领域而言，海关之间、海关与其他政府部门以及海关与私营部门之间应当在国内、地区和全球层面上加强协调、合作与交流，不断改善边境管理和执法。

进入21世纪以来，经济全球化、区域经济一体化进程不断加快加深，海关国际合作在多双边以及区域合作等领域面临的新问题层出不穷，如海关在推动全球供应链安全与便利、边境一体化管理等方面的职能变化等，海关国际合作面临新的机遇和挑战。一方面，国际经贸关系的迅速发展和人员的密切往来，要求各国海关在简化海关手续、交换和共享信息与经验、相互承认监管结果和

① 参见祁敬宇、王刚：《全球治理背景下的金融监管重建与大国金融》，中国金融出版社2017年版，第148页。

经认证经营者[1]资格等方面加强实质性合作。另一方面,2008 年爆发的国际金融危机的后遗症仍然存在,恐怖主义、假冒侵权、跨国有组织犯罪、固体废物非法跨境运输等全球性违法犯罪问题依然严峻。所有这些,都要求各国海关以更大的力度开展海关间的行政和执法互助,加强在贸易安全、知识产权保护和生态环境保护等海关的非传统职能领域的国际合作,而海关国际合作又进一步推动了国际海关法的形成和发展。

一、国际合作的概念内涵与理论基础

国际合作,是指作为参与主体的国家将自身的行动按照现实的或其所预期的其他参与主体的偏好进行调整的行为模式。[2] 国际合作具有丰富的内涵,表现为以下四个方面:第一,国际合作须有两个或两个以上的主体参与,且各主体要有一定的实力或拥有特殊专用性的资产,使其能够在一段时间内维持自身的生存;第二,国际合作不仅能带来收益,也会产生成本,收益包括信息与资源共享、自身竞争实力的增强等,成本包括签约成本、监督成本等;第三,国际合作是分层次的,按其程度高低可分为信息交流、磋商和协调;第四,国际合作与单纯的具有共同利益相区别,应从政策相互调整的意义上来定义国际合作,而不是仅将国际合作视为反映共同利益压倒冲突利益的状态。因为很多情况下即使具有共同利益,合作也会失败,尤其是在行为主体接触信息的能力存在差别时,集体行动和战略预测的障碍也会阻止他们认识到彼此之间存在的共同利益。[3]

目前,世界上有三大主流理论对国际合作进行了深入阐释,即新现实主义、新自由制度主义和建构主义。

---

① 经认证经营者制度是世界海关组织以《全球贸易安全与便利标准框架》中推广的对符合海关认证标准的经营者,包括生产商,进口商,出口商,报关行,承运商,理货人,中间商,口岸和机场、货站经营者,综合经营者,仓储业经营者和分销商,所实行的便利通关措施制度。

② Robert Axelrod & Robert O. Keohane, *Achieving Cooperation under Anarchy: Strategies and Institutions*, in Kenneth A. Oye ed., Cooperation Under Anarchy, Princeton University Press, 1986, p. 226 – 254.

③ 参见[美]罗伯特·基欧汉:《霸权之后——世界政治经济中的合作与纷争》,苏长和等译,上海人民出版社 2001 年版,第 12—13 页。

(一)新现实主义

相对获益阻止国际合作是新现实主义的总体观点。新现实主义以古典重商主义的基本理念为核心,主张扩大相对获益是世界政治经济中的个体生存和发展的依据。相对获益的观点源自对国际社会的无政府假设,即与国内社会相比,国际社会没有一个更高级别的权威机构在国际层面统一立法并依法强制执行。在无政府的国际社会中,国家之间的关系更多表现为"零和"状态,即一方所得是另一方所失。面对国际社会里充满着的各种不确定性以及相互信任的缺乏,自私自利成为各国的理性选择。而自私自利和无政府的互动使追求权益与安全成为所有政治生活的首要任务。[①] 因此,理性国家为了自身权益与安全,不仅要考虑绝对实力与获益的扩大,更要关注体系内自身的相对实力与相对获益,这样就限制了国家之间开展合作的意愿。即使国家间合作已经达成也很难长期维持,因为在合作中感到不安全的国家并不注重双方是否都能获益,而只关心谁获益更多。这种国际合作观点与经济学界"博弈论"中的"囚徒困境"模型极为相近。"囚徒困境"中的各个行为主体都是自我中心主义者,试图将本身的效用最大化,这符合新现实主义对主权国家在国际政治中行为的假设。"囚徒困境"是无论对方选择合作还是背叛,双方都决定选择背叛的博弈,是一种非合作性的博弈,因为行为主体希望通过背叛获得相对获益,即使能够短暂提供非均衡获益的合作,最终也无法维持,因为主体可以通过背叛协议从中获得相对获益。[②]

总体而言,国家对相对获益的过分关注和追求将从两个方面阻碍国际合作:第一,一国不愿意接受有利于他国的不均衡的利益分布从而限制合作的范围;第二,对于相对获益的关注大大降低了国际合作的动因。

(二)新自由制度主义

新自由制度主义的主要观点是绝对获益可以促进国际合作。与新现实主

---

① Robert Gilpin, *The Richness of Tradition of Political Realism*, in Robert Keohane ed., Neorealism and Its Critics, Columbia University Press, 1986, p. 305.

② Charles Lipson, *International Cooperation in Economic and Security Affairs*, World Politics, Vol. 37: 1, p. 1 - 23 (1984).

义不同,新自由制度主义以商业自由主义为基本假定,主张世界政治经济中的个体以绝对获益的提高为依据。作为理性主体的国家,拥有持续且稳定的偏好,依据这些偏好计算每次交易活动中的成本与收益,以实现自我效用的最大化。所以,国家更关注的是本身的获益,而不是其他伙伴是否获益,获益多少,或者伙伴获益与本国相比是多还是少。① 新自由制度主义将国际合作从传统的"高层政治"(如军事、安全)领域转移到"低层政治"(如经济)领域。如果相对获益在"高层政治"领域较为突出的话,则国家在"低层政治"领域中将更为注重对绝对获益的追求,因为经济领域中的相对获益对安全的影响相对较弱,故可考虑绝对获益。②

新自由制度主义承认,国家之间关系陷于"囚徒困境"是由于信息不对称,信息不对称为欺诈的产生创造了必要条件,欺诈也必将大大增加交易的成本。然而,这一困境是可以解决的,关键在于信息沟通和防止欺诈。研究表明,如果博弈只进行一次,合作的确难以实现,但如果能够重复,有条件的合作就会实现。首先,通过重复博弈,参与主体互相可以了解更为丰富、更高质量的信息,包括现有局势、对方的行为及其原因、对方未来可能的行为等;其次,重复博弈使参与主体将短期获益与长期获益联系起来,可以避免一次博弈中为了短期获益而可能采取的背叛行为。与当前获益相比,未来报偿越多,当前背叛的动机越少,因为背叛不仅得不偿失,还可能引发对方的报复。③

(三)建构主义

建构主义是对新现实主义和新自由制度主义的反思与批判,它使用"规范""身份""认同""文化"等一组具有社会学意义的概念去理解和解释世界政治。建构主义将国家和国际体系的互动结合起来,从国际、国内的集体身份和规范的角度去审视国际合作。

建构主义认为,国家行为取决于国家利益,而国家利益由国家的身份决定,

---

① Joseph Grieco, *Anarchy and the Limits of Cooperation: A Realist Critique of Newest Liberal Institutionalism*, International Organization, Vol. 42:3, p. 485 – 507 (1988).

② Robert Jevis, *Realism, Neoliberalism, and Cooperation: Understanding the Debate*, International Security, Vol. 24:1, p. 42 – 63 (1999).

③ Robert Axelrod, *The Evolution of Cooperation*, Basic Books, 1984.

国际社会中国家的集体身份对于达成国际合作至关重要。集体身份的形成取决于四个主变量:第一,相互依存。如果互动对一方产生的结果取决于其他各方的选择,行为主体就会处于相互依存状态。要成为集体身份形成的原因,相互依存必须是客观的,而不是主观的,因为一旦集体身份存在,行为主体就会将对方的得失视为自己的得失。第二,共同命运。行为主体的个体状况取决于整个群体的状况。与相互依存一样,只有当共同命运是客观条件的时候,才能成为集体身份形成的原因。第三,同质性。同质性包括主观同质性和客观同质性。虽然客观同质性一定程度上影响着主观同质性,但大多数国家都希望通过积极的亲社会行为获得他国的认可,这种努力有助于创造一种"群我"意识,进而形成主观上的同质性。第四,自我约束。相互依存、共同命运和同质性都是集体身份形成的基础,但不是集体身份形成的充分条件,集体身份能否最终形成还要取决于各行为主体是否能够形成自我约束。如果集体身份能够形成,则国际合作的可能性很大(但不必然),如果集体身份不能形成,则国际合作的可能性很小(但不必然)。[①]

二、海关国际合作的必要性与可行性

海关国际合作,是不同国家或经济体政府机关,尤其是海关部门之间就海关事务开展的多双边和区域合作。[②] 通过海关国际合作,有助于推动世界海关标准化发展,简化协调海关程序,提升货物供应链的安全和便利。而海关国际合作的最终目标是建立一个统一的可供国际社会共同遵循的海关法律原则和规则体系,包括多双边、区域性海关合作机制的法律化,以及国际海关相关条约的国内法化和各国国内海关法对于国际海关条约法律规则的吸收。

(一)必要性

伴随21世纪而来的,是国家与国家、地区与地区之间距离的缩小,各国政

---

① 参见赵长峰:《现实与理想:全球化背景下的国际合作与和谐世界》,中国社会科学出版社2011年版,第94—95页。

② 参见何力:《世界海关组织及法律制度研究》,法律出版社2012年版,第4页。

治经济互相影响和依赖，各大洲区域合作不断兴起，全球化的脚步不断加速。在全球化的类型中，最重要的是经济全球化。经济全球化，是指世界经济活动超越国界，通过对外贸易、资本流动、技术转移、提供服务、相互依存、相互联系而形成全球范围的有机经济整体的过程。正如新自由制度理论所论述的，由于经济领域中相对获益对国家安全的影响较弱，各国更为关注绝对获益，故合作的开展也将是长期的。当前，全球经济陷入持续低迷的状态，贫富差距问题突出，保护主义不断升级，全球多边机制面临挑战，逆全球化趋势日益明显。在全球化处于"十字路口"的关键时刻，我们面临两种选择：一种是通过保护主义、关门主义去全球化；另一种是调整传统全球化，推进新型全球化。2016 年美国学者帕拉格·康纳在《超级版图》一书中指出，以关税减让为主要特征的传统全球化，最多能推动世界经济增长 5%，而以互联互通为主要特征的新型全球化，将推动世界经济增长 10%—15%。[①] 新型全球化的主要内涵，即以平等为基础、以开放为导向、以合作为动力、以共享为原则，构建人类命运共同体，建设一个持久和平、普遍安全、共同繁荣、开放包容、清洁美丽的世界为目标的全球化发展新模式，[②]体现了建构主义的基本理念。新型全球化如果要健康发展就需要建立更加有效的全球协调机制。为了尽量避免市场失灵，降低世界经济运行的风险，应通过各自独立的主权国家之间的相互合作，加强国际范围内市场监管和宏观调控。我国的"一带一路"倡议是中国参与全球治理的组成部分，有助于应对保护主义给自由贸易带来的挑战，为沿线国家对冲保护主义带来的外需下降、交易壁垒增多提供了新的经贸平台，有利于推动全球自由贸易和投资发展，为区域经贸合作提供新机遇。落实"一带一路"倡议需要实施更加积极主动的开放战略，因此，实现贸易安全和便利既是中国开放型经济发展的重要保障，也是中国经济积极而深度融入全球经济的共性价值目标。虽然贸易安全与便利化涉及一国国内多个部门，但以海关为主的边境或口岸管理部门是贸易安全与便利化制度的主要执行机构，是参与贸易安全与便利化合作的主要政府部门。

---

① 参见辜胜阻等：《新型全球化与"一带一路"国际合作研究》，载《国际金融研究》2017 年第 8 期。

② 参见胡鞍钢、王蔚：《从"逆全球化"到"新全球化"：中国角色与世界作用》，载《学术界》2017 年第 3 期。

1. 贸易安全

世界经济一体化程度的不断深化，经济安全、生态环境安全、公共健康安全、恐怖主义、武器扩散、走私贩毒等全球性问题十分严峻，非传统安全问题开始逐渐为各国所重视，加之经济利益驱使，打击固体废物非法跨境运输、知识产权保护等海关职责的履行也愈加繁重。海关对本国的经济发展、维护企业的公平竞争、经济社会稳定起到重要作用。在这一形势下，海关国际合作面临传统与非传统安全相互交织，承担的任务更加繁重。

各国海关部门有权利也有义务严格执行本国法律，维护本国利益，但在国际相互依赖的环境下，跨国公司、私营企业等贸易实体大量存在，海关事务已经涉及不同关境管辖权范围，仅靠一国海关已无法履行其监管职能。海关之间就共同关系问题展开协商，开展国际合作实有必要。比如，跨国走私和有组织犯罪日益猖獗，严重损害了社会秩序和公共安全，亟须各国依据条约或协议开展刑事司法协助，通过海关缉私部门情报交换、联合行动等合作形式，共同打击毒品、武器、濒危动植物、文物等非涉税物品走私犯罪，从而有利于保护国家利益和本国当事人的合法权益，实现公平和正义。又如，2001 年，美国“9·11”事件使国家和国土安全问题上升至全球布局，“海关供应链安全范式”①由此形成，海关—商界反恐伙伴计划、集装箱安全倡议、自动化商业环境、24 小时提前申报规则等系统合作措施应运而生。海关国际合作中，在互惠基础上，发达国家也可根据实际需要向发展中国家提供能力建设援助，建立更为深层次的相互依存关系。

2. 贸易便利

各国经贸关系的迅速发展和人员的密切往来，要求各国海关在交换和共享信息与经验、相互承认监管结果、深化行政刑事执法互助等方面加强实质性合作，然而，一国海关在推动全球贸易供应链安全与便利、边境一体化管理等方面的作用实在有限，海关国际合作面临前所未有的机遇和挑战。

经济全球化背景下国际贸易量正在不断攀升，但其繁荣的背后仍然面临以海关进出境监管为主的诸多阻碍。一些国家较高关税和非关税壁垒、复杂多变

---

① 供应链安全管理是指采用政策、程序和技术，以保护供应链资产不受盗窃、损坏或恐怖主义侵害，并防止未经授权的走私、人员或大规模杀伤武器进入供应链。

的外贸和海关通关管理政策以及大量“灰色清关”现象的存在,使企业无法获取正规的通关手续信息,对通关车辆限高、限宽、限重及提高清关费用等非贸易壁垒措施也变相提高了通关门槛,增加了企业通关成本,直接影响了各国贸易的发展。随着国际贸易的深入发展,口岸的重要战略地位和作用被进一步放大,各国国内推出的一站式服务、国际贸易“单一窗口”等改革进行时,诸多国内改革叠加正在催生新型的国际监管模式,有助于整合口岸各部门职能,统一协调边境管理。如2003年,美国300多个进出境口岸实现了一口对外,美国国土安全部在口岸上授权海关边境与保护局负责边境海关执法、移民管理以及质量检验检疫等职能,提供一站式服务。① 目前,海关一站式服务已经在美国、加拿大、澳大利亚等得到普遍推行。除此之外,许多国家海关也在其国内合作中推出“单一窗口”的合作模式。② 如在瑞典,企业可以通过向海关传输数据,同时完成向国家统计部门、农业部门以及贸易管理部门申报关税及增值税、货物贸易统计及进出口许可办理等事项。新加坡海关也已实现类似职能,货物收发货人向海关申报电子数据,同时完成电子数据在不同政府部门的申报及处理,且有关处理结果会自动回传给申报人。在此基础上,东盟成员国等经济体通过开展合作在区域层面设立共同监管区、形成跨境“单一窗口”,这些都对海关国际合作提出了更高的要求。因此,通过海关合作削减非关税措施以推动贸易便利化非常必要,包括海关组织与程序、检验检疫程序、标准一致化、原产地规则、减少技术性贸易壁垒、加强信息沟通与交流、发展电子商务、方便商务人员流动、减少配额和许可证等。

(二)可行性

在全球化背景下,尽管海关国际合作不会一帆风顺,但是经过世界各国的共同努力,国际合作的深化也具有可行性,因为全球化为海关国际合作创造了许多有利的前提条件。

1.相互依赖和共同利益

国家间合作的关键是利益,互利互惠是国家间合作的基础,但在全球化的

---

① 参见维洪:《一张面孔——美国的口岸执法部门改革》,载《中国海关》2004年第2期。

② 参见闻学祥:《贸易便利化背景下加强海关有效监管的几点思考》,载《上海海关学院学报》2010年第1期。

今天,国家间合作不能再局限于一国利益的得失,必须有全球利益和人类利益的概念、相关的价值认同和信仰。[①] 正如新自由制度主义所阐释的,如果我们依然局限于一国利益,则在这种合作中所获得的利益往往是局部的、短时间的利益;相反,如果我们有全球观念和人类认同,这种合作获得的往往是长远和全局的利益,不仅合作双方共赢,也使人类获益,这也印证了习近平主席关于"人类命运共同体"的观点。相互依赖和共同利益使国际关系呈现一个鲜明的特点,即双赢或多赢关系在更大程度上取代"零和"关系。在这种状态下,国际合作是达到自己目标和维护自身利益的重要手段之一。我国的"一带一路"倡议有助于构建超越传统全球化的合作平台,打造开放、包容、均衡、普惠的合作架构,推进共享型全球化,形成政治互信、经济融合、文化包容的利益共同体、责任共同体和命运共同体。

全球化及"一带一路"为海关国际合作机制的建立奠定了前提基础,推动国际组织特别是地区国际组织在海关手续、贸易安全与便利方面的全面深入合作与国际协调,有效降低了因人为因素产生的贸易成本费用,也创造了一个相对稳定的全球治理环境。在海关领域,以 WCO、WTO 为代表的国际组织逐步构建起一套系统的国际体系与国际规范。1974 年 9 月 25 日,WCO 制定的《京都公约》正式生效。1999 年 6 月 26 日,修订后的《京都公约》议定书及其文本在海关合作理事会的年会上获得正式通过,并于 2006 年 2 月 3 日生效。《京都公约》是国际上唯一全面规定海关各项业务制度和做法标准的法律文件,是 WCO 在全球范围内为实现各个国家和地区的海关制度和做法朝着高度简化、协调和统一方面发展的重要依据,也是各个国家和地区为促进和便利贸易发展而制定本国海关制度的重要标准。2005 年 6 月,WCO 出台了《SAFE 标准框架》,成为世界海关发展的蓝图。《SAFE 标准框架》将中欧安全智能贸易航线试点计划(以下简称"安智贸")[②]作为示范性项目,通过中、欧海关之间以及海关与企业

---

① 参见陈心刚:《全球治理依托于人类秩序——访复旦大学国际关系与公共事务学院林尚立教授》,载《理论参考》2007 年第 5 期。

② "安智贸"由中欧海关提出。2006 年 9 月,中欧签署了《中华人民共和国海关总署和欧盟委员会海关当局会议纪要》及《关于启动中欧贸易安全智能航线试点计划的联合共识》标志着中欧双方正式开始"安智贸"的合作。其核心内容包括数据交换、选取试点企业、运用共同风险规则、互认监管结果、运用智能集装箱技术。

的合作,建立安全、智能、便利的国际贸易供应链,从而实现对物流的全程监控,便利守法贸易,在国际海关界和商界产生了广泛影响。WTO 的目标是货物和服务贸易的自由化,WTO 协议体系中现有的国际海关制度分为三类:(1)国际关税制度,如《海关估价协定》《原产地规则协定》等;(2)国际知识产权海关保护制度,如《与贸易有关的知识产权协定》(以下简称 TRIPs);(3)国际通关制度,如《贸易便利化协定》。WTO《贸易便利化协定》于 2017 年 2 月 22 日正式生效,作为海关领域里程碑式的国际条约,其实施将促进全球经济增长。协定旨在通过提高透明度和改善海关流程而使所有 WTO 成员之间的进出口更为高效且成本更低。协定诸多条款中都体现了便利通关与边境海关互助的内容。①由此可见,WTO、WCO 强调的自由贸易和市场开放,强化国家之间的贸易流动,有利于为多双边、区域海关合作提供有效指导。

2. 新技术应用与信息共享

根据前述国际合作理论,国际合作的主要障碍有三个,即信息不对称、交易成本过高和缺少制度性框架。然而,科学技术在一定程度上能够提升信息的透明度、降低交易成本并有益于制度化框架的形成。

21 世纪是以信息化为标志的网络时代,随着互联网的深入应用,以移动技术为代表的普适计算、泛在网络等信息技术的创新形态正在向生产生活、经济社会发展各方面进行渗透,"互联网 +"在这种背景下应运而生,加速了海关职能转变,也为海关合作提供了可行性条件。海关信息化建设利用现代信息科技和网络技术,实现了高效、透明、规范的电子化办公和进出口监管职能。经济社会的发展和大数据技术的普遍应用,将海关职能由偏重"自我服务型"引导向"公众服务型"。"互联网 +"新技术广泛应用在国际贸易商业活动、进出口通关、企业管理过程中,企业依托网络平台普遍使用以电子商务为核心的新型国际贸易模式,国际贸易的供货和结算等完整的交易过程均通过电子网络方式完成。此外,海关通关各环节信息实现了开放兼容、互联互通、信息共享,国际贸易"单一窗口"应用逐渐成熟。大数据等新技术手段将分散在国际贸易链条的

---

① Wolffgang Hans-Michael and Kafeero Edward, *Old Wine in New Skins: Analysis of the Trade Facilitation Agreement vis-à-vis the Revised Kyoto Convention*, World Customs Journal, Vol. 8:2, p. 27 (2014).

进出口贸易商、货运代理企业、运输企业、报关企业、口岸管理部门的信息进行标准化、规范化，并予以整合和共享。全球供应链监管中信息技术的跨越式发展有助于重塑海关组织与管理，提高海关自身管理效能并为各国充分实现国际合作提供了有利条件。

3. 国际贸易链条各方相互协作

在海关管理层面，国际贸易链条各方协调与合作意味着加强国际贸易供应链、政府部门管理链不同主体之间的沟通互动、相互融合，即进出口贸易商、货运代理企业、报关企业、运输企业、口岸管理部门、政府部门是相互协调和战略合作的关系。协调强调的是不同主体之间跨越主体功能界限采取协调行动，而整合可以视为协调的递进层次。整合并不是简单的主体合作，而是两个或多个主体之间在行动价值层面的高度一致，为达到共同的目标而通力合作，在目标与手段两个方面相互增益。

进出口贸易商、运输企业、口岸经营企业的国际贸易信息流、数据流、资金流和物流在全链条中实现整合，并通过信息共享使企业国际贸易、进出口活动节点信息得到及时展示，关联环节积极响应，有效对接。目前，口岸管理部门、相关政府部门以维护全链条的贸易安全与便利为目标，从顶层设计上已制定统一的管理规则，并通过“单一窗口”等信息平台，对各方资源、流程进行全面整合，实现国际贸易链的协同管理。然而，仅仅依靠海关内部的合作远不能满足贸易安全与便利要求，也难以有效实现海关职责。当前，海关已经逐步实现职能的分离与转变，通过实施 AEO 制度与传统意义上的管理对象建立起“合作伙伴”关系，共同提供公共服务，构建了海关与企业以及其他社会资源之间的信任机制与沟通机制，并提供信息和反馈机制。这些都为各国建立一个能够适应国际潮流发展的现代化海关奠定基础。

三、中国海关国际合作理念与模式

国际化是改革开放以来中国与国际关系中出现的最重要的现象之一。对国际的开放使中国国内发生了巨大变迁，国内政治经济与社会发展以及世界政治中系统性问题的增加，要求中国树立大外交的观念，统筹、调动国内国际资源，增强应对国内和全球重大问题的外交能力。国际化进程也构成了中国海关与全球联系的重要纽带,加强了海关对全球体系的依赖;海关并不是中国国际化的发起者,但却是中国国际化的重要组成部分。在中国参与国际体系的进程中,海关作为国内、国际交往中重要的沟通行为体,推动了中国与全球的紧密互动;中国海关通过参与越来越多的国际制度,又进一步促进了中国与世界关系的制度化。

"三互"海关国际合作理念是我国海关在多年国际合作实践基础上提炼形成的一种观念。"三互"是"信息互换、监管互认、执法互助"的简称。2009 年 5 月,作为中欧海关统一安排、协调管理各项合作的基础,我国海关在第二次中欧经贸高层对话(HED)和第四次中欧联合海关合作委员会(JCCC)会议期间首次提出"三互"理念。

"三互"理念的主要内容包括:(1)信息互换(Mutual Exchange of Information),海关之间的信息互换是开展实质性合作的基础。对于进口地海关而言,通过与出口地海关信息互换能够使其更早更全面地掌握进入关境内的货物、物品和运输工具的基本情况,并提前进行风险分析和甄别,提升了通关效率,并为事后稽查提供依据。信息互换还有利于出口地海关了解货物真实情况,便捷守法企业的通关,同时增进两地海关互信,减少由于信息不对称而产生的贸易风险或导致损害守法企业的海关措施的发生。由于各海关之间关注的重点不尽相同,所以信息互换的需求也不一致,一般包括估价、归类、原产地等电子信息交换的海关执法需求、海关发挥统计预警监测作用方面的需求、海关经验交流方面的需求等。(2)监管互认(Mutual Recognition of Controls),是建立一体化海关监管制度的重要组成部分。监管互认是指进出境地海关相互承认对方的监管结果以减少重复监管和查验,降低海关的行政成本和企业的贸易成本。监管互认的实施必须满足一致的监管标准,一致的风险管理标准,互换海关数据和共享情报、风险信息等特定条件,且相互承认的监管结果不应仅局限于某一特定的查验结果,还应包括为保证国际贸易链的安全与便利,适合于国际海关合作的海关监管的其他内容和范畴,包括物流监管、企业信用、单证相符等具体内容。(3)执法互助(Mutual Assistance of Enforcement),是深化海关间行政互助合作的有力保障。执法互助主要包括涉嫌走私、贩毒、洗钱等情报线索交换,报关单、原产地证明等单证核查,针对特定时期、特定商品、特定运输路线和案件开展的联合执法行动,包括特别监视、在对方境内参与行政程序、协助调查等的案件协查,开展侵权案件数据交换、联合风险分析等知识产权海关保护合作等。执法互助旨在通过海关间行政互助合作,有效打击商业瞒骗和走私违法行为,维护正常贸易秩序。

"三互"理念强调通过加强贸易安全与便利方面的合作,为国际贸易营造一个宽松的环境,集中体现了国际海关界现有的合作特点与主张,成为制约和影响各海关间合作层次与水平的重要因素。为应对新一轮科学技术变革,适应国际贸易新业态、新模式,近期我国海关推出了以海关建设智能化为核心的"智慧海关、智能边境、智享联通"(Smart Customs, Smart Borders, Smart Connectivity,以下简称"三智")国际合作理念,将以负责任大国海关的定位推动我国与其他国家和地区的海关合作再上新台阶,取得新成就。我国海关应充分对接国家整体发展战略,以"三智"理念为核心,加强海关合作顶层设计,建立统一的"1 + 3"对外合作模式,即"一个法律机制"和"三个重点领域"。"一个法律机制"是指以双方或多方签署的自贸协定或海关互助合作协定为基础,形成的一套海关间开展合作的法律体系。"三个重点领域"是指各海关应围绕"智慧海关、智能边境、智享联通"三个领域按照统一、规范的原则、程序和标准进行合作。

第三节　国际海关法的法理基础与意蕴内涵

第二次世界大战以后,国际经济交往更加频繁,国际合作日趋加强,尤其是自 20 世纪 80 年代以来,经济全球化得以迅速发展,商品、服务、资本、技术、人员的跨国流动,使得世界各国经济间互相联系更为紧密。经济全球化深入发展,把世界各国利益和命运更加紧密地联系在一起。海关作为国家进出关境监督管理机关,担负着行政执法的重要职能,依法对涉外经济活动进行监督管理。国际海关交往与合作必然会产生广泛复杂的海关国际关系,要促进和发展海关国际交往与合作,就需要有相关的法律制度和规则来妥善调整各种海关国际关系,国际海关法应运而生并奠定了一套符合自身发展规律的基础理论。

一、国际海关法具有特定的调整对象

国际海关法是调整海关国际事务协调与合作关系的法律规范的总和。国际海关法之所以成为独立的部门法除了历史发展原因外,还因为它有着自己特定的调整对象,即海关国际关系。具体而言,海关国际关系主要是海关事务国际协调与合作关系。

海关事务国际协调与合作关系是指各国(地区)就海关事务进行国际协调与合作所产生的各种关系。海关事务本质上是一种行政性事务,具有专业性、技术性和涉外性的特点。从海关事务国际协调与合作关系的参与者角度上看,它主要包括政府间海关国际事务协调合作关系以及国际组织与政府间的海关事务协调合作关系。政府间海关国际事务协调关系又包含主权国家政府间的海关事务协调合作关系,主权国家与单独关境区之间,以及单独关境区之间的海关事务协调合作关系。而国际组织参与的海关事务协调合作关系包括WCO、WTO等国际组织与其成员方之间的海关事务协调合作关系,还有WCO、WTO等国际组织与区域性经济组织之间的海关事务协调合作关系。WTO是一个旨在维系多边自由贸易体制的全球性国际组织,其中一个主要职能就是实行关税减让和海关措施自由化。从其自由贸易宗旨来看,WTO通过关税减让大大降低了关税税率,减少了关税壁垒对贸易的阻碍作用,这是从实体上对各成员方海关税则的直接调整。WTO实行的消除非关税壁垒措施有很多都涉及各成员海关通关程序和实务。各成员方的海关则是实施WTO规则的主要职能机构之一,所以WTO涉及海关事务的权限及其权限的行使同样也成为国际海关法的调整对象。WTO框架内有诸多规则都对成员方的海关法律制度进行规制。①

① 参见何力:《国际海关法和国际海关法学基本问题初探》,载《上海海关学院学报》2007年第4期。

二、国际海关法的主体多元

国际海关法的主体即参与国际海关法律关系的主体，是在国际海关法律行为中享受权利、承担义务的实体。如前所述，国际海关法具有特定的调整对象，属于独立的法律部门，因此国际海关法的主体与其他国际法的主体并不完全一致。国际海关法的主体有国家、单独关境区、政府间国际组织（包括全球性国际组织和区域性国际组织）、私主体。

国家是国际法上充分和完全的主权者，具有独立参加国际关系的能力和直接承担国际法权利和义务的能力。因此，国家有权同其他国家或国际组织签订国际条约或协定，以调整国家、国际组织相互之间的关系；国家有权参加其作为成员的国际组织的活动，在国际争端解决机构进行诉讼，以维护自己的主权和利益；国家对其全部财富、自然资源和经济活动等享有永久主权，并可自由行使此项主权。因此，在国际海关法层面，国家不仅有权制定国内海关法律规范，还可以在国际海关法律关系中对外代表国家，与其他国家签订海关条约或协定，与其他国家共同成立与海关有关的国际组织进行海关事务国际协调与合作。在海关国际法律关系中国家的主体地位是完全的。虽然国家在实际参与海关国际法律关系的时候都是通过具体的政府部门，但无论是中央政府还是地方政府，立法机关还是司法机关，海关职能部门还是海关作业现场，都是以国家的名义，并且为国家参与到这些海关国际法律关系中。

单独关境区（Separate Customs Territory）就是政治上没有国家主权，但是在经济及其有关经济体制上自成体系的经济体领域。单独关境区仅以关境区在经贸方面是否具有完全自主权为标准，不涉及独立性和主权问题。因此，它与主权国家的法律地位不能相提并论。主权国家具有全面的法律能力和独立国际法律人格，而单独关境区的法律能力只限于特定的范围。单独关境区不是一般国际公法的主体，但是可以成为国际海关法的主体。中国目前有三个单独关境区，即香港单独关境区、澳门单独关境区和台澎金马单独关境区。它们都是中国主权国家下的组成部分，不具有独立的国际法律人格，但可以作为 CCC/WCO、GATT/WTO 的成员。它们作为成员方，只是在对外贸易和这些国际组织所涉协议规定的相关海关事项方面，享有和承担国际组织项下有关协议规定的权利和义务,其法律能力的范围是受到限制的。同样,中国内地(大陆)与港澳台地区之间达成的海关协议,是主权国家与其组成部分之间的特殊安排,不是国际条约。

政府间国际组织包括全球性国际组织和区域性国际组织。全球性国际组织,是指对全球性的经济发展进行调节并产生影响的国际经济组织。全球性国际组织一般都是开放性国际组织,没有地域限制,只要有加入的愿望并履行加入手续,经该国际组织认可符合其加入条件,就可以成为其成员。这类组织的特点是成员多、范围广、影响大。全球性国际组织的基本成员是国家,但不排除若干单独关境区在一定条件下也可以成为其成员,单独关境区作为全球性国际组织成员时的权限要受到其所属主权国家的一定限制。在海关领域,全球性国际组织主要是 WCO 和 WTO,它们都是政府间组织。全球性国际组织本身则并没有制定或创设国际海关法律规范的立法机能,要制定或创设国际海关法律规范,必须由全体或部分成员方通过谈判以缔结新的多边国际海关条约。此外,还有若干国际组织所行使的部分职权也与海关有关,在一定程度上可以参与某些国际海关法律关系,如联合国、国际货币基金组织、世界银行等,这些国际组织在贸易统计、贸易便利化评估等事务方面与海关具有联系。区域性国际组织是指参加者局限于某一地区成员的国际经济组织,其特点是通过成员方之间的联合实现其经济目的或增强经济实力。区域经济一体化是区域性国际经济组织发展的根本原因,与海关有关的区域性国际组织有着各种形式,包括联合国欧洲经济委员会(the United Nations Economic Commission for Europe, UNECE)、亚太经合组织(Asia-Pacific Economic Cooperation, APEC)、亚洲开发银行等地区性经济合作组织。此外,区域经济一体化组织也是区域性国际组织的重要组成部分,其具有以下特点:一是有两个或以上的国家或地区;二是存在某种形式的政府间协议或存在一个共同机构;三是以国际分工为基础,以促进贸易和投资进而促进经济增长和提高经济效益为目标;四是以消除商品和要素的流动壁垒为手段。经济主权让渡程度的不同决定了该组织经济一体化深入的程度,从而划分出优惠贸易安排、自由贸易区、关税同盟/海关同盟、共同市场和政治同盟等不同层次的经济一体化组织,[①]如北美自由贸易区、东盟自由贸易区、欧亚经济

---

① 参见陈漓高、齐俊妍、张燕等编著:《国际经济组织概论》,首都经济贸易大学出版社 2010 年版,第 112—113 页。

联盟、欧盟等。所有经济一体化都伴随着海关制度的变化,并且形成某种区域性的海关法规范,对全球海关技术性标准与规则的协调与统一起到了示范作用。

除国家、单独关境区、政府间国际组织作为国际海关法制定与实施的基本主体之外,各类私主体也积极参与了国际海关法的制定与实施的过程。[①] 例如,一些非政府组织通过发展公共关系,以咨询、论坛、建议、管理项目(包括接受国际组织或政府委托代管与运行项目)、国际规则与习惯的整理与搜集、经济援助等多种途径与手段,影响国际海关制度的发展方向与内容。又如,跨国公司通过承担或参与国际行业/专业组织的国际海关规则与标准的制定,使其企业规则标准上升到国际层面;或者通过其在行业中的垄断地位,直接或通过行业协会等对外发布行为守则、指南、最佳实践等,提供给海关或其他企业"自愿"采用。由于私主体对于国际规则形成过程中的软影响力与公信力不可忽视,因此,所产生或整理的国际规则或文件往往更容易被国际社会所接受。目前,私主体对于制定国际海关制度的参与权不仅作为一种事实存在,而且也成为贸易便利化下透明度规则的组成部分。与此同时,这些私主体也是规则的实施与运用者。如一些运输类、贸易类的非政府组织利用自己的专业优势与技术,为本组织的成员经营、维护、代为管理着与海关制度有关的业务。因此,在经营通关业务时,其也是国际海关规则的运用者,并受这些规则的约束。例如,设在瑞士日内瓦的国际公路运输联盟(International Road Transport Union,IRU)[②],一方面,通过各种途径推动运输工具过境贸易便利化的国际合作,从而影响国际立法;[③]另一方

---

① 当前,存在许多不同的公共和私人立法者,或者不同种类的私人或者公共主体,参与到不同领域、地方、次国家层次或者国际层次乃至超主权层次等众多不同层次的不同立法活动中。欧盟法专家施奈德教授认为,在当前,至少有三类非政府组织(跨国公司、跨国公司推动下成立的非政府组织、公益性的非政府组织)对国际经济立法的影响值得关注。参见[德]克劳斯·贡特尔、泮伟江:《全球化背景下的法律现代性方案》,载《清华法学》2006 年第 3 辑。

② 国际公路运输联盟是代表全世界公路运输经营人利益的非政府组织。其成员是各国的相应行业组织,例如,加拿大在 IRU 的成员是加拿大货运联盟,中国在 IRU 中的成员是中国公路运输协会(China Road Transport Association,CRTA)。该联盟的设立是与道路运输业的监管者、使用者和服务者合作,通过汇集行业企业力量致力于成为可信赖的运输和物流行业代言人、便利人员和货物运输、倡导卓越的道路运输。其设定的功能之一是影响与改变相关的国内与国际立法。参见 IRU:《IRU 的使命》,载 IRU 官网,https://www.iru.org/zh/who-we-are/about-iru/mission。

③ 例如,国际公路运输联盟的各国成员于 2009 年签署简化过境运输的阿拉木图宣言。该宣言呼吁成员国之间应消除壁垒,简化货物自由往来程序,目标是简化新丝绸之路的道路过境运输,协调成员国海关税收制度,并签署相关政府间协议。

面,它与《国际道路运输公约》(又称《TIR 公约》)有着密切的关系。经联合国授权,IRU 管理着全球唯一的过境工具——TIR 系统。[①] TIR 证与 IRU 的关系模式不是国际海关法领域的个例,这种关系模式在 ATA 单证册与国际商会国际局关系上也得以体现。[②] 随着经济全球化的发展,全球海关治理的主体也趋向多元化,私主体已在全球治理中发挥出重要作用,其在国际上的地位将来也会随着国际关系的发展而发生变化。

三、国际海关法与相邻部门法互相交错

国际海关法的范围问题,实质上就是国际海关法这一部门法与各个相邻部门法相互之间的关系问题。国际海关法与相邻的部门法之间既有紧密联系,又有显著区别。

第一,国际海关法与国际公法的关系。国际公法的权利与义务主体限于国家与各类国际组织(各国政府之间的各类组织)。国际海关法的主体则包括国家、政府间国际组织(全球性国际组织和包括关税同盟在内的区域性国际组织)、单独关境区和私主体(跨国企业、非政府间国际组织等)。在调整对象上,国际公法主要调整国家之间的政治、外交、军事以及经济等诸方面的关系,而且历史传统上主要以调整非经济性质的国际关系为主,直到第二次世界大战以后才有所转变,使经济领域的国际关系在国际公法调整对象中的比重有所上升,但仍不占主导地位。国际海关法调整海关事务国际协调合作关系,具有一定经济性质,排除了国家、国际组织相互之间属于政治、外交、军事等非经济领域的各种关系,并突出了国家、国际组织相互之间的属于海关领域的各种关系。在法律渊源上,国际公法的渊源主要是各种领域的国际条约和国际惯例,此外还有一般法律原则、司法判例以及公法学家的学说等辅助性渊源。而国际海关法的国际法渊源主要是国际海关条约和国际海关软法,尚无其他得到公认的法律

---

① 《TIR 公约》下所有的国家担保协会构成了把所有 TIR 国家连接在一起的一种联保系统。而该联保系统正是由国际公路运输联盟管理的。该联保系统得到国际上几家大保险公司的担保,并由 TIR 执行理事会监督。在 TIR 执行理事会监督下,国际公路运输联盟目前是唯一有权根据 TIR 行政委员会规定的条件向各国的担保协会集中印发 TIR 证的国际组织。

② 参见朱秋沅:《国际海关法研究》,法律出版社 2011 年版,第 29—33 页。

渊源或者辅助性渊源。

第二，国际海关法与国内海关法的关系。国内海关法的调整对象是进出关境监督管理中发生的关系，其主体是海关、其他政府机关以及进出关境活动的当事人，法律渊源是国内法规范。国际海关法的调整对象是海关国际关系，其主体主要是国家、国际组织等，法律渊源既包含国际法规范也包含国内法规范，而国际法规范则是更为重要的渊源。国际海关法与国内海关法的关系较为紧密，国际海关法中的国际海关条约和国际海关软法是成员方制定国内海关法的重要依据，尤其是国际海关条约对成员方具有普遍约束力，除非对个别条款予以保留或承诺实施过渡期，否则各成员均应履行国际条约义务。成员方加入了国际海关组织就必须遵循该国际组织有关规则，并要采取相关国内法措施贯彻执行该国际组织有关决定。① 国际法需要通过国内的立法程序转换为国内法才可以在国内适用。与此同时，各国海关法对于国际海关法的形成和发展具有重大影响。国际海关法规则归根结底也是归纳总结大多数国家海关法实践而来，是寻求各国共性的、被抽象提升后的各国海关法规则的集合体。

第三，国际海关法与国际经济法的关系。国际经济法是调整国际经济关系的法律规范的总称。国际实践的发展表明，为了有效地调整某一国际经济关系，通常需要借助不同层次的法律规范并让其相互配合。国际海关法的主要调整对象即海关事务国际协调与合作关系具有鲜明的经济性，完全符合国际经济法所指的国际经济关系，两者的内容都与国际经济交往有关，而且国际海关法所涵盖的 WTO 体制下的各种关系，本身就是国际经济法的调整对象。此外，作为国际海关法基本原则的海关主权原则的内容与作为国际公法基本原则的国家主权原则并不完全等同。海关主权具有可分割、可转让性，这就使单独关境区可以作为国际海关法的主体，而这正是国际经济法及其各个下位部门法所具有的共同特征。② 所以，国际海关法可以说是国际经济法的一个下位部门法。它与其他国际经济法的下位部门法，如国际税法、国际贸易法、国际投资法、国际货币金融法等具有相似性。但是，考虑到我国国际经济法学的理论和实践，国际海关法属于国际经济法的下位部门法只是从我国国际法部门划分体系得

① 参见邵津主编：《国际法》，北京大学出版社、高等教育出版社 2000 年版，第 23—24 页。

② 参见何力：《国际经济法论》，上海人民出版社 2002 年版，第 24—25 页。

出的结论,与其他国家关于国际海关法的理论和实践并无类比性。[①]

四、国际海关法遵循普适与特定相结合的基本原则

国际海关法的基本原则是贯穿于调整海关国际事务协调与合作关系的各类法律规范之中的主要精神和指导思想。在调整国际海关法律关系过程中,某些最基本的行为规范和行动准则,只有获得国际社会广泛认可和普遍赞同,才能逐渐成为国际海关法的基本原则。国际海关法基本原则所体现的重要价值对于指引、评价和统率国际海关法律规范与法律行为,避免各国在国际经济交往过程中由于盲目行动而产生不利的后果具有重要意义。而国际海关法的法律现象、法律规则和法律制度也都可以从基本原则中得到解释。

1974 年联合国大会通过的《各国经济权利和义务宪章》列举了 15 项原则作为指导国际经济关系的基本原则,其中国家经济主权原则、公平互利原则、国际合作以谋发展原则等与国际经济关系密切相关,成为国际经济法的基本原则。如前所述,国际海关法属于国际经济法的一个分支,既具有国际经济法的一般属性,又由于国际海关法调整对象特定故也具有其自身特色。因此,除遵循国际经济法的基本原则之外,基于海关职能国际海关法基本原则还包括贸易安全与便利原则。

国家海关主权原则是国家经济主权原则在国际海关法领域的具体体现。国家的经济主权,依照联合国《各国经济权利和义务宪章》的规定,是指国家在经济上享有独立自主的权利,具体而言包括五个基本方面:一是各国对本国以及本国涉外的一切经济事务,享有完全、充分的独立自主权利,不受任何外来干涉;二是各国对境内一切自然资源享有永久主权;三是各国对境内的外国投资以及跨国公司的活动享有管理监督权;四是各国对境内的外国资产有权收归国有或征收;五是各国对世界性经贸大政享有平等的参与权和决策权。就国际海关法而言,海关主权原则体现了国家在海关事务方面所行使的排他性最高权力。海关作为国家进出关境监督管理机关,担负着行政执法的重要职能,依法对涉外经济活动进行监督管理,从现有海关权力和职能角度来看,海关主权具

① 参见何力主编:《海关国际法教程》,中国海关出版社 2011 年版,第 12—13 页。

有时空性、涉外性和复合性的特征。时空性是海关在权力行使范围上的特征，海关权力的行使范围限于进出境的监督管理，因而关境的范围决定了海关权力行使的边界，一国海关只能在自己享有主权的领土上进行海关执法，这也决定了它与其他国家权力之间的边界。由于海关权力是国家权力随着对外贸易产生和发展的产物，海关权力的客体具有鲜明的涉外性特征，是针对涉外的人、物或行为的权能。随着世界经济一体化的不断深入发展，海关权力逐渐从单一权力扩展成复合权力。如美国在“9·11”事件之后，维护国家边境安全成为海关的重要目标，2003 年美国成立海关与边境保护局（Bureau of Customs and Border Protection，CBP），整合了移民、边境保护以及一部分动植物检验检疫部门的职能，CBP 的组建使美国首次实现了由一个机构统一管理进入美国口岸的人员与货物，成为统管边境执法、负责保障国土安全的综合执法机关。西方发达国家海关已由征税权为中心的权力体系向以征税、保护国内贸易、保障国家安全为核心的复合权力过渡，以适应时代发展需求。与之相适应，我国海关职能也在不断地与时俱进、发展优化。2018 年 4 月 20 日，根据党和国家机构改革要求，出入境检验检疫管理职责和队伍划入海关总署。按照最新的法定职责，新海关成为承担监管、征税、检疫、检验、风险管理、统计、缉私等职能，并以安全、便利、口岸改革作为职能转变要求的口岸管理机关。值得注意的是，一个国家的海关主权作为国家主权的重要内容，必须是独立、排他并不受他国干涉的，即一切海关事务由国家自行决定，如关税自主权的行使。事实上，由于经济全球化背景下各国经济相互依赖程度不断提高，各国更倾向于以自我限制或自愿让渡海关主权的方式进行贸易管理，如一国加入国际组织或签订自由贸易协定后就会在一定程度上限制其在关税、通关等方面的海关权力。但无论是限制还是让渡海关主权都是各国自主行使海关主权原则的一种方式，并不意味主权作为国际法的基本原则行将消失，但其形式和内涵或将继续发生变化。① 由于这种限制和让渡具有普遍性，为大多数国家所采用，其结果便是各国的涉外经济管理均更为自由，国际商业得到了更多的发展机会，世界经济不断增长，即普遍地对权力的自我限制使各国获得了更多的权利。②

---

① 参见王贵国：《理一分殊——刍论国际经济法》，载《比较法研究》1999 年第 4 期。

② 参见左海聪：《国际经济法基本问题论纲》，载《法学评论》2009 年第 1 期。

公平互利原则也是联合国《各国经济权利和义务宪章》中提出的作为处理各国之间经济关系的指导原则。公平,一般可理解为“公正平等”“公平合理”。真正意义上的公平,不仅要求在形式上平等,而且要求实现实质上的平等。互利,是指要照顾到有关各方的利益,不能为谋求单方利益而无视甚至损害他方利益。公平、互利合为一个原则,是一个统一体,其中互利是核心和基础,没有互利就谈不上公平,公平必然要求互利,公平和互利密不可分。根据这一原则,在处理海关国际事务关系中应遵循平等互惠原则。比如,多边贸易体制的贸易规则,应对所有成员方平等适用。如果对某一成员方单独施加更多的义务,就会违反公平互利原则。同时,公平互利原则不仅要求形式上的平等,而且还应当尽力实行实质上的平等。如在处理经济实力悬殊的发达国家和发展中国家的海关事务关系中,不仅要消除不等价的交换关系和任何歧视待遇,还应当对发展中国家实行非对等的优惠待遇。GATT 确认的对发展中国家的出口产品给予非互惠的普惠待遇制度,以及 WTO 的有关协定中关于发展中国家的特殊和差别待遇的规定,在一定程度上照顾到了发展中国家的利益,体现了公平互利的原则精神。[①] 可以说,海关主权原则决定了拥有主权的各国在国际海关法中地位完全平等,但促使各国签署贸易协定、创建国际组织,构筑一种国际性的海关协调机制的,还是在平等基础上实现互利的动机和愿望。CCC 的成立是国际海关法领域实现公平互利原则的第一步,而 WCO 及其活动则使这个原则贯彻到了国际海关法的每一个部分。所以在当今国际海关法中,各国(地区)之间降低或撤销海关措施的保护实际上并不会危害国家的安全,相反会促进国际之间的相互合作,而合作的深化又能进一步推动贸易安全与便利,使得相关国家和当事人获得实际利益。由此可见,国际经济关系中的互惠互利与国际政治关系中较多的“零和”局面形成鲜明对比,并构成国际海关关系和国际海关法迅速发展的基本动因。

贸易安全与便利原则是国际海关法区别于国际税法、国际私法、国际投资法、国际货物买卖法等国际法规范的重要原则。安全与便利这两大价值目标结对出现,两者既呈现冲突,又趋向于统一,这是事物发展内在规律的体现。安全

---

① 参见《国际经济法学》编写组:《国际经济法学》(第 2 版),高等教育出版社 2019 年版,第 31—32 页。

是实现便利的保证，便利是实现安全的升华。没有安全的保证，贸易便利就无法真正实现；没有贸易便利，安全也就失去意义。[①] 目前世界各国海关履行的职能主要包括征收税赋、实施进出口贸易政策和法规以促进国民经济、保护环境和社会安全等，大多数国家的海关履行前述的全部或者多数职能。与此同时，经济全球化带来了社会的发展和经济的繁荣，但是影响和平与发展的不稳定、不确定因素也明显增多，非传统安全问题日益突出。金融、环境、信息安全、流行疾病、民族分裂主义等非传统安全因素，已经对国家安全构成了重要威胁，也深刻影响着各国的社会和经济发展。如何有效应对各种非传统安全因素的威胁，确保国家政治、经济和文化的边境安全，同时又能推动全球贸易自由化、便利化成为海关面临的新挑战。[②] 但总体而言，跨境贸易安全与贸易便利的平衡始终是各国关注的焦点问题，促进贸易的安全化与便利化是国际社会的共同需求，也成为世界海关发展的新趋势。比如，AEO 制度是 WCO《SAFE 标准框架》中体现贸易安全与贸易便利平衡的一项典型制度。企业取得 AEO 地位并获得贸易便利优惠待遇的前提是应当符合相应的标准以维护供应链安全，包括企业应执行以海关设定的安全标准为参数的自我评估程序、供应链经营者本身应采取相关安全措施、新技术的采用、与海关的合作与交流等。在保障贸易安全的前提下，我国海关目前也将继续简化海关手续、推进贸易便利化作为追求目标，并逐步完善法律法规体系，统一执法尺度。同时，积极参与国际贸易便利化行动，创新监管制度，健全综合配套措施，提高通关便利、通关时效，以适应新时代对新海关提出的新要求。

多元化国际合作原则是联合国《各国经济权利和义务宪章》中要求各国加强国际合作以谋发展精神的充分体现。《各国经济权利和义务宪章》规定，国际合作以谋发展是所有国家的一致目标和共同义务。每个国家都应加强同发展中国家的合作，提供有利的外界条件，给予符合其发展需要和发展目标的积极协助，要严格尊重各国的主权平等，不附带任何有损它们主权的条件，以加速它们的经济和社会发展。而且国际社会所谋求的发展，应该是可持续发展，即国

---

① 参见李文健：《海关改革与发展的价值目标——推进贸易便利与维护贸易安全不能顾此失彼》，载《上海海关高等专科学校学报》2006 年第 4 期。

② 参见陈晖：《国际贸易安全与便利：我国〈海关法〉面临的新课题》，载《国际贸易问题》2008 年第 8 期。

际社会在推进经济发展的过程中,要讲究经济效益、关注生态和谐和追求社会公平,坚持经济、社会与生态环境的持续协调发展。有学者指出,国际经济法价值体系发展的总体趋势与法律理想是从平等向公平进化;从国家、企业孤立的行为向协同发展,从企业、国家之间的单纯竞争向联合的双赢机制转换;从国家间的剥夺与被剥夺的关系向合作和援助转化。[①] 因此,海关领域的国际合作应当是多层次、多领域和全方位的。海关处在国家对外开放最前沿,始终坚持国家战略布局到哪里、国际合作就拓展到哪里。我国应以“一带一路”倡议为基础,开展全球、区域、双边多层次的国际合作。在国际层面贸易安全与便利的价值引领下,应以实现“互利共赢”为基本原则,积极向全球输出中国海关智慧,并形成各国普遍接受的海关制度安排。在区域和双边层面自由贸易协定签署中,求同存异、创新发展,建立共享开放的海关国际合作机制,力图将我国签署的自贸协定原则内容与我国“一带一路”倡议中的海关框架规定相融合。我国目前正在加强 AEO 制度建设,构建“亲”“清”新型关企关系,并积极推进 AEO 国际互认合作,不断创新互认合作方式,这些都是在多领域深化国际海关合作的有益尝试,有利于从更广范围、更深层次服务商界利益和经济发展,营造安全、便利和可预期的跨境营商环境。2019 年第二届“一带一路”国际合作高峰论坛上,中国海关发出“智慧海关、智能边境、智享联通”的“三智”国际合作倡议。“智慧海关”聚焦基础设施、行政管理和海关监管智能化;“智能边境”聚焦边境监管手段、边境协同监管和边境跨境合作智能;“智享联通”聚焦海关网络智能互联、海关治理智能对接和全球供应链智能合作。三者体现智能化水平和应用范围逐步提升的过程,相互之间呈现分阶段发展的递进关系,“智慧海关”是基础,“智能边境”是延伸,“智享联通”是愿景,三者构成点、线、面的合作格局,是全方位国际合作的充分体现。

---

① 参见何志鹏:《国际经济法的价值追寻与价值选择》,载《河南省政法管理干部学院学报》2004 年第 3 期。

第四节　国际海关法的制度体系和发展趋势

一、国际海关组织的性质特征

各种类型的国际经济组织的出现，是战后国际经济关系的重要特点。国际经济组织有其各自奉行的原则和政策，有各自制定的规范性文件，有些组织已形成自身独特的法律规范体系，它们在不同程度上指导和影响国际经济交往活动。[①] 国际经济组织是指两个或两个以上的国家政府或其他国际法主体为了实现共同的经济目标，通过一定的协议形式建立的具有常设组织机构和经济职能的组织。国际海关组织属于国际经济组织的一种，与一般国际经济组织及其法律制度存在共性特征。国际海关组织是国家或者单独关境区为促进海关国际合作的目的而成立的国际机构。海关事务原属一国主权范围内的事务，但是国家间相互依存、国家利益的重合以及经济的发展，都要求各国海关进行跨越国界或关境的合作，以实现海关制度的统一协调以及国际贸易安全便利。战后各国在海关领域超越国界的合作、调整、和解和妥协推动了国际海关组织的成立和盛行。国际海关组织从国际组织规制的高度对各国政府的海关措施以及关税税率进行国际性的法律约束，从而使各方都从优惠关税税率及贸易自由便利化中受益，实现了共赢的局面。

在国际海关法领域，广义上国际海关组织是以 WCO 为职能组织，整合包括 WTO 等在内的其他相关国际组织而形成的一个体系。国际海关组织也可以像一般国际组织做如下分类：一是海关职能性国际组织与非海关职能性国际组织。职能性国际海关组织是指该组织的职能仅限于海关制度这一特定领域，具有单一的宗旨和专门的职能，偏重海关制度的技术性，如 WCO。从世界经济的角度而言，海关制度只是世界经济制度的一部分，所以许多国际经济组织具有非常广泛的宗旨与职能，不但涉及海关制度领域，还包括贸易、经济等诸多方

---

① 参见盛愉、魏家驹：《国际法新领域简论》，吉林人民出版社 1984 年版，第 143—144 页。

面。因此,这些国际组织虽然没有冠以海关之名,但广义上也属于国际海关组织,即非职能性国际海关组织,其中最为典型的就是 WTO。[①] 二是全球性国际海关组织和区域性国际海关组织。这是根据国际海关组织的地域特点所作分类,前者的活动范围不受限制,在全球范围开展海关国际合作,如 WCO、WTO 等;后者是指国际海关组织的活动范围仅限于某一区域的国家或地区,如 APEC 的海关手续分科委员会、[②]欧盟的海关与关税委员会等。三是普遍性国际海关组织和封闭性国际海关组织。这是依据国际海关组织成员的构成范围所做的划分,普遍性的国际海关组织是指其成员资格对全世界一切国家政府开放。[③] 普遍性国际海关组织旨在制定出对全世界都适用的规则,并且试图尽可能广泛地扩展其成员以发挥海关制度的协调统一作用,如 WCO。但由于组成国际海关组织的成员之间存在国情的差异,所以尽管 WCO 向所有的国家开放,仍不能囊括全世界所有国家,这也正是封闭型国际海关组织的存在理由。封闭型国际海关组织的成员必须符合其所规定的限制条件,并不是对所有国家开放。这种类型的国际海关组织要求海关合作以及共同的海关制度在相同的利益或相同文化背景的国家内实施,如中东的海湾国家海关联盟。[④]

二、国际海关法的主要法律渊源

国际海关法属于国际经济法范畴,因此国际经济法的法律渊源也是国际海关法的主要法律渊源。国际海关法是一个既含有国际法规范又含有国内法规范的综合法律,其法的渊源既包括国际法,也包括国内法。国家为调整涉外经济关系而制定的国内立法,是其国内法渊源。在国际法层面,按照法律规范的

---

① WTO 的前身 GATT1947 就对海关估价、关税减让等海关事务的程序性和实体性制度进行协调。到了乌拉圭回合谈判所达成的一系列 WTO 协定之中,就有若干关于海关制度的协定,如《海关估价协定》《原产地规则协定》和许多非关税措施协定。当然,WTO 作为非职能性国际海关组织,其主要宗旨还是促进国际贸易的自由发展,并在知识产权、服务贸易等领域也发挥着重要的作用,并非只局限在与货物贸易密切相关的海关事务领域。

② 有些国际海关组织是依据国家政府之间协议产生的,这样的海关国际组织具有独立的自主权,如 WCO。还有些国际海关组织是依据政府间国际会议成立的,不能独立存在于国际社会与国际法律秩序中,这些海关组织实质是其他国际组织所下设的机构,比如 APEC 的海关手续分科委员会。

③ 参见饶戈平主编:《国际组织法》,北京大学出版社 1996 年版,第 51 页。

④ 参见何力主编:《海关国际法教程》,中国海关出版社 2011 年版,第 63—64 页。

实施效力的不同,国际海关法律文件体系主要包括国际海关条约与国际海关软法类规则两类法律渊源,它们也是国际海关法最重要的法律渊源。①

（一）约束性的国际海关条约

国际海关条约,是指国际海关法主体就海关国际事务确定相互之间权利和义务所达成的国际协议,对缔约方有约束力,因而是国际海关法的重要渊源。海关事务具有专业性和技术性,涵盖通关、关税及其他海关环节税收的征管、商品归类、海关估价、原产地规则、知识产权边境保护、海关缉私缉毒、检验检疫、信息化和信息交换、行政和执法互助等。与一般国际条约相比较,海关事项的规范更加实务,远离国家内部或者国与国之间政治争论的旋涡中心,更少牵涉国家重大的政策决定,从而易为缔约方所认同。

国际海关条约根据不同标准可以划分为多种类型。根据缔约方的多少可以分为双边海关条约和多边海关条约;根据多边海关条约是全球性的还是区域性的,可以分为全球性海关条约和区域性海关条约;根据多边海关条约的缔约方是否可以对条约条款进行保留,可以分为可保留的国际海关条约与不可保留的国际海关条约等。② 在国际海关领域,重要的全球性多边国际公约有 WCO 框架内的《建立海关合作理事会公约》、《京都公约》、《商品名称及编码协调制度公约》(以下简称《协调制度公约》)以及 WTO 框架内与海关有关的"一揽子"协定,如《海关估价协定》、《原产地规则协定》、《实施卫生与植物卫生措施协定》(Agreement on the Application of Sanitary and Phytosanitary Measures,以下简称《SPS 协定》)等。除全球多边条约外,还有大量的双边、区域海关条约,如为实现区域经济一体化签订的《全面与进步跨太平洋伙伴关系协定》(Comprehensive and Progressive Agreement for Trans-Pacific Partnership,CPTPP)、《美墨加协定》(The United States-Mexico-Canada Agreement,USMCA)、《区域全面经济伙伴关系协定》(Regional Comprehensive Economic Partnership,RCEP),以及两国间就一些海

---

① 依照国际经济法原理,习惯国际法是在国际交往中逐渐形成的不成文的原则和规则,对有关国家具有法律约束力,但在国际海关法领域,其地位和作用无法与国际海关条约相比拟。

② 对于国际海关条约而言,由于多边海关条约主要分为 WCO 体系和 WTO 体系,而前者普遍是可以保留的国际条约,直接调整海关国际事务关系;后者一般是不可保留的与海关有关的国际条约("一揽子"协定)。

关专门事项达成的协议、议定书等,如《中国和哈萨克斯坦海关合作与互助协定》《中国和俄罗斯关于在双边贸易中开展信息交换试点的议定书》《中国和乌克兰关于对外贸易统计数据交换合作议定书》等。这些条约对于国际海关法原则或规则的形成也具有重要意义。

(二)灵活弹性的国际海关软法

所谓"软法",是指效力结构未必完整,无须依靠国家强制保障实施,但能够产生社会实效的法律规范。以条约、公约等硬法作为参照物,软法表现出创制方式与制度安排的弹性、实施方式的非国家强制性、实现法律效力的非司法中心主义、法律位阶的不甚明显以及开放程度更高更重商谈论证、规范形态更加多样、法律文本的叙事方式更加灵活等个性特征。从外延来看,国际海关软法包括国际组织的规范性文件,如宣言、指南、决议、行动纲领、示范法以及一般法律原则等。

WCO 对国际海关软法类规则所进行的各种编纂活动,使得大量的国际海关惯例成为一种文化,国际海关法领域出现了大量国际惯例被编纂成国际条约的现象。尽管 WCO 取得了很大的成就,但还有很多领域没有被国际海关条约所涵盖,仍然处于软法状态,如《SAFE 标准框架》《海关风险管理纲要》《打击跨境环境违法的行动建议书》等。而国际海关软法类规则也正是 WCO 对国际海关制度进行协调、统一、简化的重要方法与途径。特别是建议类的法律文件,不仅会得到 WCO 成员法律的采用,还会得到联合国、一些海关联盟及经济类国际组织的采用与认可。WCO 在推行这些非约束性法律文件时,往往伴随成员方的接受程序,并且设立相应的分委会或工作组,在全球或区域实施相应的战略项目、执法项目、能力建设以及各类培训。因此,不少法律文件会实现在全球统一、协调相关海关制度的效果。

三、基于海关职能演变的国际海关法律制度构成

从世界范围内各国海关的职能设置及履行情况来看,随着关税的逐渐降低,海关的职能已经由传统的税收征管、打击涉税走私等逐步向反恐、知识产权保护和防范生态风险等非传统职能拓展,许多国家的海关先后对其管理职能进行了适

应性调整和变革，一些国家的海关机构甚至进行了重组。参考国内海关法通行的体系分类标准①与国际通行的做法，②基于海关职能的演变和国际海关制度的不同功能，可以将国际海关制度分为基于传统职能的贸易类国际海关制度、基于非传统职能的边境执法与合规类国际海关制度以及其他类国际海关制度。

（一）基于传统职能的贸易类国际海关制度

各国海关在一定的历史时期都曾以监管、征税作为其主要职能。海关监管是海关运用国家所赋予的监管权力，确保有关进出境即通关活动符合国家政策和法律的规范，维护国家主权和利益。监管是海关的基本职能，也是传统职能中最为核心的部分。而征收关税和其他税、费则是国家实施积极财政政策、调整产业结构、发展对外贸易等的重要手段。

1. 通关类国际海关制度

在此类制度中，海关实施的是在关境区对进出境货物、物品、运输工具和人员进行监管的行为。在国际贸易中，海关不仅在提供快速的清关程序，而且在实施有效的管制措施方面发挥着至关重要的作用。海关程序的效率对各国的经济竞争力以及国际贸易的增长和全球市场的发展具有重大影响。此类国际规则的集大成者是 WCO 的《京都公约》。根据不同的通关事项和行为目的，可以分为一般通关类和特殊通关类国际海关制度。

一般通关类国际海关制度是指适用于一般进出口货物通关制度的国际规则。此类规则致力于协调与简化世界各国四个传统基本步骤的通关程序，即申报、查验、征税和放行，并致力于强化商界通关权利以及海关加速验放货物的职权。比如，WCO 框架内的《海关风险管理纲要》《放行时间研究》《AEO 互认战略指南》，等等。此外，各国海关均高度重视信息化在海关转型发展中的重要作用，国际层面也制定了相关规则以协调技术标准，如《关于使用 WCO 数据模型

---

① 参见各种有关国内海关法的著述，如邵铁民：《海关法学》，上海财经大学出版社 2004 年版；刘达芳编著：《海关法学》，海关出版社 2009 年版；邵铁民、陈晖主编：《海关法学》，海关出版社 2010 年版；何力：《日本海关法原理与制度》，法律出版社 2010 年版；等等。这些著述中一般都体现了关税法与通关法（或称为海关监管法）是海关法两大基础类别。

② WCO 依照不同海关事项主题将其框架内法律文件分为商品名称和分类、估价、原产地、执法与合规、海关程序与贸易便利化、能力建设和廉政七类。载 WCO 官网，http://www.wcoomd.org/en/topics/key-issues.aspx。

的建议书》《电子传送与鉴别海关与其他相关管理信息的建议书》。

特殊通关类国际海关制度是特指区别于一般的货物通关制度的国际规则。在传统意义上，特殊的货物通关制度，是指适用于保税加工类货物、特定减免税货物、暂准进出口货物以及其他一些有别于一般进出口货物所适用的通关制度。如WCO《关于货物暂准进口的ATA报关单证册海关公约》(以下简称《ATA公约》)[①]《跨境电商标准框架》[②]以及联合国和国际海事组织《集装箱关务公约》[③]，等等。

2. 关税类国际海关制度

关税类的国际海关制度是与海关征收关税及进出口环节税的行为相关的法律制度。在国际层面，关税一直被用作管理贸易尤其是限制货物进口，这一类制度具体包括实体与程序的国际关税制度两种。

实体的国际关税制度包括：第一，关税税则、税种等国际协调与税率减让制度。从GATT到WTO，每一回合的谈判中降低关税都是重点，约束关税制度也是其核心制度，GATT的关税征收的原则及减让表就是这类制度的典型代表。第二，与征收关税相配套的归类与预归类制度、海关估价制度、原产地规则制度等。WCO《协调制度公约》、WTO《海关估价协定》与《原产地规则协定》就是此种制度的典型代表。

国际关税制度的程序法是规定征税权行使程序和纳税人纳税义务履行程序的国际规则。各国的关税征收程序往往是影响通关速度的主要原因。因此，国际关税制度程序法的设计同样秉承着贸易便利化原则，提出了关税征收程序与通关程序的分离，在货物关税未最终确定或缴纳的情况下，即放行货物进入自由流通，如WTO《贸易便利化协定》第7条第3款。

---

① 其英文全称为：Customs Convention on the ATA carnet for the temporary admission of goods (ATA Convention)，该公约于1963年生效。

② 中国是WCO跨境电商工作组的主席，并接受了WCO的委托，同其他成员牵头草拟了《跨境电商标准框架》，并于2018年6月在WCO年会上审议通过。这一框架除了包括跨境电商现状、趋势和特点分析外，还梳理各种渠道进出境的跨境电商通关流程，规定电商企业、平台企业及物流企业各方角色和跨境电商管理的核心原则。

③ 《集装箱关务公约》是1972年12月2日，联合国和国际海事组织在日内瓦共同召开的集装箱运输会议上通过的，对集装箱暂时进口及其程序作出规定，旨在简化集装箱通关手续的公约，1975年12月6日正式生效。

（二）基于非传统职能的边境执法与合规类国际海关制度

从打击洋垃圾、象牙等濒危物种走私，到防范埃博拉、非洲猪瘟等境外疫病情入境，再到进出口食品和商品质量安全检测，海关除了承担监管、征税、缉私、统计等维护国家政治经济安全、意识形态安全等传统职能之外，在防范生态风险、知识产权保护等领域面临新的更大挑战。由于海关在边境上的特殊地位与作用及其效率化的执法程序，使得海关在经济、财政职能之外，逐步承担起其他的公共职能。边境执法与合规类的国际海关制度是随着海关新职能的拓展而发展起来的一系列制度。此类制度的国际协调与合作就是边境执法与合规类国际海关制度。

1. 知识产权海关保护的国际制度

此类制度是出于资本集团的知识产权优势利用的保护而形成的全球化边境保护规则。如 TRIPs 第三部分第四节对知识产权海关保护的知识产权种类与保护程序作了专门规定；根据 TRIPs，WCO 曾经先后三次制定了《知识产权边境保护示范法》；此外，美国、欧盟等发达国家和地区主导制定的《反假冒贸易协定》（Anti-Counterfeiting Trade Agreement，ACTA）文本的第二章第三节也是对知识产权边境保护的专门性规定。

2. 绿色海关国际制度

此类制度主要涉及环境问题，主要包括濒危物种保护的国际海关制度、环境保护的国际海关制度等。这方面的国际规则如《濒危野生动植物种国际贸易公约》（《华盛顿公约》）第 8 条及其他相应条款，这些条款是各国海关对濒危物种进行边境执法的国际法依据。又如在联合国环境规划署主持下的绿色海关倡议①（the Green Customs Initiative）合作机制所产生的《绿色海关指南》，以及 2008 年 WCO 的《打击跨境环境违法的行动建议书》软法类规则等。

---

① 绿色海关倡议是一个创新性的国际组织合作机制，该机制用于制止环境敏感性商品的非法跨国贸易，促进各国海关在此方面执法能力的提升。该机制涉及多个多边环境协议的实施，如臭氧消耗物质、有毒化学品、有毒废物、濒危物种等方面的协议。绿色海关计划是由联合国环境署理事会（UNEP's Governing Council）根据 2001 年的理事会决议（Council Decision 21/27 on Compliance with and Enforcement of Multilateral Environment Agreements，February 2001）发起的，合作伙伴还包括上述多个环境协议的国际管理机构，如国际刑警组织、WCO 等。

3. 供应链安全类国际制度

在“9·11”事件之后,发达国家开始在提倡贸易便利化的同时倡导供应链安全规则。因此,进入 21 世纪后,国际海关制度中规范供应链安全规范开始发展起来。例如,1997 年《有关跨国有组织犯罪的建议书》,2002 年《国际贸易供应链安全与便利的决议》,2003 年《关于毒品非法交易的理事会宣言——布鲁塞尔宣言》,2004 年《国际贸易供应链全球安全与便利措施的决议》,2005 年、2006 年《全球贸易安全与便利标准框架的决议》及其相应的措施与框架,以及 2006 年《打击商业欺诈的海关行动建议书》等。

(三)其他类国际海关制度——国际海关组织制度与海关国际合作制度

其他类的国际海关制度主要包括国际海关组织法、海关国际合作法两类。这两类制度适用与国际公法中相应部分相同的理论,同时兼具其自身特色:第一,国际海关组织法,主要是指以 WCO 为主的政府间、全球性或区域性海关组织等的组织法。在国际海关组织内部,廉政被视为重要议题,也是国际海关制度的必要组成。WCO 于 1993 年通过了《关于海关廉洁的阿鲁沙宣言》,并于 2003 年进行修订以贯彻《联合国反腐败公约》第 5 条所规定的反贪政策和做法。该宣言是防止贪污和提高海关廉洁水平的重点工具。此后,WCO 还制定了一系列标准和规范,如构建廉政海关机构的指导手册《廉政发展指南:自评与评估》。第二,海关国际合作法。这部分国际制度随着国际合作形式的多样化,得以极大发展。海关国际合作几乎采用了当前国际合作的所有形式,如论坛类、联合机构类、定期会议类等。海关国际合作制度的内容较海关组织法更为丰富。进入 21 世纪以来,能力建设成为海关国际合作的重要内容。在 WCO 主导下,从 2002 年开始,国际海关界和商界酝酿讨论制定《海关能力建设战略》;WCO 于 2006 年开展了旨在推行《SAFE 标准框架》的全球性的哥伦布能力建设项目,并于 2014 年启动了 WCO 墨卡托能力建设项目。

基于海关职能的演变和国际海关制度的不同功能,可以将国际海关制度分为基于传统职能的贸易类国际海关制度、基于非传统职能的边境执法与合规类国际海关制度以及其他类国际海关制度,但各类别之间又存在有机联系,相辅相成。如在通关程序中,蕴含关税征收的归类、估价及程序性环节,如何合理安排关税征收与放行环节的关系对于国家经济利益及商界的贸易便利化利益都有着关键影响。同时,边境执法与合规类海关制度也是内嵌于通关程序中予以执行的,如边境执法与合规类海关制度或可转化为通关壁垒,妨碍贸易便利化的实现。因此,不同类别的国际海关制度间相互联系、相互影响。如果希望市场全球化与贸易便利化,仅在国际上协调某一类制度是不够的,必须在各类海关制度上进行全面的全球化。[①]

四、国际海关法发展的新动向

国际海关法的形成、发展不是孤立现象,而是处于国际经济发展时局之中并深受其影响。在经济全球化,但又一定程度上面临保护主义回潮的背景下,海关国际合作的变化引起的国际海关法发展的新动向值得关注。

(一)法律发展具有趋同性

经济全球化促进调整国际海关领域的法律规范的统一。正如戴维·赫尔德指出的,发展着的全球市场意味着需要有共同的规则来管理市场,现代经济活动的复杂性要求有一系列详细的共同法规和政策来使全球市场发挥功能。[②]从国际海关法的历史发展来看,经济全球化促进了多边、区域等层面海关法律和政策的协调与统一,如 WTO《海关估价协定》《贸易便利化协定》;WCO《京都公约》《协调制度公约》等国际海关条约;WCO《SAFE 标准框架》等国际海关软法;以及区域层面 NAFTA、RCEP 中的原产地、检验检疫和贸易便利化规则等。这些国际规则因侧重于简化和协调海关业务等中性目标为多数国家所采纳,使不同国家的海关立法呈现某种一致性或趋同性。与此同时,各国国内海关立法的不断完善也逐步与国际规范保持一致。从世界范围来看,许多国家或地区都制定有专门的海关法,各国制定海关立法并不是完全封闭的自我行为,国际海关条约、国际海关组织规则、国际海关软法甚至其他国家的海关立法,都对各国制定海关法律规范产生着直接或间接影响。

---

① 参见朱秋沅:《国际海关法研究》,法律出版社 2011 年版,第 34—39 页。

② [英]戴维·赫尔德等:《全球大变革——全球化时代的政治、经济和文化》,杨雪冬等译,社会科学文献出版社 2001 年版,第 246—247 页。

从另一个角度来说,世界各国海关职能目标所体现的共同特征也促进了法律的趋同化发展。各国海关均在促进国际贸易安全和便利、服务国内经济发展等方面负有重要的职责,同时也面临共同的挑战和目标任务。比如,在国际规则制定和国际合作发展的压力下,各国海关都重视促进贸易在安全前提下便利发展,海关职能实现的范围逐步由传统的关境管理向供应链治理转变。随着监管对象从单纯的通关货物转向整个供应链物流链条,监管方式从以守法监控为驱动发展成为以风险预先防控为基础,各国海关构建安全风险防控体系都面临重大变化。此外,各国海关均高度重视信息化在海关转型发展中的重要作用,把信息化作为海关业务模式转型的重要抓手。如新加坡海关提出通过"云服务",满足多变环境下数据的灵活共享需求,整合各类物流信息,为海关加强供应链管理提供强大数据支持;欧盟海关提出完善统一的电子信息化平台,实现海关行政的电子化。我国海关也顺应趋势,提出智慧海关理念,力图以科技创新为引领,打造先进的、在国际上最具竞争力的海关监管体制机制。

可以说,经济全球化的进程以及海关职能目标的统一性推动了国际规则乃至各国法律的趋同过程,并使海关法在许多基本概念和原则精神方面,在实体和程序方面,在解决争议的手段方面逐渐趋向一致,出现了在法律上求大同存小异并且逐步和国际海关公约、软法等规范保持一致的局面。但我们也应注意到,逆全球化趋势使国际海关合作和国际海关法的多边主义在一定程度上受挫。从全球层面来说,WCO 和 WTO 两大平台中,淡化政治色彩的 WCO 所体现的技术性优势会更加突出。①

(二)国际合作呈现区域性

近年来,区域经济一体化形势迅猛发展,特别是当全球范围的多边谈判难以达成协议,或者世界经济面临波动、贸易保护主义抬头的时候,区域性国际经济组织和区域自由贸易协定成为许多国家促进贸易与投资,巩固国际竞争地位的有力措施。② 这种现象对于海关国际合作也产生了巨大影响。从世界范围来

---

① 参见何力:《新形势下"一带一路"建设与国际海关法的走向》,载陈晖主编:《海关法评论》第 7 卷,法律出版社 2017 年版,第 314 页。

② 参见陈漓高、齐俊妍、张燕等:《国际经济组织概论》,首都经济贸易大学出版社 2010 年版,第 127 页。

看,区域经济一体化与全球经济一体化并存局面产生的原因是世界经济发展的不平衡。这种不平衡包括发达国家与发展中国家在经济体制、发展水平方面的不平衡以及发达国家之间的不平衡。在这种国际环境下,要求各国同等程度地消除经济障碍是困难而不现实的,而在发展水平接近和有共同利益诉求的国家之间开展经济一体化运动则成为现实选择。① 实际上在特定区域内和有共同利益关系的各国之间比全球范围内各国之间更容易达成经济一体化协议,因而经济融合程度更高。关税联盟或自由贸易区在其成员间相互贸易中消除壁垒,是朝着普遍的贸易自由化迈出的一步。只要自由贸易原则正确实施,由一个区域内自由贸易所产生的增加生产的福利效应,完全能增加从其非成员方面的购买力。② 而且,区内贸易限制的减少或取消,不仅使区内外的贸易机会增加,而且也为全球范围内抵御贸易保护主义作了示范。从这个意义上来说,贸易集团化能促进多边贸易的发展,它将成为实现全球贸易经济一体化的重要阶段。③

自 GATT 生效后,区域性合作也不断得以发展,有些地区建立了关税同盟或自由贸易区,如欧洲经济共同体(现为欧洲联盟)、东南亚联盟、北美自由贸易区等。由于多哈回合谈判陷入僵局,近年来许多国家开始转而谋求区域乃至跨区域经济合作。2015 年 10 月,美国曾与亚太地区一些国家达成了《跨太平洋伙伴关系协定》(TPP),又于 2017 年 1 月 23 日正式宣布退出该协定。2017 年 11 月 11 日,由启动 TPP 谈判的 11 个亚太国家共同发布了一份联合声明,并决定改名为《全面与进步跨太平洋伙伴关系协定》(以下简称 CPTPP)。2018 年 12 月 30 日,CPTPP 正式生效,作为国际上高标准自贸协定,CPTPP 将对其他自贸协定的谈判产生重要影响。我国作为世界第二大经济体和第一大货物贸易国,加强自由贸易区建设,是我国新一轮对外开放的重要内容,也是我国谋求对外贸易新空间、提高全球贸易治理影响力的举措。截至 2022 年 1 月,我国已签署 20 个自贸协定,涉及 27 个国家和地区。2020 年 11 月 15 日,《区域全面经济伙

---

① 参见伍贻康、张幼文等:《全球村落:一体化进程中的世界经济》,上海社会科学出版社、高等教育出版社 1999 年版,第 34 页。

② 参见 John H. Jackson and William J. Davey, *Legal Problems of International Economic Relations*, 2nd edition, West Pub. Co., 1986, p. 455。转引自赵维田:《世贸组织(WTO)的法律制度》,吉林人民出版社 2000 年版,第 98 页。

③ 参见金祥荣:《世界区域经济一体化浪潮及其影响》,载《国际贸易问题》1995 年第 6 期。

伴关系协定》(以下简称 RCEP)历时 8 年正式签署,成员包括东盟十国、中国、日本、韩国、澳大利亚和新西兰共 15 方。RCEP 是亚太地区规模最大、最重要的自由贸易协定谈判,达成后将覆盖世界近一半人口和近三分之一贸易量,成为世界上涵盖人口最多、成员构成最多元、发展最具活力的自由贸易区。在区域性合作持续深化的同时,我们也应认识到,区域主义是无法达成多边协议的现实选择,并不能成为国际贸易新规则谈判的最佳平台,原因在于:一是非对称的区域主义将经济地位日益增强的新兴经济体排除在外,将加速国际贸易治理体系的分裂局面;二是区域贸易协定具有对价值链低端国家的低端锁定效应和对域外国家的歧视效应;三是区域贸易协定对域外国家的投资流向产生扭曲效应;四是缺乏有效的监督和执行机制来保障协定的生效与执行。[①]

(三)国际规则趋向软法化

经济全球化的发展趋势对国际经济全球治理提出了更高的要求,并不断推动国际经济软法的发展。国际海关领域之所以强调软法的作用,原因是软法的规范性主要不在于设定明确的行为模式,而是通过描述背景,宣示立场,确立指导思想,规定目标,明确方针、路线,确认原则,规定配套措施等各种方式,正面要求相关主体为或者不为某种行为,通过为其提供行为导向的方式来施加影响,促使其做出有利于公共目标实现的行为选择。[②] 另外,软法的形成往往是参与主体平等协商的结果,能充分理解各方立场,回应各方关切,照顾各方利益,从而易于被各方接受、践行。硬法与软法在法律规范意义上会相互转化,两者相辅相成。在多数情形下,软法是在硬法提供的框架下规范和监督海关权力、保障与拓展主体权利,但在有些情形下,硬法又是在软法提供的语境下进行制度安排。[③] 实际上,从经济学的角度分析,跨政府组织网络中的治理规则有些虽

---

① 参见高疆:《多边贸易体制、全球贸易治理与国际贸易新规则》,上海社会科学院出版社 2020 年版,第 199 页。

② 参见罗豪才、宋功德:《认真对待软法——公域软法的一般理论及其中国实践》,载《中国法学》2006 年第 1 期。

③ Anne-Marie Slaughter, *Sovereignty and Power in a Networked World Order*, Stanford Journal of International Law, Vol. 40:2, p. 293, 298(2004).

为国际软法,但此类“软法的硬效果”却不容忽视。①

现实中,在国际硬法的立法层面,有的国际海关条约的创制并非一次性成就,而有一个演化的过程,主要是对于那些刚刚形成或比较复杂的国际海关关系,因其具有不确定性,如贸然以国际条约制定显有不妥。在这些情形下,通过制定国际海关软法,先行斩获易得的立法收益;同时以国际海关软法为框架,为各方提供继续互动和互学的长期机会,以逐步弥合各方的实质分歧,为最终导向国际硬法提供条件。WCO、UNECE 的诸多软法性文件以及国际商会(International Chamber of Commerce,ICC)的建议书中反复强调海关与商界的伙伴关系。如由 UNECE 所制定的第 33 号建议书《关于“单一窗口”的建议》,将“单一窗口”构建成功的关键因素之一总结为政府与商界的伙伴关系。②2005 年《SAFE 标准框架》中也将海关与商界的伙伴关系作为实施全球贸易安全与便利的标准的三大支柱之一。这些软法为全球推行 AEO 制度提供了国际标准。如欧盟海关于 2005 年在全球范围提出 AEO 制度,当时是以修改欧共体海关法的形式,着重强调了统一风险管理制度的重要性。该制度于 2008 年 1 月 1 日正式开始实施,欧盟又将 AEO 认证区分为简化通关类 AEO(享受海关手续简化的 AEO 企业)、安全类 AEO(享受相关安全便利措施的 AEO 企业)或两者兼有(享受海关手续简化和相关安全便利措施的“二合一”AEO)。具体执行过程中,欧盟各国遵守欧盟海关法实施细则的同时,又会根据本国实际情况制定不同的认证程序。③ 2005 年,我国在《SAFE 标准框架》上签字,迈出建立 AEO 制度的关键一步。2008 年 4 月 1 日,《中华人民共和国海关企业分类管理

---

① 跨政府组织网络中的国际经济软法多属各方“保证型博弈”或“协调型博弈”的结果。按照博弈论,在这两种博弈模式下形成的国际制度,其实施一般无须有集中化的权力机构(如正式的政府间组织)和第三方强制性力量的保证,通常只要依靠各方的自我约束和自我管制,辅之以非正式的和非集中化的机制即可。国际经济软法产生于跨政府组织网络,其形成之后,便有了相当程度的“自我实施”的功能;同时跨政府组织网络本身又为这些软法的实施提供了非正式的和非集中化的便利机制。See Kenneth W. Abbott, *Modern International Relations Theory: A Prospectus for International Lawyers*, Yale Journal of International Law, Vol. 14, p. 373 – 374 (1989);苏长和:《全球公共问题与国际合作:一种制度的分析》,上海人民出版社 2009 年版,第 218 页。

② Recommendation No. 35 Establishing a legal framework for international trade Single Window, 8. 3 Partnership between Government and Trade.

③ 参见曾文革、曾庆玲:《论 AEO 互认规则的新发展、影响及其实施》,载《海关与经贸研究》2018 年第 11 期。

办法》(已失效)施行。该办法规定企业类别,在原有的 A、B、C、D 四个管理类别的基础上新增 AA 类管理类别,其中 AA 类和 A 类就是中国海关的“经认证的经营者”,标志着中国海关 AEO 制度正式实施。自 2014 年 12 月 1 日起,中国海关正式实施企业信用管理制度,这是对 AEO 制度的完善升级,将企业的海关信用进行分级并对高信用企业进行认证,实行差别化管理。① 2018 年 5 月 1 日,新修订的《中华人民共和国海关企业信用管理办法》正式施行,新规定对企业信用状况认定标准和程序、海关 AEO 国际互认合作等内容作出了进一步细化完善。2021 年 11 月 1 日,《中华人民共和国海关注册登记和备案企业信用管理办法》正式施行,2018 年公布的《中华人民共和国海关企业信用管理办法》同时废止。本次修订优化了企业信用等级分类;落实守信激励原则,进一步提升守法企业获得感;落实国务院要求,依法依规实施失信惩戒,建立信用修复制度。目前中国实行 AEO 互认的国家或经济体总数量在世界上已经居于前列。AEO 制度在各国的落地实施与发展成熟,为各国之间开展 AEO 国际互认,签署国际条约提供了国内保障和国际平台。

此外,通过全球性和区域性的国际海关条约与海关制度安排中对软法的援引,也可以使这些国际海关软法类规则获得硬性的约束力。这种援引有的是概括式的,有的是具体列名的。如 WTO 的贸易便利化谈判草案整理文本中,对于通关执法过程中的海关风险管理问题,具体列明应参照 WCO《海关风险管理纲要》,并且具有概括式的“国际标准的使用”的义务,要求成员方应当/在可行的范围内应当/可以将相关的(在本协议条款规定的国际标准之外)的国际标准或其部分作为其本国的进出口和/或转运手续和程序的基础,或者参照这些标准。在区域性海关制度安排中也时常出现国际标准的援引。例如,在大湄公河次区域的《便利客货跨境运输协定》的附件 4 就是 UNECE 的第 1 号建议书;②APEC 海关手续分委会 2007 年的“单一窗口”战略以及 2009 年的“单一窗口”指南所援引的就是 UNECE 的第 33 号建议书。③ 又如,2015 年签订的《中华人民共和

① 参见何力:《全球化背景下中国 AEO 互认及其国际海关法贡献》,载《海关与经贸研究》2018 年第 1 期。

② The GMS Cross-Border Transport Agreement (CBTA) Attachment to Annex 4: United Nations Layout Key for Trade Documents.

③ 参见朱秋沅:《国际海关法研究》,法律出版社 2011 年版,第 51 页。

国政府和澳大利亚政府自由贸易协定》(以下简称《中国—澳大利亚自贸协定》)从整体上明确双方海关政策应尽可能与WCO确立的国际标准和推荐做法一致。而《欧盟—日本经济伙伴关系协定》等高标准自贸协定则要求成员方在海关监管过程中全面适用WCO所确立的各项国际标准,不仅包括WCO《京都公约》《协调制度公约》,还包括WCO框架内具有软法性质的《SAFE标准框架》,进一步强化了成员方义务。

由此可见,硬法与软法在国际海关法发展进程中的并行不悖、在推动国际海关治理时的齐心协力,已经成为国际海关法治的典型特色。我国也高度重视举办"主场外交",通过举办亚信峰会、G20峰会以及各种双边与多边论坛等,提出促进国际良治各种行动计划、合作倡议、改革议程、发展战略、指导原则等,取得了丰硕成果,"包容性发展"理念也随之愈加深入人心并更多地付诸实践。①

① 参见李万强:《国际经济法存在与发展的新视角》,载《吉林大学社会科学学报》2017年第1期。

Chapter 2 第二章

世界海关组织及其国际海关法体系

冷战结束后,有关全球治理的争论反映了一种共识,即加速发展的全球化正在带来跨界和全球性问题,这些问题无法依赖各行其是的民族国家得到解决,而是需要国家间以新形式的“超国家治理”为基础通过政治合作加以应对。在这种背景下,全球治理的目标与宗旨被确定为:“发展一整套包括制度、规则及新型国际合作机制在内的体制,以此为基础不断应对全球挑战和跨国现象所产生的问题。”[①]全球治理理论促进了多边世界秩序的强化和国际经济组织的发展。可以说,经济全球化与国际经济组织的发展相辅相成。一方面,经济全球化催生了国际经济组织;另一方面,国际经济组织在经济全球化、一体化及自由化的浪潮中起到了催化作用。[②] 在国际海关领域,CCC/WCO 是多边层面最为重要的国际组织。

---

① [德]德克·梅斯纳、[英]约翰·汉弗莱:《全球治理舞台上的中国和印度》,赵景芳译,载《世界经济与政治》2006 年第 6 期。

② 余锋:《WTO 决策法律制度研究——民主的视角》,华东师范大学出版社 2010 年版,第 21 页。

第一节　世界海关组织成立发展的历史考察

世界海关组织的正式名称为海关合作理事会,该组织是目前唯一具有独立国际法律人格的全球性、政府间、海关类国际组织,截至2022年7月1日有184个成员(含欧盟),这些成员方的海关处理着近98%的世界贸易。

一、海关合作理事会的诞生

在CCC成立之前的半个世纪里,各国的海关业务制度复杂多变且差异巨大,严重限制了国际贸易的发展,因而国际社会一直都在为促进海关制度的标准化和协调化、便利国际贸易而不懈地努力。尽管在欧洲国际商会的倡议和国际联盟的主持下,于1923年制定了《关于简化海关手续的国际公约》,但该公约参加国家不多,国际影响极其微弱,加之经济危机和世界大战,该公约成为一纸空文。[①] 第二次世界大战刚结束,美国炮制了《关税与贸易总协定》。GATT基本目标之一是通过实施无条件的最惠国待遇,削减关税与非关税壁垒,促进国际贸易自由化。为了达到这个总目标,GATT自然而然地要涉及海关手续等问题,缔约各方已逐渐意识到烦琐复杂的海关手续有可能成为一种潜在的、间接的而危害很大的贸易保护主义手段,简化、协调海关制度势在必行。

1947年9月12日,13个欧洲国家在巴黎签署了一项联合声明,同意为实现促进海关制度标准化和协调化及便利国际贸易发展的目标,研究在布鲁塞尔建立一个负责研究协调海关制度的专门机构即欧洲海关联盟的可能性。此后,欧洲海关联盟成立了一个专门小组,即欧洲海关联盟研究小组来负责此项研究工作。

---

① 严波:《世界海关组织与WTO在贸易便利化中的角色分析》,载《世界贸易组织动态与研究》2007年第11期。

1948 年,欧洲海关联盟研究小组又成立了欧洲经济委员会和欧洲海关委员会。由于欧洲经济委员会和欧洲经济合作组织的工作有重复,故停止了相关活动。其中,欧洲海关委员会主要负责三个方面的工作:一是对一些国家的海关技术问题进行比较研究,使这些国家的海关制度协调化和标准化。二是制定一个统一的商品分类目录和采用一个统一的海关估价的价格定义。三是研究其他方面的海关规范。这三方面的工作为其后于 1950 年 12 月 15 日在布鲁塞尔签订的《建立海关合作理事会公约》(1952 年 11 月 4 日生效)、《海关商品估价公约》(1952 年 7 月 28 日生效)和《海关税则商品分类目录公约》(1953 年 9 月 11 日生效)三个公约奠定了基础。其中,《建立海关合作理事会公约》的签署,标志着 CCC 的正式诞生,并将其总部设在比利时首都布鲁塞尔。CCC 的第一次理事会全体会议于 1953 年 1 月 26 日举行,共有 17 个成员的代表团参加会议。而后 1 月 26 日就被定为“国际海关日”,CCC 和许多成员海关都在每年的这一天举办一些活动,如庆祝成立 CCC 的周年纪念和宣传海关的活动。①

二、海关合作理事会/世界海关组织的发展

半个多世纪以来,CCC 已经发展成为一个具有相当机制化程度的、以促进国际贸易为己任的全球性的国际海关组织。在 CCC 成立后,其经历了不同的发展阶段,也有着不同的发展重点与主题。20 世纪 50 年代,CCC 处于创业阶段,它通过制定《海关商品估价公约》和《海关税则商品分类目录公约》,奠定了成立的基础。这一时期,CCC 的活动范围是区域性的,影响主要在欧洲。20 世纪 60 年代西方经济经过复苏后开始活跃,国际贸易量有所增加,为了冲破当时带有保守性质的各国海关对进口货物和物品监管手续的束缚,国际贸易界大力呼吁应扩大暂时免税进口的范围,以方便各国间货物的流通。CCC 与 GATT 以及联合国有关机构协商后,先后制定了 7 个暂准进口海关公约。② 这不仅促进了国际贸易自由化,也使得 CCC 的作用与影响力扩展至全球,为 CCC 的全球

① 王天元:《海关合作理事会与中国海关》,载《国际贸易》1988 年第 3 期。

② 杨玉林:《海关合作理事会评介》,载《国际贸易》1987 年第 4 期。

化发展奠定了基础。20世纪70年代与80年代，CCC的工作围绕着国际通关制度与国际关税制度展开，形成了《京都公约》与《协调制度公约》两大重要的国际海关公约。这两个国际海关公约对全球各关境区的海关制度协调化、简化与标准化产生了至关重要的影响。20世纪90年代，随着海关职能的拓展和国际政治经济形势的变化，CCC的工作范围有了进一步的拓展，其指引国际海关制度标准化与协调化的工具也进一步拓宽。CCC以多种软法类规则与工具，在合规与便利、环境、知识产权海关保护、电子海关、能力建设等多个领域展开了工作。①

1994年，CCC考虑到其使命的变化以及体现其国际组织地位，决定对外正式更名为"世界海关组织"。需要明确的是，"海关合作理事会"是组织的正式名称，而"世界海关组织"是非正式的工作名称，是为了与世界贸易组织等其他国际组织齐名的需要。因此，WCO实际上与CCC是同一个组织。

进入21世纪，WCO继续保持着在广泛领域中开展国际海关事务。WCO所处理的事项仅限于海关技术问题，一般不带有政治因素，不直接涉及缔约方的经济和贸易利益。② 第一，负责制定、维护、支持和推广其所制定的相关国际性文件，以协调和统一各成员采用协调和简化的海关制度和手续，对货物、人员和运输工具的进出境活动进行监管，促进各国的经济贸易发展和社会安定。通过制定国际海关公约，倡导各国海关的职能任务由"保护型"转向"促进型"，确保各成员之间在商品归类目录、海关手续和技术等方面取得最大限度的协调和一致，并制定建议书和其他软法，以确保统一解释和实施CCC/WCO制定的各项公约。第二，加强对各成员的技术援助和能力建设，使各成员通过有效的监管和执法保证各国的法律得到遵守，特别是通过努力，最大限度地提高各成员之间及各成员与其他国际组织之间的合作水平和成效，打击各种违反海关规范的行为。这表现在技术援助的方式上，WCO除应各成员请求向有关成员政府提供一般性咨询信息或意见之外，还针对性地帮助某个或某些成员解决实际难题，比如增派专家至成员方海关进行实地诊断帮助成员方解决海关事务问题。③

---

① 朱秋沅：《国际海关法研究》，法律出版社2011年版，第86页。

② 翁国民：《入世与中国海关法》，上海世界图书出版公司2001年版，第122页。

③ 杨玉林：《海关合作理事会评介》，载《国际贸易》1987年第4期。

第三,通过促进成员之间及其与其他国际组织之间的交流和合作,改善海关的管理、工作方法和交流好的做法,帮助各成员努力应对现代环境的挑战和适应新形势的变化。WCO 从调解的角度出发,协调解决涉及公约解释和实施方面的争议,并不断发展与其他国际组织间的横向合作。其对 WTO《海关估价协定》与《原产地规则协定》以及相应的争端解决提供技术支持,并与其他涉及国际海关事务的国际组织,如 OECD、世界银行、国际航空运输协会(International Air Transport Association, IATA)、国际民用航空组织(International Civil Aviation Organization, ICAO)等在海关能力建设、专业性国际标准方面积极合作,并产生了一些有影响力的国际软法类规则。

三、世界海关组织的组织机构与运作机制

根据《建立海关合作理事会公约》,WCO 的主要组织机构包括理事会、政策委员会、财政委员会、审计委员会、专业领域委员会和秘书处(见图 1)。

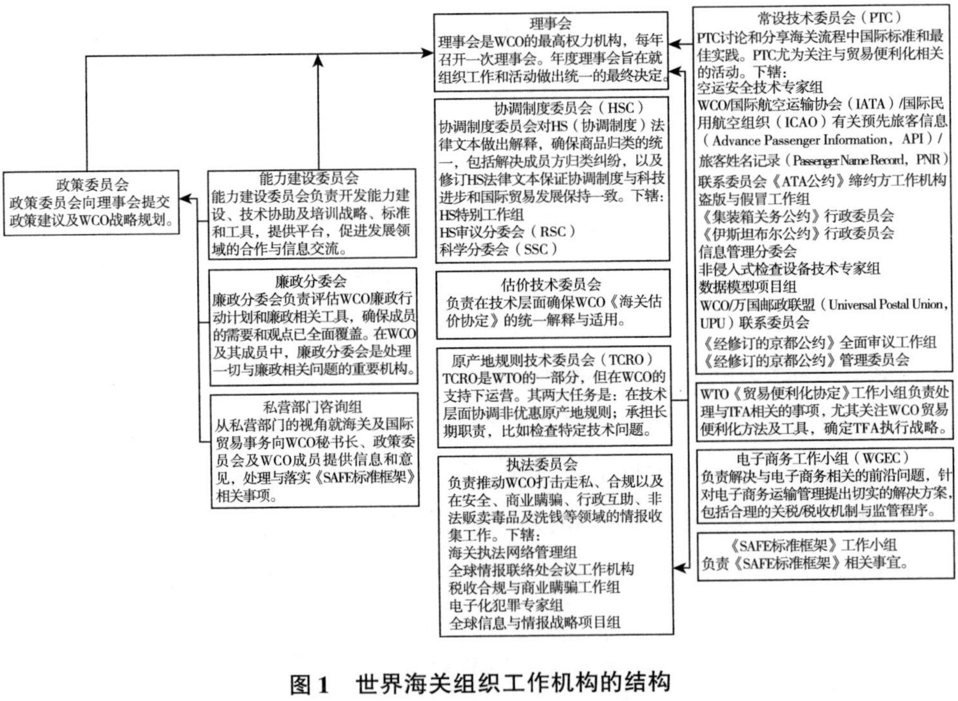

图 1　世界海关组织工作机构的结构

（一）最高决策机构——理事会（Council）

理事会是 WCO 的最高权力机构，理事会并不是一个常设的机构，而是每年一次的会议机制，主要由政策委员会和财政委员会协助工作。理事会由全体成员方的代表组成，从其成员的代表中每年推选主席一人，副主席至少两人。理事会根据政策委员会和各专业领域委员会提出的建议作出各项决定。非成员政府或国际组织可派代表以观察员身份列席理事会，观察员可以参与讨论，但没有投票权。会议有超过半数有投票权的成员出席即为有效会议。在会议表决上，理事会实行一个有效成员一票制，理事会决议应由有投票权的到会成员以 2/3 的多数通过。

（二）委员会（Committee）

由《建立海关合作理事会公约》所规定的委员会是常设技术委员会、商品分类目录委员会和估价委员会。但是，该公约也授权理事会可以设置其他的委员会。因此，当前的 WCO 设有多个委员会作为其主要的工作机构。这些委员会主要分为两类：一类是一般委员会，主要涉及 WCO 组织机构的常规运作；另一类是各类技术委员会，主要是为 WCO 的各类海关业务提供技术、专业、法律支持。

1. 一般委员会

一般委员会包括政策委员会、财政委员会和审计委员会。政策委员会是除了理事会之外最重要的工作机构，负责对所有重要的政策问题进行研究和向理事会提供咨询性意见或建议，在 WCO 中起着政策导向作用。政策委员会还为理事会年会进行准备，并在理事会主席的主持下，一年召开两次会议。政策委员会是一个对成员资格设限的机构，共有 24 名成员，只有经理事会选出的成员才能参加政策委员会的会议。政策委员会有主席（由理事会主席担任）1 名，可以设置副主席（理事会的副主席担任）6 名；各代表 WCO 的 6 个地区所有成员海关参加政策委员会会议和有关活动，以反映各地区的利益和需要。我国是亚太地区的成员。财政委员会负责 WCO 的预算和财政事务，监督和检查 WCO 所有资源的预算和使用、财政收支和损益情况，向政策委员会和理事会年会报告并提出工作建议。一般情况下，每年在委员会主席主持下召开一次会议。财政委员会也实施限制成员制，成员席位按照地区分配，共19席。审计委员会负责监督WCO战略规划的全面实施、预算分配、绩效评估的规定和实施、各个工作项目的有效管理及其目标的实现、确保各类资源的有效使用等。审计委员会作为WCO监管环境和管理程序系统评估的一部分，在理事会的全面指导下，在秘书处的行政支持下工作，审计委员会的所有成员完全由理事会任命与免除。审计委员会有12个席位，成员分别代表全球6个地区（每个地区2名）。委员会的席位在地区的有效成员间轮流分配。为了更好地独立履行其职能，审计委员会中有投票权的委员不得与财政委员会的委员有重合。

2. 专业领域委员会与工作机构

WCO对于各专业领域委员会与工作机构的设置与分类是以海关业务领域为标准的。WCO主要通过各个技术委员会与工作机构对涉及海关专业领域的技术性问题进行研究，包括协调制度委员会、估价技术委员会、原产地规则技术委员会、常设技术委员会、执法委员会、能力建设委员会、廉政分委会、私营部门咨询组等。①

协调制度委员会的职责根据《协调制度公约》设定并按照理事会的指令工作。其具体负责对《协调制度公约》进行管理，保证协调制度与科技进步、新产品出现和国际贸易发展保持一致。协调制度委员会也负责解决一些具体的商品归类问题，并对各成员海关在商品税则归类的税号上发生的争议进行裁决。协调制度委员会下设协调制度审议分委会与科学分委会。协调制度审议分委会负责研究涉及协调制度商品目录的修改问题；科学分委会是作为理事会有关化学或其他科学事务的顾问、咨询性机构。科学分委会根据理事会或任何委员会或分委会的要求进行工作，并向这些机构汇报工作。同时，它也是WCO成员海关实验室机构相互交流的平台。

估价技术委员会是根据WTO《海关估价协定》所设立，并由WCO所主持管理的机构。该委员会负责研究有关海关估价方面的问题，在技术层面确保WTO《海关估价协定》的统一解释与适用。其运作与职责由WTO《海关估价协定》附件2具体规定。

原产地规则技术委员会是WCO根据WTO《原产地规则协定》所设立，负

① 参见朱秋沅：《国际海关法研究》，法律出版社2011年版，第91—96页。

责从技术角度审核各成员日常工作中产生的原产地规则方面的具体问题并可应成员的请求提供有关决定货物原产地的信息或建议。

常设技术委员会负责向理事会提出几乎涉及所有海关技术和手续方面的建议,其任务是研究各个方面的海关技术问题,促使海关手续在世界范围内的简化和协调。自20世纪80年代后,随着海关业务发展,所涉议题增多,该委员会又下设数个分委会和其他工作机构。常设技术委员会包括信息管理分委会(负责研究和讨论海关科技应用中的问题);盗版与假冒工作组(成员方间对盗版与假冒的边境措施的对话机制);WCO/万国邮政联盟联系委员会(处理两个组织共同关心的问题,特别是寻找加速与简化邮政服务中的通关手续的方式与方法);WCO/国际航空运输协会/国际民用航空组织有关预先旅客信息/旅客姓名记录联系委员会(其设立的目的是《预先旅客信息指南》的管理、维护、促进与监督其实施、统一适用与解释,并对指南的修改提出建议);《伊斯坦布尔公约》行政委员会(其设立旨在使《伊斯坦布尔公约》得到统一实施及其解释,并对公约的修改提出建议);《ATA公约》缔约方工作机构(其设立是为了《ATA公约》的运行、统一实施及对其解释,并对公约的修改提出建议);《集装箱关务公约》行政委员会(其设立是为了1972年《集装箱关务公约》的实施,并可以对公约的修改提出建议。委员会也可以制定公约的手册,并对其中的内容发表意见与评论);《关于简化和协调海关制度的国际公约修正案议定书》(又称《经修订的京都公约》)管理委员会(其设立目的在于保证《经修订的京都公约》在解释与适用方面的统一性以及对公约的修改作出提案。管理委员会的成员由《经修订的京都公约》的缔约方组成);WTO《贸易便利化协定》工作组(针对该协定问题尤其是WCO框架内贸易便利化文件和工具进行磋商,并就协定实施战略作出决议);电子商务工作小组(讨论电子商务前沿问题并针对电子商务运输管理、税收征收机制和监管程序提出解决方案);《SAFE标准框架》工作小组(主要负责《SAFE标准框架》的解释、实施、修订等工作)等。

执法委员会设立的目的是加大对商业瞒骗和麻醉品非法交易的打击力度。执法委员会研究和讨论的议题广泛地涉及打击走私和非法贩运毒品、濒危野生动植物种、核材料和放射物质与假冒香烟;保护知识产权;反洗钱和跨国有组织犯罪;研究有关国际海关行政互助问题,包括执法信息和情报交换;促进海关、企业、政府间与非政府间组织之间交换意见、经验和最佳实践;通过法律文件、技术与交流促进海关执法有效性；为 WCO 的技术援助项目提供战略支持；研究并实施 WCO 地区情报联络处（RILO）①有效性措施等。此外，执法委员会也负责履行《关于预防、调查和制止违反海关法行为的行政互助的国际公约》（又称《内罗毕公约》）等一些公约所赋予其的职责。执法委员会下设税收合规与商业瞒骗工作组（其设立的目的是研究商业瞒骗的性质与范围，研究其与洗钱、集团犯罪等的联系；发展反商业瞒骗的工具，如指南、建议；提出反商业瞒骗国际合作的战略与方式等）；电子化犯罪专家组（其设立旨在保护 WCO 成员方的电子设施，使得成员方的电子系统免受袭击和滥用；对成员方电子系统的风险进行早期预警；提升成员方反威胁的核心能力等）；海关执法网络管理组［负责 WCO 海关执法网络（Customs Enforcement Network，CEN）的监管，如维护 CEN 系统，监管 CEN 有效实施、效率及安全性；进一步发展 CEN 系统；对 CEN 的用户提出意见；促进有关 CEN 的意见、经验与最佳实践的交换］；全球信息与情报战略项目组（其设立的目标是发展综合性与灵活性的全球信息与情报战略，能够提供从纸质到全面计算机支持系统的技术解决方案，以满足所有成员方发展情报战略的需要）；以及全球 RILO 会议工作机构等。

能力建设委员会职责是海关能力建设工作的运行与研究、确定能力建设的优先领域、制定指导和支持能力建设项目的指南、标准、工具与文件。

廉政分委会根据理事会与政策委员会的指令工作，并向政策委员会报告工作。廉政分委会是设计、发展、执行和评估 WCO 廉政行动计划和廉政相关工具的重要机构。

私营部门咨询组（WCO Private Sector Consultative Group，PSCG）的成立是为了从私营部门的视角就海关及国际贸易事务向 WCO 秘书长、政策委员会及 WCO 成员提供信息和意见。由 WCO 秘书长同理事会主席和区域副主席协商后，任命所有 PSCG 成员。PSCG 主要由企业/制造商和协会组成，目前有国际商会、国际货运代理协会联合会（International Federation of Freight Forwarders Associations，FIATA）、国际航空运输协会、国际报关协会联合会（International

---

① RILO 的英文全称为 Regional Intelligence Liaison Office，意思是地区情报联络处。RILO 项目是由世界海关组织倡导和推动的，其目的是发展地区情报网络，打击非法毒品贩运和其他海关瞒骗行为，以促进成员海关之间执法信息和情报的交换，并加强各自的情报分析能力。

Federation of Cutoms Brokers Associations, IFCBA)、国际道路运输联盟、全球快递协会(Global Express Association, GEA)、IBM、米其林、马士基、华为等30名成员。PSCG成员在任期内具有WCO观察员地位,在有关会议允许参加的范围内,可邀请PSCG成员参加WCO正式会议。①

(三)秘书处(Secretariat)

理事会的日常工作主要是通过秘书处完成的,秘书处设在布鲁塞尔。秘书处与各技术委员会密切合作,秘书处通过各技术司为各技术委员会准备会议提案和草案、组织技术会议、讲座和研讨会。秘书处还负责起草公约文本和文件、提供信息以及完成一些专项工作。秘书处下设守法及便利司、税务及贸易事务司、能力建设司。

守法及便利司由执法/守法分司和手续/便利分司组成。执法/守法分司与各技术委员会密切合作,负责研究海关执法工作及对WCO所制定的一个重要国际公约《内罗毕公约》②的管理负责。该司与国际刑警组织和联合国负责毒品执法的部门(如联合国禁毒署)相互密切合作,并与涉及执法的其他国际组织在涉及贩卖毒品收入、洗钱、非法财产、制毒化学品前体和易制毒化学品等方面保持密切联系。手续/便利分司负责研究便利、协调与简化海关手续工作,制定了许多涉及海关手续的公约,其中最主要的是《经修订的京都公约》,它是国际海关法的纲要性文件。

税务及贸易事务司主要负责制定和管理《协调制度公约》,负责管理已由GATT移交WTO的WTO《海关估价协定》,以及出版海关估价工作手册等。

能力建设司负责海关现代化和能力建设各项政策的制定和推广,指导海关现代化和能力建设工作,促进各成员建设现代化、透明的海关。WCO内设培训专家小组,在专家组及来自成员和国际组织的专家们的协作下,能力建设司实施了WCO海关改革和现代化项目、为各成员海关举办入门培训等许多培训和技术合作项目。为落实WCO国际海关能力建设的地区化策略,自2004年起,

---

① World Customs Organization, *Private Sector Consultative Group* (14 July, 2021), http://www.wcoomd.org/en/topics/key-issues/private-sector-consultative-group/membership.aspx.

② 该公约的目的是为防止、调查和惩处违反海关规范的行为提供行政互助,在执法方面的重点是加强毒品和商业瞒骗情报的国际合作。

WCO 六个区域还先后设立了地区能力建设办公室(ROCB),负责本地区能力建设活动的协调与开展。亚太地区能力建设办公室始建于 2004 年,中国海关自 2007 年开始选派人员赴 ROCB 以技术专员身份工作。

四、中国海关在世界海关组织中的地位与作用

1979 年我国海关代表团访问了 CCC,1981 年理事会的一位司长来华讲课并访问,从此 WCO 与我国的双方关系有所发展。1980 年我国以观察员身份多次出席会议,并于 1983 年 7 月 18 日交存了《建立海关合作理事会公约》加入书,并于同日对我国生效。根据《建立海关合作理事会公约》第 2 条的规定,我国的香港特别行政区和澳门特别行政区分别于 1987 年 7 月 1 日和 1993 年 7 月 7 日作为单独关境区成了 CCC 的成员。自加入 WCO 以来,中国海关一直积极通过加强高层交流、参与规则制定、承办重要会议、参与能力建设等方式积极参与 WCO 事务。

(一)加强高层交流并深化人力资源建设

中国海关出席理事会年会及其他高层会议并进行互访,阐释中国海关对于国际重要事务的立场,并就双方共同关心的事务交换意见,推动中国海关与 WCO 不断加强合作。2016 年 7 月,中国海关在比利时布鲁塞尔出席 WCO 第 127/128 届理事会年会,深入参与 WCO 热点问题讨论,并向 WCO 秘书长递交中国加入《经修订的京都公约》有关专项附约接受书。2016 年 5 月,中国海关领导会见 WCO 副秘书长,双方交流了 WCO 新战略规划和反恐工作,并就未来进一步加强双方高层交流、支持中国海关执法行动、加强人力资源建设和税贸事务合作交换意见。中国海关还参与了 WCO 秘书长、副秘书长及守法与便利司、税贸司司长等高官职位竞选,担任政策委员会、财政委员会、原产地规则技术委员会、执法委员会、《伊斯坦布尔公约》行政委员会、电子商务工作小组主席/副主席等重要职位。自 1985 年、1997 年和 2007 年起,开始分别向 WCO 秘书处、亚太地区情报联络中心、亚太地区能力建设办公室派员工作。

(二)积极承办、参与重要会议和活动

为支持各成员海关提供情报交流、加强能力建设及开展执法合作,中国海关积极承办、参与 WCO 各领域工作会议和研讨会、专项行动和集体行动项目,充分利用 WCO 的国际舞台对外输出中国海关智慧,对内研究借鉴国际海关最佳实践,为推动全球贸易安全与便利作出贡献。中国海关曾承办第 11 届 WCO 亚太地区联络官会议、第 64 届政策委员会会议、世界海关与商界论坛、首届世界海关跨境电商大会、"大地女神"第四期国际联合行动总结会等。倡议开展联合执法行动,包括打击邮件和快递渠道走私毒品和易制毒化学品行为的"天网行动"、打击邮件和快递渠道走私枪支弹药行为的"和平女神行动"、打击走私有害废物的"大地女神行动"等。比如,1993 年至 1995 年,中国海关担任 WCO 亚太地区代表和 WCO 政策委员会成员。其间,中国海关成功举办 WCO 第 3 次亚太地区联络官会议和 WCO 第 5 次亚太地区海关署长会议。2004 年 WCO 第 103/104 届理事会上,中国海关作为 WCO 负责亚太地区副主席的唯一候选方被提名,并当选为 WCO 副主席(主管亚太地区),任期 2 年。

(三)参与国际规则制定并推动中国海关与国际接轨

中国海关牵头制定《跨境电商标准框架》和《"经认证的经营者"互认实施指南》,深入参与《经修订的京都公约》全面审议以及《协调制度公约》《SAFE 标准框架》等文件的完善工作,提出《亚太地区海关关于共同打击假冒和盗版行为的宣言》(《上海宣言》)和《海关与商界共享知识,共促贸易发展和经济繁荣的联合宣言》(《广州宣言》),紧密跟踪 WCO 治理规则、战略规划等国际海关重点关注领域,深入参与 WCO 决策并发挥建设性作用。比如,2016 年海关总署派员参加 WTO《贸易便利化协定》第 6 次工作组会议和常设技术委员会第 213/214 次会议,提出货物放行时间研究等相关技术工具的修改建议并获得会议采纳和成员认同。此外,中国海关组织开展了《SAFE 标准框架》的实施筹划、具体推进和总结评估工作;开展了对 AEO、风险管理、单一窗口、货物放行时间研究(Time Release Study,TRS)、《21 世纪海关》文件等专题研究,进一步推动中国海关与国际实践接轨。

(四)参与能力建设

中国海关积极参与 WCO 执法与守法、贸易便利、税收事务等领域的能力建设活动。承办 WCO 亚太地区培训中心(RTC)、亚太地区缉毒犬培训中心(RDTC)。选派业务骨干参加 WCO 专家认证并为其他成员海关提供能力建设援助。在 WCO 设立中国海关能力建设合作基金,为期 5 年(2019—2024 年),每年 100 万欧元,主要用于支持 WCO 发展中成员和最不发达成员开展能力建设活动。[①]

第二节 世界海关组织的二元国际规则体系

WCO 的法律规则属于国际法规则,因而其法律渊源也是国际法渊源。广泛意义上的国际法渊源包括国际条约、国际习惯、一般法律原则以及重要国际组织的决议、司法判例、国际法学说等确定法律原则的辅助资料。[②] 按照法律文件的实施效力的不同,WCO 的法律文件体系可以分为两个层次,即国际海关公约与国际海关软法类规则,是一个具有二元性质的国际规则体系。第一,国际海关公约。根据《维也纳条约法公约》,国际条约是国际法主体之间就权利义务关系所缔结的一种书面协定,对于缔约方具有法律约束力。WCO 主持下形成的国际海关条约是国际条约的组成部分,故具有国际条约的一般特征。国际条约在 WCO 的国际法规则中最为重要。第二,国际海关软法类规则。国际软法不具有约束力,软法的形成多是利益平衡的结果,各国为了达成某种共同的目标而自愿地加以遵守,因而对于经济的运行乃至国际合作都具有积极的作用。WCO 框架内的国际海关软法包括建议、宣言、决议以及其他国际海关文件与工具,都属于非约束性法律文件。但是这四类非约束性的法律文件正是 WCO 对

---

① 海关总署国际合作司:《中国海关与世界海关组织》,载海关总署国际合作司网 2019 年 9 月 27 日,http://gjs.customs.gov.cn/gjs/gjzz89/2612518/index.html。

② 参见梁西:《国际法》(第 3 版),武汉大学出版社 2011 年版,第 37—42 页。

国际海关制度进行协调、统一、简化的主要方法与途径。特别是建议类的法律文件，不仅会得到 WCO 成员法律的采用，而且还会得到联合国及其特别机构，一些海关联盟及经济类国际组织的采用与认可。

一、国际海关公约

国际海关公约是理事会法律规范构成的主体部分，也是产生其他规则的依据。作为正式的公约，还需要得到成员的立法机关批准并将批准书送达 WCO 秘书处后才对该国生效，该成员才正式成为 WCO 国际公约的缔约方。WCO 国际公约的特点是专业技术性较强，一般不带有政治因素。① 目前，在 WCO 主持下制定并签署的国际海关公约共有 18 项（见表 1）。WCO 还负责对 3 项国际公约进行管理，即联合国/国际海事组织委托管理的《集装箱关务公约》以及 WTO《海关估价协定》②和《原产地规则协定》。

表 1　WCO 主持制定的国际海关公约

序号	中文名称	生效时间
1	建立海关合作理事会公约	1952 年 11 月 4 日
2	海关商品估价公约	1953 年 7 月 28 日
3	关于商业样品 ECS 单证册的海关公约	1957 年 10 月 3 日
4	海关税则商品分类目录公约	1959 年 9 月 11 日
5	关于包装用品暂准进口的海关公约	1962 年 3 月 15 日
6	关于专业设备暂准进口的海关公约	1962 年 7 月 1 日
7	关于在展览会、交易会、会议或类似活动展出和使用货物进口便利的海关公约	1962 年 7 月 13 日
8	关于货物暂准进口的 ATA 报关单证册海关公约（ATA 公约）	1963 年 7 月 30 日
9	关于船员福利用品的海关公约	1965 年 12 月 11 日
10	关于科学用品暂准进口的海关公约	1969 年 9 月 5 日
11	关于教学用品暂准进口的海关公约	1971 年 9 月 10 日

① 参见翁国民：《入世与中国海关法》，上海世界图书出版公司 2001 年版，第 122 页。

② 《海关估价协定》又称《关于实施 GATT1994 第 7 条的协议》。

续表

序号	中文名称	生效时间
12	关于货物实行国际转运的海关公约	制定于1971年6月7日,至今未生效
13	关于简化和协调海关制度的国际公约(京都公约)	1974年9月25日
14	关于预防、调查和制止违反海关法行为的行政互助的国际公约(内罗毕公约)	1980年5月21日
15	商品名称及编码协调制度公约	1988年1月1日
16	货物暂准进口公约(伊斯坦布尔公约)	1993年11月27日
17	关于简化和协调海关制度的国际公约修正案议定书(经修订的京都公约)	2006年2月3日
18	关于海关事务行政互助的国际公约(约翰内斯堡公约)	制定于2003年6月27日,至今未生效

从内容上看,这18项国际海关公约共分为四类。第一类是国际海关组织法,即《建立海关合作理事会公约》。第二类是国际关税法,其中包括《海关商品估价公约》《海关税则商品分类目录公约》《协调制度公约》。第三类是国际通关法,其中包括一般通关制度与特殊通关制度两部分。一般通关制度简化类的国际条约有《京都公约》及《经修订的京都公约》;特殊通关制度类有《ATA公约》《货物暂准进口公约》以及各类用品暂准进口的海关公约等。第四类是国际海关互助条约,其中包括《海关事务行政互助的国际公约》《关于预防、调查和制止违反海关法行为的行政互助的国际公约》。

二、国际海关软法类规则

按照功能主义理论,政府间组织制定软法的功能优势主要来自以下两个方面:一方面,政府间组织不但拥有专家资源,而且这些专家能够保持"技术中立";另一方面,政府间组织是汇聚、提炼、传播各专业领域信息的重要场所和渠道,而丰富的、高质量的信息是制定好国际软法的一个重要保证。[①] 也有学者认

---

① M. P. Ryan, W. C. Lenhardt & K. Tamai, *International Governmental Organization Knowledge Management for Multi-lateral Trade Lawmaking*, American University International Law Review, Vol. 15:6, p. 1347 – 1378(2000).

为,一些专业技术领域制定的软法,参与制定者往往是国际各个领域方面的专家,其制定的软法具有较强的科学依据、权威性和跨国界的特征,其所具有的技术理性可以为国家行为提供科学的指引。[①] 而且,在调整国际经济关系的过程中,国际软法通常起着中转站的作用,尽管在最初出现时并没有被采纳为具有法律约束力的规范,但通过积极的推动,当某种国际利益存在激烈的冲突或国家之间的利益难以协调时,软法往往以一种先驱者的姿态出现,并通过长期的国际实践逐步上升为硬法。WCO 框架内也制定了诸多国际海关软法类规则。

WCO 在推行非约束性的国际海关软法时,通常伴随法律文件的成员方接受程序,并且设立相应的分委会或工作组,在全球或区域实施相应的战略项目、执法项目、能力建设以及各类培训。因此,不少法律文件会实现在全球统一、协调相关海关制度的效果。比如,WCO《SAFE 标准框架》得到 169 个成员承诺实施,WCO 为此在政策委员会下设立了 SAFE 工作组实施对该框架的管理与不断改进;同时为了保证各国海关,特别是发展中国家的海关有能力实施,WCO 于 2006 年 1 月开始在全球范围内实施"哥伦布计划"能力建设项目。[②] 可以说,在目前全球化速度放缓甚至倒退的状态下,国际法将如何存续和发展是一个事关世界前途的问题。此时,值得关注的是这样一种趋势,即在全球约束力的多边条约受到很大阻力的时候,以软法为代表的国际法新形式却有可能获得生命力,并进而对于全球治理的发展起到重要的作用。[③]

(一)建议书(Recommendations)

确保最大限度的海关制度协调化的法律文件之一就是 WCO 理事会通过的建议书。建议书主要是对公约的一些原则内容的具体化或对于在实施公约过程中出现的问题加以解释、引导。建议书虽不具有条约法上的约束力,但如果成员方接受某项建议书,即被视为承诺履行建议书所载义务。WCO 制定的建议书(见表 2)所涉及的海关制度内容广泛而具体,涵盖了协调制度、海关估价、执法互助、货物运输和人员流动、信息技术等多方面内容,其目的在于简化和统

① 参见何志鹏、尚杰:《国际软法的效力、局限及完善》,载《甘肃社会科学》2015 年第 2 期。

② 参见朱秋沅:《国际海关法研究》,法律出版社 2011 年版,第 100 页。

③ 参见何志鹏:《逆全球化潮流与国际软法的趋势》,载《武汉大学学报(哲学社会科学版)》2017 年第 4 期。

一海关文件、促进和加快国际公约的实施、推动信息技术的统一应用、规范成员的税收减免等行为、提升国际合作有效性。①

表 2 WCO 制定的建议书

类型		序号	中文名称	通过时间
协调制度类		1	协调商品名称与编码制度下为商品归类而将编码加入商业发票的建议书	1989 年 7 月 5 日
		2	采用约束性入境前分类信息项目的建议书	1996 年 6 月 18 日
		3	加入《关于禁止发展、生产、储存和使用化学武器及销毁此种武器的公约》所控物质的国家统计分类子目的建议书	1996 年 6 月 18 日通过，1999 年 6 月 25 日、2006 年 7 月 1 日、2011 年 6 月 24 日、2016 年 7 月 14 日、2021 年 6 月 24 日修订
		4	关于向联合国统计司报告贸易数据的建议书	1997 年 6 月 19 日
		5	改进税则归类工作及相关设施的建议书	1998 年 6 月 25 日
		6	为便利手工产品贸易数据收集与比较而加入国家统计分类目录子目的建议书	2000 年 7 月 7 日
		7	适用协调制度委员会决定的建议书	2001 年 6 月 30 日
		8	为了便利《消耗臭氧层物质的蒙特利尔议定书修正案》所控物质国际移动的数据收集与比较而加入国家统计分类子目的 1995 年建议书	1995 年 6 月 20 日通过，2011 年 6 月 24 日、2021 年 6 月 24 日修订
		9	便于联合国打击跨国有组织犯罪公约的有关枪支议定书所规定产品的监控而加入国家统计分类目录子目的建议书	2002 年 6 月 29 日通过，2011 年 6 月 24 日修订
		10	便于协调制度下国际数据的收集、比较与分析而使用标准数量单位的建议书	2021 年 6 月 24 日
海关程序与便利类	有关机构间合作的建议书	1	处理国际层面海关技术问题的建议书	1956 年 11 月 30 日
		2	有关货物海关地位信息交流的建议书	1963 年 5 月 22 日
		3	便利从一国送至另一国进行生产、加工或修理货物暂准出口的建议书	1963 年 12 月 3 日
		4	海关事务技术合作的建议书	1981 年 6 月 18 日

① World Customs Organization, *Recommendations Related to Procedures and Facilitation*, http://www.wcoomd.org/en/about-us/legal-instruments/recommendations/pf_recommendations.aspx.

续表

类型		序号	中文名称	通过时间
海关程序与便利类	有关关税的减免与退税的建议书	5	由于交货不符被进口商拒收货物关税的返还与免除的建议书	1957 年 11 月 28 日
		6	关于免税店的建议书	1960 年 6 月 16 日
		7	因移居而进口的可移动物品自由入境的建议书	1962 年 12 月 5 日
		8	免除或返还毁坏或灭失货物的进口关税与其他税收的建议书	1962 年 12 月 5 日
		9	货物短量的进口关税与其他税收退还的建议书	1962 年 12 月 5 日
		10	再进口货物的建议书	1967 年 6 月 6 日
		11	托运礼品自由入境的建议书	1968 年 6 月 11 日
		12	灾难事件中加快运送救灾物资的建议书	1970 年 6 月 8 日
		13	进口测试用产品海关处理方式的建议书	1972 年 6 月 5 日
	有关运输、旅行和旅游的建议书	14	使用广播和电视台服务车辆暂准进口文件的建议书	1955 年 12 月 1 日
		15	国际快车的餐车、软卧、卧铺车和类似车厢中所运送的供应品的海关处理方式的建议书	1960 年 6 月 16 日
		16	列车运送的登记行李的海关处理方式的建议书	1962 年 6 月 5 日通过，1988 年 6 月 21 日修订
		17	对邮寄给私人或旅客行李中携带的小件物品使用统一税率估价制度的建议书	1968 年 6 月 11 日
		18	国际货物运输的海关铅封制度的建议书	1968 年 6 月 11 日
		19	航空到达旅客双通道制度下简化海关监管的建议书	1971 年 6 月 8 日
		20	海运到达旅客双通道制度下简化海关监管的建议书	1972 年 6 月 5 日
		21	接驳船或类似船只的建议书	1972 年 6 月 5 日
		22	适用《关于货物实行国际转运或过境运输的海关公约》的便利措施的建议书	1973 年 5 月 18 日
		23	车辆上用于运输放射性物质的特殊设备暂准入境的建议书	1977 年 6 月 9 日
		24	海关转运体系间建立联系的建议书	1982 年 6 月 16 日

续表

类型		序号	中文名称	通过时间
海关程序与便利类	有关运输、旅行和旅游的建议书	25	接受《ATA 公约》项下单证册的建议书	1992 年 6 月 25 日
		26	接受《货物暂准进口公约》项下运输工具暂准进口单证册的建议书	1992 年 6 月 25 日
		27	海关合作理事会关于使用预先旅客信息(API)和旅客姓名记录(PNR)进行有效海关监管的建议书	2012 年 6 月、2015 年 6 月
		28	集装箱安全设备的建议书	2013 年 6 月
		29	海关合作理事会关于数据质量指导原则的建议	2015 年 6 月
	其他建议书	30	关于《便利商业样品与广告品进口的国际公约》所指的价值可忽略不计样品的建议书	1956 年 11 月 30 日
		31	关于采用货物申报(出境)单证样式的建议书	1965 年 6 月 1 日
		32	关于海关事务上诉权的建议书	1967 年 6 月 6 日
		33	关于采用原产地证标准格式的建议书	1973 年 1 月 16 日
		34	关于商业发票海关要件的建议书	1979 年 5 月 16 日
		35	关于单一货物申报的建议书	1990 年 6 月 26 日
		36	关于使用国际海关术语表的建议书	1993 年 7 月 6 日
		37	关于补充《联合国打击跨国有组织犯罪公约》的《禁止非法制造和贩运枪支及其零部件和弹药议定书》的建议书	2002 年 6 月 29 日
		38	关于发运货物唯一编码的建议书	2004 年 6 月 26 日
		39	海关合作理事会关于证明文件非实物化的建议	2012 年 6 月
		40	海关合作理事会关于使用贸易商识别号码(TIN)的建议	2018 年 6 月
信息技术类		1	电子传送与鉴别海关与其他相关管理信息的建议书	1981 年 6 月 16 日通过，2005 年 6 月 24 日修订
		2	使用表示数据元素的编码的建议书	1984 年 5 月 22 日
		3	适用海关合作理事会/国际航空运输协会的数据交换标准的建议书	1988 年 6 月 21 日
		4	关于使用联合国贸易数据元指南的建议书	1990 年 6 月 26 日
		5	关于使用联合国行政管理、商务与运输电子数据交换指南的规则的建议书	1990 年 6 月 26 日

续表

类型	序号	中文名称	通过时间
信息技术类	6	旅客预先信息数据要求的标准的建议书	1993 年 7 月 6 日
	7	关于使用 WCO《联合国行政管理、商务与运输电子数据交换指南》的数据配置指南的建议书	1995 年 6 月 21 日
	8	海关机构使用万维网站点的建议书	1999 年 6 月 26 日
	9	发运货物唯一编码用于海关用途的建议书	2004 年 6 月 26 日
	10	关于使用 WCO 数据模型的建议书	2009 年 6 月 27 日
合规与执法类	1	关于行政互助的建议书	1953 年 12 月 5 日
	2	有关汇集欺诈信息的建议书	1967 年 6 月 8 日
	3	关于自发交换麻醉药品和精神药物非法交易信息的建议书	1971 年 6 月 8 日
	4	有关汇集欺诈信息的建议书	1975 年 5 月 22 日
	5	有关打击集装箱欺诈的行动建议书	1983 年 6 月 15 日
	6	发展旨在识别与拦截隐匿的非法药物的执法协作与情报运作的建议书	1985 年 6 月 13 日
	7	反海关估价欺诈的建议书	1988 年 6 月 22 日
	8	旨在防止国际货物贸易在版权和商标方面侵犯知识产权而需要发展更有效的海关监管的建议书	1994 年
	9	行政互助双边协议的建议书	1995 年
	10	有关跨国有组织犯罪的建议书	1997 年 6 月 18 日
	11	打击核物质和有害物质(及其废物)非法跨境移动的建议书	1997 年 6 月 19 日
	12	关于补充《联合国打击跨国有组织犯罪公约》的《禁止非法制造和贩运枪支及其零部件和弹药议定书》的建议书	2002 年 6 月 29 日
	13	区域情报联络办公室的全球网络运作的建议书("RILO"建议书)	2003 年 5 月 14 日
	14	需要发展与强化在应对洗钱与追缴犯罪所得方面海关作用的建议书	2005 年 6 月 25 日
	15	打击商业欺诈的海关行动建议书	2006 年 7 月 1 日
	16	打击跨境环境违法的行动建议书	2008 年 6 月 28 日
	17	关于建议书的立场	2011 年 2 月 25 日

建议书一般由各技术委员会,如常设技术委员会、协调制度委员会、执法委

员会等进行提案后,由理事会批准后通过。各技术委员会根据国际环境和海关业务变化,不断发展建议书中附件等(如标准、指南)的新版本。在建议书通过后,WCO 的秘书长将该建议书通知各成员方和其他相关国际组织,并告知接受的条件。除通过正式的沟通外,秘书长也会在不同场合邀请成员方接受建议书。成员方在作出接受建议书的决定之前,必须做好法律上的准备工作。如果建议书中的原则和具体规则与其境内立法不一致或境内立法未作规定,则境内立法将面临补充或修改。在此基础上,成员方海关得以书面通知方式向秘书长表示对该建议书的接受,并说明其适用的日期与条件。成员方海关也可以通过其本关境内的外交渠道将对建议书的接受通知 WCO。

(二)宣言(Declarations)

宣言一般是在 WCO 召开、主持或参与重要会议时,根据会议主题,代表全球海关界所做出的对某些领域的高度共识性宣示(见表 3)。这些宣言往往是针对当前国际社会的一些热点或敏感问题,经过 WCO 各专业委员会或工作机构较长时间的仔细论证,表达国际社会对此类海关问题与制度的主流观点。宣言的内容一般较为原则,为 WCO 及其成员方的行动指出方向与途径。WCO 在做出宣言之后,往往会设立专门的内部机构来制定更为具体的国际标准与规则,并由该机构促进其全球实施。比如,海关的廉政问题成了阻碍国际贸易便利化的明显障碍之一,因此 WCO 最初于 1993 年发布《关于货物管理与海关廉政的理事会宣言》(《阿鲁沙宣言》),此后设立了廉政分委会对海关廉政规则进行管理,对廉政问题进行研究;并且于 2003 年根据国际形势发展修订了《阿鲁沙宣言》。《阿鲁沙宣言》中的有关原则性措施,通过 WCO“廉政行动计划”与一系列的地区海关廉政指南(如《WCO 亚太地区海关廉政自我评估指南》)以及其他海关制度的软法规则(如透明度、海关改革与现代化、人力资源管理、海关人员行为守则、海关稽查与调查等),以多种途径与方式实现海关规则的全球化。[①] 又如,近年来跨境电子商务在信息技术推动下快速发展,为国际贸易带来巨大机遇的同时也带来了挑战。2018 年 2 月 10 日,首届世界海关跨境电商大会在北京闭幕并发布《关于跨境电子商务的宣言》(《北京宣言》)。《北京宣言》

---

① 参见朱秋沅:《国际海关法研究》,法律出版社 2011 年版,第 110—111 页。

传递了世界海关与中国海关以及其他利益攸关方对全球跨境电商发展的共识和愿景，在促进贸易便利、防控安全风险、运用信息技术、发挥协同效应、推动区域合作以及加快标准制定六方面达成共识。宣言就进一步完善WCO《跨境电商标准框架》原则上表示赞同并达成基本共识，重点确定跨境电子商务管理的八大核心原则，这是首个世界海关跨境电商监管与服务的指导性文件。①

表3　WCO框架内的宣言

序号	中文名称	通过时间
1	促进公约与其他国际文件海关法律法规与技术合作协调化与标准化的理事会宣言——首尔宣言	1984年5月
2	海关合作理事会在海关执法中的任务宣言——布鲁塞尔宣言	1986年6月
3	迎接千年挑战的理事会宣言——渥太华宣言	1987年6月
4	有关海关程序协调化/电子化与21世纪战略的理事会宣言——华盛顿宣言	1989年7月
5	进一步发展国内海关与商界间合作以防止毒品走私的谅解备忘录的理事会宣言——MOU宣言	1992年6月
6	关于跨国有组织犯罪的宣言——布达佩斯宣言	1997年6月
7	推进海关合作与行政互助的理事会宣言——塞浦路斯宣言	2000年6月
8	有关电子商务的理事会宣言——巴库宣言	2001年6月
9	关于毒品非法交易的理事会宣言——布鲁塞尔宣言	2003年6月
10	关于货物管理与海关廉政的理事会宣言——阿鲁沙宣言(修订)	2003年6月
11	关于非法野生动物贸易的宣言	2014年6月
12	海关合作理事会在打击恐怖主义及加强安全方面的作用宣言——卢克索宣言	2017年12月
13	关于跨境电子商务的宣言——北京宣言	2018年2月
14	关于海关性别平等和多样化的宣言	2020年12月

（三）决议（Resolutions）

国际法层面，普遍性政府间国际组织的决议也是确定法律原则的一种非常

---

① 参见《首届世界海关跨境电商大会发布〈北京宣言〉》，载新华网，http://www.xinhuanet.com/tech/2018-02/11/c_1122399805.htm。

有价值的辅助资料，特别是其中一些涉及有关国际法原则、规则及制度的规范性决议，因其具有广泛的代表性的舆论价值，从而具有重大的道德及政治影响。[①] WCO 的决议都是在理事会或政策委员会会议期间对海关业务领域中关注问题或焦点问题作出的决定，其作用只是影响成员海关政策的咨询意见，不具有法律约束力（见表 4）。但 WCO 决议的实际效果不容忽视，与“建议书”与“宣言”相比毫不逊色。比如，《SAFE 标准框架的决议》所产生与修改的《SAFE 标准框架》及其中的 AEO 制度对全球海关制度的发展与改革起到了规范性的影响。2008 年《21 世纪海关的任务的决议》所产生的《21 世纪的海关——以贸易便利与边境安全促进增长与发展》以 WCO《经修订的京都公约》和《SAFE 标准框架》确立的海关现代化原则为基础并进行整合提升，明确了未来海关发展与管理的十大建设原则，体现了国际海关界对未来海关管理环境、角色定位、发展方向共性的探索和共识，成为新的历史时期全球海关发展与创新的蓝图。[②] 随着新冠肺炎疫情继续在全球蔓延，为了应对疫情并保障世界各地人民的安全和全球经济的强劲复苏，WCO 与 WTO 的领导人于 2020 年 4 月 6 日发表联合声明，共同承诺在维护和保障公共卫生的同时，最大限度降低跨境货物贸易所受的干扰，尤其是与抗击新冠肺炎疫情密切相关的跨境贸易。2020 年 12 月 WCO 理事会发布《便利重要药品和疫苗跨境流动中海关地位的决议》，倡导成员方将重要药品和疫苗的通关工作作为优先事项，并提供相应机制确保其快速通关，如为经认证的经营者（包括新冠疫苗生产商）提供特殊程序；仅在特殊情况下基于风险管理对药品和疫苗进行查验，且当认为有必要进行查验时，实行非侵入式检查方式等。

表 4 WCO 框架内的决议

序号	中文名称	通过时间
1	防止非法贩运麻醉品、兴奋剂及类似物质的决议	1967 年 6 月
2	采取行动打击走私艺术品及文物的决议	1976 年 6 月
3	鼓励成员采取适当立法防止违法者从犯罪中获利的决议	1987 年 6 月

① 参见梁西：《国际法》（第 3 版），武汉大学出版社 2018 年版，第 41—42 页。

② 张树杰：《世界海关组织二十一世纪海关蓝图》，载《对外经贸实务》2011 年第 2 期。

续表

序号	中文名称	通过时间
4	动员成员方资源的决议	1988 年 6 月
5	禁止非法贩运麻醉药品和精神药物的决议	1989 年 7 月
6	鼓励成员方和海关/经济联盟成为《联合国禁止非法贩运麻醉药品和精神药物公约》缔约方的决议	1989 年 7 月
7	采用入境前归类信息项目的决议	1991 年 6 月
8	制止濒危野生动植物种非法交易的决议	1991 年 6 月
9	关于支持海关执法行为的情报的重要性决议	1992 年 6 月
10	国际贸易供应链安全与便利的决议	2002 年 6 月
11	国际贸易供应链全球安全与便利措施的决议	2004 年 6 月
12	全球贸易安全与便利标准框架的决议	2005 年 6 月
13	关于高层战略组的决议	2005 年 6 月
14	全球贸易安全与便利标准框架的决议	2006 年 6 月
15	21 世纪海关的任务的决议	2008 年 6 月
16	全球经济衰退的决议	2009 年 6 月
17	海关在自然灾害救助中的作用的决议	2011 年 6 月
18	航空货运安全的决议	2011 年 12 月
19	WTO 缔结贸易便利化协定的决议	2013 年 12 月
20	海关在安全方面作用的决议	2015 年 12 月
21	海关在防止文物非法贩运中的作用的决议	2016 年 7 月
22	跨境电商指导原则的决议	2017 年 12 月
23	跨境电子商务标准框架的决议	2018 年 6 月
24	海关在促进危急情况下药物和疫苗跨境流动方面的作用的决议	2020 年 12 月

（四）其他法律文件与工具（Legal Instruments and Tools）

除前述国际软法外，政府间国际组织和非政府组织可能会确立一系列的示范法、技术规程等行为准则，以树立较好的行为典范和关系模式，对于相关的行为体提出期待和意愿，推荐国际关系的行为体遵守。虽然这些行为准则并没有确立清晰的法律义务，却显然有利于唤起各个国家和民众对相关领域的重视，有利于促进各国的国内立法与国际立法的协调化发展,WCO 亦是如此。除由 WCO 明确列明的三种软法类规则外,WCO 还制定与研发一些有国际影响力,并在全球广泛使用的国际海关规则与标准。这些法律文件与工具包括:快速放行研究项目下的《测量货物放行时间的指南》,有关知识产权海关保护执法的《公正有效实施符合〈TRIPs〉的边境措施的国内立法示范法》,构建"单一窗口"的技术规范《WCO 数据模型》,《海关国际基准手册》,用于提高执法效率与贸易安全的《海关风险管理纲要》,构建廉政海关机构的指导手册《廉政发展指南:自评与评估》等。

第三节　世界海关组织框架内的国际海关法律制度

一、《经修订的京都公约》

(一)《经修订的京都公约》的框架结构与主要内容

《京都公约》于 1973 年 5 月 18 日通过,并在 63 个缔约方正式加入后,于 1974 年 9 月 25 日生效。1994 年,WCO 作出修订《京都公约》的决定,并于 1999 年 6 月 26 日通过了《经修订的京都公约》,并在 40 个缔约方加入《经修订的京都公约》后,于 2006 年 2 月 3 日生效。

《经修订的京都公约》是指导成员海关简化和协调海关手续的最重要的国际公约,其内容涵盖海关各主要业务领域,对 WCO 各成员现代海关制度的建立有深远影响。《经修订的京都公约》的目标是在使用信息技术、运用风险管理、与其他政府机构和贸易合作方共同采取协调一致的监管措施等基础上,制定可预测和透明的海关制度。它也被 WCO 誉为海关事务领域的四大支柱性公约之一。

《经修订的京都公约》由三个部分组成。第一部分是主约,共有 5 章 20 条,各章分别是定义、范围及结构、公约管理委员会、缔约方和公约的生效。主约不仅决定了现行公约的约束力和接受度,也决定了现行公约的管理与运行机制。第二部分是总附约,其体现了《经修订的京都公约》海关制度的核心原则。总附约基本上由1974年原公约30个附约中的共同性规定构成,共分10章,包括总则,定义,通关和其他海关手续,税费,担保,海关监管,信息技术的应用,海关与第三方的关系,海关提供的信息、作出的决定和裁定,海关事务的申诉。总附约的条款分为标准条款[①]和过渡性标准条款,[②]并附有指南。[③] 第三部分是专项附约。1974年原公约附约中的其他内容经过修改和调整后构成新公约的10个专项附约。在专项附约内根据不同的海关制度或做法设若十章,每个专项附约是某一类海关制度,而每章对应一个专门的海关制度或做法,并附有指南。如专项附约4"海关仓库与自由区",包括第一章"海关仓库"和第二章"自由区"。这10个专项附约包括货物抵达关境、进口、出口、海关仓库和自由区、转运、加工、暂准进口、违法行为、特别制度与原产地规则。各专项附约中都由标准条款和建议做法条款[④]组成。其中,主约和总附约各章对缔约方均具有约束力,对其实施不能有任何保留。专项附约涵盖海关业务具体制度的标准和建议做法。缔约方可选择接受一个或多个专项附约,并向WCO提交对某项建议做法的保留意见。此外,《经修订的京都公约》总附约和专项附约各章均配备不具有法律约束力的指南。[⑤]

我国于2000年6月15日签署了1999年6月26日通过的《关于简化和协调海关制度的国际公约修正案议定书》,并接受了《经修订的京都公约》专项附约4的第一章"海关仓库"和专项附约7的第一章"暂准进口"。同时,对其中的专项附约4中第一章第9条、专项附约7中第一章第16条和第21条作出保留。

---

① "标准条款"是指为实现海关制度及做法的简化和协调所必须实施的条款[1999年公约主约第1(a)条];任何缔约方应在其接受的总附约、专项附约或其中的章对该方生效后36个月内实施这些附约或章中的标准条款[主约第13(1)条]。

② "过渡性标准条款"是指在总附约中允许在较长期限内予以实施的标准条款[1999年公约主约第1(b)条];任何缔约方应在总附约对该缔约方生效之日起60个月内实施总附约中的过渡性标准条款[1999年公约主约第13(2)条]。

③ "指南"是指对总附约、专项附约及其各章中的条款的一系列说明,这些说明指明了在适用标准条款、过渡性标准条款和建议做法条款方面应当遵循的某些可行的行动步骤,描述了最佳做法并推荐了更为便利的实例(主约第1条)。

④ "建议做法条款"系指希望尽可能广泛实施的、进一步简化和协调海关制度与做法的专项附约中的条款[主约第1(c)条];任何缔约方应在该缔约方接受的一项或多项专项附约或其中一章或若干章对该缔约方生效后的三十六个月内实施这些专项附约或章中的建议做法条款,除非该缔约方对一条或多条建议做法条款提出保留[主约第13(3)条]。

⑤ 朱秋沅:《国际海关法研究》,法律出版社2011年版,第116—119页。

2016年7月14日,中国海关再次向WCO秘书长交存了接受书,接受了专项附约4第二章"自由区",以及专项附约6第一章"进境加工"和第二章"出境加工"。同时,对专项附约4第二章的第6、9、10、18条建议做法条款,专项附约6第一章的第4、6、7、10、11、13、18、22、23、25、26条建议做法条款,以及专项附约6第二章的第2、5、6、9、16、17、18条建议做法条款做出了保留。[①]

(二)《经修订的京都公约》全面审议的涵盖范围与战略展望

2006年《经修订的京都公约》较之原公约除约束力增强、结构更合理外,还包括两个比较突出的优点:一是总附约和专项附约中指南的作用较为突出,由于内容中不仅涵盖暂时无法成为法律条款的先进理念,还有一些国家的实际做法,这些内容适时更新,因而使指南具有很强的指导性、针对性和实用性。虽然自1999年WCO理事会通过现行《经修订的京都公约》至今已有20年,但其中许多指南都已更新,特别是"信息、通信和技术"和"邮递运输"两个指南。为推动《经修订的京都公约》的进一步实施,WCO也开发了一系列工具,以应对影响海关贸易环境的重大变化,如《SAFE标准框架》《跨境电商标准框架》《"单一窗口"建设指南》《WCO数据模型》等软法性规则。二是审议和修订机制化,《经修订的京都公约》规定设立管理委员会,主约第6条规定管理委员会可以审议对主约、总附约和专项附约的修正案,主约第15条和第16条规定了修订的具体程序。[②] 随着服务贸易、电子商务的兴起和发展,贸易模式发生了深刻的变化,而与此同时,环境保护与可持续发展、传统与非传统安全等各种社会问题交织,进一步催生海关领域的技术革新与理念转型。为了适应不断变化的国际贸易形势和海关制度的新发展,2018年6月,WCO正式成立《经修订的京都公约》全面审议工作组,负责对《经修订的京都公约》内容进行全面审议,全面审议公约的目的是根据时代发展和制度变化的需要全面修改公约,审议过程中成员海关可提出修订建议。《经修订的京都公约》审议程序最早将在2023年1月初结束。

---

① 朱秋沅:《〈经修正的京都公约〉的修正机制及公约未来走向分析——〈经修正的京都公约〉全面审议中的条约法问题研究之一》,载《海关与经贸研究》2020年第1期。

② 参见伊羊羊:《贸易便利化视角下WCO〈京都公约〉(修订)的发展分析》,载陈晖主编:《海关法评论》第5卷,法律出版社2015年版,第335页。

在全面审议过程中,《经修订的京都公约》成员方确定了一些基本原则,尤其体现在以下四个方面:一是重申推动建设现代高效的海关制度对促进合法贸易安全与便利化的重要性。二是基于《经修订的京都公约》具有约束力的重要性和优势,认识到需要一个定期审议机制来进行保障。三是需要一个更强有力的实施机制,该机制的实现需要借助技术援助和能力建设支持,以及对 WCO 专家库的运用。四是必须摆脱传统纸质申报系统,反映电子数据申报与"端到端"海关职能和程序的广泛使用,需要落实"数据管道"概念的实施和数据分析,以及使用区块链和人工智能等先进技术。全面审议《经修订的京都公约》的提案方多元化,公约的缔约方、非公约缔约方的 WCO 成员方、国际政府组织、非政府组织、私营部门协商组代表、其他外部利益相关者、《经修订的京都公约》管理委员会以往所设立的虚拟工作组、WCO 秘书处等的提案和意见都列入了全面审议工作组会议的讨论范围。因此,各方提案所覆盖的主题类别也较为广泛,并主要集中于主约的"监测、报告和评估""使用先进技术";总附约中的"数据问题""电子申报""经认证的经营者""海关监管";专项附约"原产地规则""协调边境管理"等议题。

《经修订的京都公约》全面审议工作组提出引入一种有效机制,便于监测、报告和评估成员方执行和遵守《经修订的京都公约》的情况。对于未来提案,全面审议工作组将定期进行《经修订的京都公约》审议。先进技术类相关提案主要涉及如区块链、人工智能、非侵入式查验设备和 3D 打印等新技术。部分提案还涉及解决数据和系统相互操作性等关键性问题。各方提案也充分关切海关在供应链安全和国家安全中的作用与地位,聚焦于先进技术的使用、数据安全以及贸易安全与便利的平衡三个领域,具体包括供应链安全管理、自由区中的公共安全、航空旅客运输安全、风险管理、救援物资通关便利和防止供应链中断、AEO 项目等具体议题。① 协调边境管理类提案则侧重于边境协调与合作以及构建"单一窗口"等观点。而技术性较强的观点,如"原产地规则"相关提案旨在完善现行专项附件 K 原产地规则,包括企业自主证明、直接运输规则、优惠

---

① 参见朱秋沅:《国际社会对国门安全的重点关注及其国际法分析——以 WCO〈经修订的京都公约〉全面审议为视角》,载《上海法学研究》集刊 2020 年第 6 卷,第 167 页。

和非优惠货物原产地等。①

《经修订的京都公约》的全面审议，将对各成员海关法的走向产生根本性和长期性的影响。因此，在这一过程中，作为成员方我国应当考虑关于公约的整体约束力和运行机制，也就是公约整体生命机制的设计问题。同时，提案各方的利益多元，如有国家希望通过公约增加对各方的约束力，监督各国对公约的执行；有的国家希望增加公约的灵活性，使公约未来的修改程序更为容易；甚至也有国家希望通过公约来制约其他国家的国际发展。因此，我们应当及时甄别、评估各方提案对我国的国际国内政策、重要倡议与项目的影响，以及对我国海关制度可能产生的约束性并及时提出合理的反对意见。而更为重要的，则是应当通过研究借鉴国际规则和先进经验不断健全完善中国海关制度，并积极为国际海关法贡献中国智慧和中国方案。《经修订的京都公约》不同部分条款对于成员方的约束力不同，我国应当根据提案性质进行分类并提出针对性方案。比如，纳入主约、总附约的全部条款、我国接受的专项附约或其中某些章中的标准条款和未作出保留的建议条款都是具有强制性约束力的，针对这些作为国际义务必须贯彻实施的制度内容，我们必须重点关注，认真比照分析该提案与国内立法的异同，并将提案内容分为四类：第一类是提案内容与我国目前立法规定一致的，则可以支持并与该提案方联合提案；第二类是提案中的内容在我国现行立法中没有明确规定，但又未明令禁止的，应当结合我国海关实际情况判断履行义务的可能性，如无法履行或不符合多数成员利益等时则应当及时提出反对意见；第三类是提案内容与我国现行立法不一致但代表了当今先进的海关管理制度和手段的规定，我国则有必要对标国际标准推进完善国内立法，积极打造在国际上最具竞争力的海关监管机制；第四类是与我国立法不一致又不符合我国战略和关键利益或国际秩序类的提案，就应当及时表示反对，防止对我国不利的提案进入修订建议最终报告的起草阶段。②

---

① 参见于侗、李雪松：《〈经修订的京都公约〉进一步简化协调海关制度》，载微信公众号“国别报告”2020年9月30日，https://mp.weixin.qq.com/s/6fVPLsfVpxKW5VDn9uujiQ。

② 参见龚正：《深入研究国际海关惯例　积极推动海关法制建设——浅谈〈京都公约〉与〈海关法〉的修改》，载《中国海关》1999年第6期。

二、《协调制度公约》

（一）《协调制度公约》的框架结构与主要内容

CCC在国际联盟的《日内瓦目录》、欧洲海关联盟研究小组的《布鲁塞尔税则目录》以及联合国统计委员会研究的《国际贸易标准分类目录》的基础上，主持制定《协调制度公约》，并于1988年1月1日正式实施，包括公约本身及其附件《商品名称及编码协调制度》（以下简称《协调制度》）。《协调制度公约》主体内容包括公约制定的目标、相关定义、缔约方权利和义务、对发展中国家义务的优惠与援助、协调制度委员会的建立与职权、争端裁决、条约程序性事项等。公约附件《协调制度》是一部综合性的、多种用途的和协调的国际商品分类目录，被誉为"国际贸易商品分类的标准语言"，不仅对于进出口环节税的征收至关重要，也为贸易统计、贸易管制、国际贸易谈判、制定原产地规则等事项提供了重要基础或依据。总体而言，《协调制度》具有以下特点：一是综合性。《协调制度》包括大约5000组商品，每组商品由一个6位数的编码来标识。编码按一定的逻辑和法定关系进行排列，并有定义完善的规则以使得归类统一。二是多用途性。《协调制度》是一套既可满足海关税则和统计需要，又可包容运输及制造业要求的国际商品分类制度。《协调制度》应用范围不断扩大，原产地管理、进出口许可证管理、高新技术产品出口优惠措施、反倾销、反补贴、贸易保障措施、军控、防核武器扩散、检验检疫和环保管理以及其他各类非关税措施，均已广泛采用了《协调制度公约》所确定的商品分类目录。三是协调性。作为征收关税和收集国际贸易统计数据的基础，超过98%的国际贸易货物是用《协调制度》进行分类的。四是科学性与权威性。它将目前世界上国际贸易主要的品种全部分类列出，其分类原则既遵循一定的科学原理和规则，将商品按人们所了解的生产部类、自然属性和不同用途分类排列，又照顾了商业习惯和实际操作的可行性，把一些进出口量较大而又难以分类的商品（如灯具、活动房屋等）专门列目，因而容易理解，易于归类和方便查找。[①] 此外，《协调制度》会根据需要适

---

① 参见陆跃平：《〈商品名称及编码协调制度〉及其公约介绍》，载《国际贸易》1992年第1期。

时调整其商品分类目录。自 1988 年《协调制度》正式实施以来，每 4—6 年就会做一次较大范围的修订。这种健全的自我完善机制，使《协调制度》能够不断适应科学技术的发展和国际贸易格局的改变，维护自身的权威性和科学性。

中国于 1983 年 7 月 18 日正式加入 CCC，于 1992 年 1 月 1 日起正式实施以《协调制度》为基础的新《进出口税则》，并于 1992 年 6 月 23 日正式加入《协调制度公约》。按照《协调制度公约》的规定，缔约方必须使其税则目录及统计目录与《协调制度》保持一致，保证采用《协调制度》的所有品目、子目及其相应的编码，采用《协调制度》的归类总规则以及所有类、章和子目的注释，并且遵守《协调制度》的编号顺序，缔约方还应按《协调制度》目录公布本国的贸易统计资料等。① 《协调制度》采取 6 位编码，将各种商品分为 21 类 97 章，中国《进出口税则》采取 8 位编码制，前 6 位直接采用《协调制度》编码，后 2 位是中国在《协调制度》分类原则和方法的基础上，根据中国进出口商品的实际情况增加的编码。以 1992 年首次《进出口税则》转换为例，中国全部采用《协调制度》5019 个 6 位数子目，并在此基础上加列了 1231 个七八位数级的本国子目，形成了 1992 年版的《进出口税则》。

此外，WCO 为确保各缔约方能够统一理解、准确执行《协调制度》而主持编制了《商品名称及编码协调制度注释》（以下简称《协调制度注释》），该注释按照《协调制度》“类、章、目”的顺序，逐类、逐章、逐目进行解释，是关于《协调制度》各品目商品范围及所涉及商品的最权威解释。② 《协调制度注释》不是《协调制度公约》的组成部分，对缔约方无法律约束力，但为进一步提高税收征管执法的规范性和透明度，坚实依法征税的法律基础，我国海关先后翻译出版了多个修订版的《协调制度注释》，并以《协调制度注释》为基础制定了《进出口税则商品及品目注释》，作为我国商品归类的重要依据。《协调制度注释》的法律地位亦由此确立，构成了我国海关税收法治体系的一部分。

随着发展中国家经济实力的增强和对外贸易的增长，各国力图通过广泛参与《协调制度》的制定或修订来争取本国经济利益，《协调制度》背后隐藏着深

---

① 参见钟昌元：《〈协调制度〉2012 版的变化及对国际贸易的影响》，载《对外经贸实务》2012 年第 6 期。

② 参见夏阳、陈颖怡：《〈协调制度〉与现代化海关发展》，载《战略决策研究》2011 年第 3 期。

厚的国家利益和政策取向,成为各国经济利益角力平台之一。

(二)WCO 2022 年版《协调制度》及其在中国的执行

2020 年 1 月 29 日,WCO 的 2022 年版《协调制度》已被该公约所有的 158 个缔约方接受。这意味着最新版《协调制度》于 2022 年 1 月 1 日起对包括中国在内的全体缔约方生效。

1. 2022 年版《协调制度》的修订概况

2019 年 3 月 19 日至 29 日,WCO 协调制度委员会第 63 次会议在布鲁塞尔 WCO 总部举行。会议选举了中国海关甘露女士继续担任协调制度委员会会议主席。该次会议集中审议通过了 2022 年版《协调制度》相关修订内容。

此后,WCO 在 2019 年 6 月召开的第 133/134 次理事会会议上通过了由协调制度委员会编制拟定的修订版《协调制度》。2019 年 7 月 4 日,WCO 秘书长向缔约方通知了由理事会所通过的该修订版。按照《协调制度公约》第 16.2 条的规定,公约允许缔约方自秘书长通知之日起六个月内提出异议,但未有任何缔约方在此时间段内提出异议的,则根据《协调制度公约》第 16.3 条的规定视为缔约方接受该修订。因此,根据《协调制度公约》第 16.4(b)款的规定,已获所有缔约方接受的修订版《协调制度》自 2022 年 1 月 1 日起对全体缔约方生效。

与 2017 年版相比,2022 年版《协调制度》作出了一系列重大变更,共计 351 组修订,具体见表 5。

表 5 2022 年版《协调制度》行业类别与修订数量

序号	行业类别	修订数量/组
1	农业、食品及烟草类	77
2	化工类	58
3	木材类	31
4	纺织类	21
5	贱金属类	27
6	机电及电子产品类	63
7	运输类	22
8	其他类	52

《协调制度公约》序言部分强调了确保《协调制度》随着技术和国际贸易模式变化及时更新的重要性。因此,通过承认新产品及解决全球关注的环境和社会等问题以适应当前贸易形势,是 2022 年版《协调制度》的主要目标与特点。为实现此目标,WCO 的协调制度委员会、协调制度审议分委会和科学分委会通过四年多的不懈努力进行了 351 组修订。2022 年版是第七版的《协调制度》,其为全球 211 个经济体(其中 158 个属于《协调制度公约》缔约方)征收关税和编制国际贸易统计数据提供了统一的归类依据。

2. 2022 年版《协调制度》中的各类修订情况及其理由

2022 年版《协调制度》聚焦于引发公众关注的产品,通过修订相关内容以适应不断变化的贸易模式。一是电子电器垃圾(通常称作电子垃圾)是颇受政策关注并具有较高贸易价值的产品。因此,2022 年版《协调制度》对其归类作出了具体规定,从而有助于各国依据《巴塞尔公约》开展工作。二是针对新型烟草和尼古丁产品作出新规定。这是由于这些产品归类困难,贸易统计的可见度不高且贸易价值高。三是为了简化航空器的分类,对无人机(通常称作遥控飞机)作出具体规定。四是智能手机具有了专门的子目和注释,澄清并确认了多功能设备当前的品目归类。

2022 年版《协调制度》对于品目 70. 19 玻璃纤维及其制品项下的子目,以及品目 84. 62 锻压机械作出重大修订。修订是因为现行商品分类的子目无法充分体现这些行业的技术进步、对行业至关重要的贸易统计不足,并存在潜在的归类困难。

未来的一个重点领域是关于多用途中间组件的分类,2022 年版《协调制度》已经解决了其中的一个重要问题。平板显示器模块将被归为一种产品,而无须对其最终用途进行识别,以简化归类。

关注健康与安全也是该次修订的特色。一是人们认识到在传染性疾病暴发期对于快速诊断工具归类迟延具有危害性,因此对有关诊断盒的规定作出修订,简化归类。二是用于医学研究的安慰剂和临床试验设备的新规定明确了此类产品可以在没有安慰剂成分信息的情况下进行归类,这将有助于促进跨境医学研究。三是细胞培养和细胞治疗有了具体的新规定。四是在人类安全层面,新修订增加了从毒素到实验室设备等各种两用物项的规定。

海关保护社会和打击恐怖主义的职能日趋重要。2022 年版《协调制度》针对可能用作非法用途的两用物项(如放射性物质和生物安全柜)和制作简易引爆装置所需的物品(如雷管)创设了新的子目,从而使海关可以更好地履行该职能。

2022 年版《协调制度》对于受各公约管制的物品也进行了更新。对受《禁止化学武器公约》管制的化学品、受《鹿特丹公约》管制的有毒有害化学品和受《斯德哥尔摩公约》管制的持久性有机污染物设立了新的子目。此外,应国际麻醉品管制局要求,在芬太尼类物质及两种芬太尼前体的监测和控制方面设立新的子目。2022 年版对于《〈蒙特利尔议定书〉基加利修正案》管制的气体也作出重大修订,包括在第六类设立新品目注释 4 和新品目 38. 27。

2022 年版不仅针对各类产品制定了新的具体规定,修订还包括文本说明,以确保适用的统一性。例如,在品目 44. 03 项下子目中,英语和法语对于原木测量适当方式的表述进行了解释和协调。

3. 2022 年版《协调制度》在中国的执行

为实施最新版制度,WCO 编制 2017 年版《协调制度》与新版《协调制度》之间的对照表并更新解释性注释、归类意见、字母索引及《协调制度》在线数据库等。我国是 WCO《协调制度公约》的缔约方,在 2019 年 7 月初 WCO 秘书长向各缔约方作出新版通知后,我国的协调制度归类技术委员会国际组于 2019 年 7 月 31 日至 8 月 2 日开展 2019 年第一次集中工作,通报了 2022 年版《协调制度》审议最终结果及我国提案通过情况,讨论并审定 2022 年版《协调制度》翻译转换工作方案、翻译及转换原则,部署转版宣传及《协调制度》第七审议循环议题收集工作。2020 年 2 月 6 日,海关总署发出了《关于发布〈进出口税则商品及品目注释〉修订内容(第三至五期)的公告》(海关总署 2020 年第 20 号公告)。修订内容自 2020 年 3 月 1 日起在我国执行。

三、关于货物暂准进口的国际公约

货物暂准进口是各国基于便利其相互间经济、技术、文化、科研的交流与合作而设立的一项海关业务制度。在 WCO 框架内关于货物暂准进口的专项国际海关公约主要包括《ATA 公约》和《伊斯坦布尔公约》。

(一)《ATA 公约》

为了简化和协调货物暂准进口和复出口的手续,国际社会进行了长期不懈的努力。1889 年在巴黎举办的历史上首次最大规模的展览会“万国博览会”的成功举办,利用展览会来开拓海外市场逐渐被各国所接受。为了给参展用品的通关提供便利,1900 年和 1913 年,国际联盟在关于海关法规的会议上提出简化海关手续的建议。1923 年,在国际联盟的召集下,海关专家对上述建议进行了审议并起草了《关于简化海关手续的国际公约》。1952 年,在 GATT 缔约方的提议下,海关专家又起草了《关于简化商业样品和广告材料进口海关手续的国际公约》。1954 年,奥地利和瑞士之间对商业样品临时进口成功地尝试了三联单制度(Triptych System)。受奥地利和瑞士的启发,CCC 起草了《关于商业样品 ECS 单证册的海关公约》,国际暂准免税进口制度取得了实质性突破。1958 年,在 ICC 的提议下,CCC 联合 GATT、联合国教科文组织、ICC 国际局等国际组织,在 ECS 单证册的基础上,开始起草《ATA 公约》,以进一步简化专业设备和展览会交易会货物等一系列暂时进出口货物通关的海关手续。1961 年 12 月 6 日,CCC 在比利时的布鲁塞尔通过了《ATA 公约》。ATA 由法文“Admission Temporaries”与英文“Temporary Admission”的首个字母复合组成,表示暂准进口,即货物在进口后一定时间内按原状复出口,它是指一项海关业务制度,按照这项制度,某些货物可以有条件地运入一国关境,免予缴纳进口税和其他各税,并免受经济性质的进口禁止和限制。《ATA 公约》创立了被称为“货物护照”的国际海关文件——ATA 单证册。《ATA 公约》和其他一系列关于货物暂准进口的海关公约,如《关于在展览会、交易会、会议展出和使用货物进口便利的海关公约》《关于专业设备暂准进口的海关公约》《关于包装用品暂准进口的海关公约》《关于科学用品暂准进口的海关公约》《关于教学用品暂准进口的海关公约》等,共同确立了 ATA 单证册制度,从而极大地简化了暂准进口货物的通关手续,使暂准进口货物可以凭 ATA 单证册,在各成员方海关享受免税进口和免予填写国内报关文件等通关便利。

(二)《伊斯坦布尔公约》

1990 年 6 月 26 日,WCO 理事会在土耳其的伊斯坦布尔审议通过了一项新的货物暂准进口海关公约——《伊斯坦布尔公约》，并于1993年11月27日生效。该公约对《ATA公约》及相应的14个特定用途货物公约的共同部分进行总结概括，形成其主约；对《ATA公约》和14个特定用途货物公约进行修改，形成其附约，使ATA单证册制度更臻完善。目前，《伊斯坦布尔公约》与《ATA公约》同时使用。

《伊斯坦布尔公约》分为主约和附约两个部分。主约包括：总则（定义）、公约范围、特别规定及程序性条款等。附约共有13个，包括附约A《关于暂准进口单证的附约》、附约B1《关于在展览会、交易会、会议及其他类似活动中展出和使用物品的附约》、附约B2《关于专业设备的附约》、附约B3《关于用于商业活动的集装箱、托盘、包装、样品及其他进口物品的附约》、附约B4《关于与制造有关的货物进口的附约》、附约B5《关于教学、科研及文化用品进口的附约》、附约B6《关于旅游者私人用品及体育用品进口的附约》、附约B7《关于旅游宣传品的附约》、附约B8《关于边境运输货物进口的附约》、附约B9《关于人道主义物资进口的附约》、附约C《关于运输工具的附约》、附约D《关于动物的附约》、附约E《关于部分免征进口关税货物的附约》。

1992年5月18日，国务院印发国函〔1992〕49号文——《国务院关于决定加入〈关于暂准进口的公约〉等有关暂准进口的国际海关公约的批复》。我国决定加入《伊斯坦布尔公约》，同时加入《ATA公约》和《关于在展览会、交易会、会议等事项中便利展出和需用物品进口的海关公约》。中国国际贸易促进委员会作为相关单证的出证和担保协会，承担ATA单证册出证和担保工作。

四、关于行政互助的国际公约

（一）《内罗毕公约》的发展脉络

在国际层面强调各成员国深化合作共同打击违反海关法行为的构想自1952年CCC设立之初便开始尝试。1953年12月5日，CCC发布了《关于行政互助的建议》，建议其成员采取“海关当局间的合作措施”以防止、调查和制止违反海关法的罪行，并“相互审查缔结双边或多边协定的可能性，以进一步发展海关事项互助”，使接受该建议的成员的海关当局建立密切合作。自国际海关界首次提出“海关行政互助”后,CCC 更有针对性地处理成员最关心的走私类型,先后对海关欺诈信息汇集、麻醉药品和精神药品滥用、文物欺诈性出口防制等问题发布建议。随着海关欺诈国际化和复杂化趋势日益加剧,仅根据建议对打击违反海关法犯罪实施行政互助逐渐难以提供有效的支持,CCC 于 1967 年 6 月通过了《关于预防、调查和惩处违犯海关法行为实行行政互助的双边公约》的示范文本鼓励成员开展双边行政互助,允许各国自行删除、修改、补充来制定合适的互助协议。在此基础上,1977 年 6 月 9 日,《内罗毕公约》在肯尼亚内罗毕举行的理事会会议上通过,并于 1980 年 5 月 21 日正式生效。1986 年 6 月在布鲁塞尔召开的理事会年会上又通过了布鲁塞尔宣言,再次强调各成员国应加强合作共同打击违犯海关法的罪行并督促签订《内罗毕公约》。

鉴于所有国家政府对恐怖主义与跨国犯罪问题的持续关注,各海关当局只有通过更加紧密的合作来应对挑战。为此,WCO 理事会制定了《关于海关事务行政互助的国际公约》(以下简称《约翰内斯堡公约》),旨在向各海关当局提供一套具有国际水平的现代信息交换机制,从而提高海关监管的效率。从内容上看,《约翰内斯堡公约》的最终目的显然是想取代《内罗毕公约》,但《约翰内斯堡公约》于 2003 年 6 月 27 日完成,至今尚未正式生效。

(二)《内罗毕公约》的框架结构与主要内容

《内罗毕公约》是目前海关当局在管理海关欺诈、非法贩运麻醉品、精神药物和文化财产等问题上开展合作的唯一生效的国际多边公约。根据公约的规定,对于调查和惩处各类违犯海关法的任何司法程序,缔约方互负提供协助的公约义务。公约包括主约和附约两个部分:

主约包括 1 个前言和 6 章共 23 个条文,具体为第一章定义(第 1 条),第二章适用范围(第 2—4 条),涉及协助的互惠性、与司法程序有关的协助请求、协助免除事项、免责条款等内容,第三章(第 5—8 条)就情报、文件和其他资料的使用、海关间传递资料的程序进行了规定,第四章至第六章分别涉及兜底条款、理事会及其常设技术委员会的职责、附则。

作为公约的核心,附约共有 11 个,涉及信息交流、计征关税、管制、特别监控、调查、司法、情报交换、打击麻醉药品和精神药物走私,打击艺术品、古董和其他文物走私事项。接受附约一至九全部或其中任一附约的国家,有义务要对除附约十、附约十一所有其他货物实施上述有关附约。附约十只适用于麻醉品和精神病药物,附约十一只适用于艺术品、古玩及其他文物。因此,只接受附约十或十一的各国的义务,仅需在附约十或十一所涉及的货物方面受约束。总体而言,《内罗毕公约》适用于各种类型的货物(包括武器、弹药或运输用具用物料),涵盖了可能成为违反海关法的所有客体,囊括了理事会关于海关执法领域行政互助的各项现有建议和决议所涉及的领域。

五、《SAFE 标准框架》

(一)《SAFE 标准框架》的框架结构与主要内容

由于国际条约形成程序长且复杂、矛盾焦点多、条约形成困难等情况,使 WCO 框架内软法逐渐增多,并以此方式实现在全球海关协调和统一方面的影响力。国际海关软法具有的主要特点在于,相较于国际条约制定程序灵活且可以不断修订,处于动态发展中;具有非约束性,通常属于框架性和指导性的规范。《SAFE 标准框架》即是此类国际海关软法的典型。

美国"9·11"事件以后,WCO 在贸易便利化的基础上,特别针对贸易安全问题提出了指南,包括增强风险管理、应用高科技、国际合作等三个要素。2004 年 6 月 WCO 理事会决定在指南基础上发展标准框架,2004 年 12 月 WCO 政策委员会采用了指南,初步形成了《SAFE 标准框架》,2005 年 6 月《SAFE 标准框架》在 WCO 理事会年会上首次获得通过,WCO 的大多数成员都签署了实施意向书,中国也正式在实施意向书上签字,表示将逐步实施框架中的有关内容。此后,WCO 继续研究实施的步骤和实施过程中出现的问题,并积极推动 WCO 成员和其他相关国际组织执行框架有关规定。WCO《SAFE 标准框架》于 2007 年、2012 年、2015 年、2021 年陆续进行修订,并更新发布了《SAFE 标准框架》的一揽子文件,包括支持《SAFE 标准框架》的一系列文件和指南。为了保证各国海关,特别是发展中国家的海关有能力实施《SAFE 标准框架》,从 2006 年开始 WCO 在全球推行海关能力建设的"哥伦布计划",几乎绝大多数 WCO 的发展中成员方海关都卷入了不同阶段的贸易便利化能力建设中。

《SAFE 标准框架》作为一套统一的国际海关标准,主要结构包括引言、采纳和实施《SAFE 标准框架》的益处、三大支柱及各自包含的安全标准和附件。《SAFE 标准框架》确定了一些原则和标准,作为 WCO 成员必须实现的最低标准。其宗旨是制定全球范围供应链安全与便利的标准,促进稳定性和预见性;形成对所有运输方式适用的一体化供应链管理;增强海关应对 21 世纪挑战和机遇的作用、职能和能力;加强成员海关之间的合作,提高甄别高风险货物的能力;加强海关与商界的合作以及通过保护国际贸易供应链安全促进货物畅通无阻地流动。

《SAFE 标准框架》包括四个核心元素和三个支柱。四个核心元素包括:提前递交电子货物信息;成员海关采用一致的风险管理手段;出口国海关应根据进出口合理要求对出口的高风险集装箱和货物进行查验;成员海关要向达到安全标准的企业提供相应的便利。基于这四项要素,框架还提出了保障供应链安全的三大支柱:支柱一为海关与海关的合作;支柱二为海关与商界的伙伴关系;2015 年 6 月的版本加入了新的支柱三:海关与其他政府机构以及政府内部机构之间的合作。三大支柱各自包括了一系列统一的、易于理解和便于在国际上快速实施的标准,并直接吸取了 WCO 现行的安全与便利措施和一些成员海关已经实施的项目成果。

第一个支柱即海关与海关之间的合作安排涉及供应链管理、查验权力和查验技术、风险管理和布控、电子信息交换、绩效和安全评估以及工作人员的廉政等海关监管工作的各个方面。海关与海关合作中,传统做法是海关在货物到达国内港口时进行检查,而现今海关合作的中心原则是运用提前获得的电子信息识别高风险的集装箱或货物,并利用现代信息手段对高风险货物进行查验,同时制定统一的信息交换规则并设立统一的信息交换基础设施。具体而言,海关合作中包括了一些具体的标准条款,如一体化供应链管理、风险管理系统、风险分析、货物查验等;但如要实现更加深度的合作还会面临诸多现实“瓶颈”与挑战亟待完善,比如,各国经济发展水平所导致的基础设施不一,各国法律不统一造成无法实现监管互认,等等。

第二个支柱的标准包括了供应链经营者本身应采取的安全措施、授权认证的取得、新技术的采用、与海关的合作与交流以及获取贸易便利的条件等。其中,取得“经认证的经营者”①的地位并得到供应链中其他各方的承认对从事国际贸易的企业来说应该是最重要的,其通过将供应链中具有高度安全保障的成员纳入国际化的企业识别系统,以提高供应链安全度,同时促进贸易的便利化。在 AEO 制度框架下,海关对信用状况好、守法程度高和安全措施充分的企业进行认证,通过认证的企业便可以获得相应的优惠与便利。与此同时,各国通过 AEO 互认协定或安排达成互认合作,经本国认证的企业出口货物到 AEO 互认的国家或地区时,还可享受到对方国家相应的优惠与便利。在《SAFE 标准框架》出台后,WCO 又出台《AEO 实施指南》,并对《SAFE 标准框架》进行了修订,以进一步完善 AEO 资格认定、安全措施及评估认证等标准,使 AEO 制度逐步成为可量化且具有可操作性的制度体系。其中主要包括 AEO 的条件、要求和便利,AEO 的审核和认证,相互认可三大部分。随后许多国家和地区纷纷实施了各具特色的 AEO 制度,并积极地展开 AEO 互认合作。2006 年,WCO 批准通过了《AEO 实施指南》,进一步细化和完善了一整套关于 AEO 资格申报、安全措施、评估认证及相互承认等的标准和程序。

2005 年,我国在《SAFE 标准框架》上签字,迈出建立 AEO 制度的关键一步。2008 年 4 月 1 日,我国施行《中华人民共和国海关企业分类管理办法》,将《SAFE 标准框架》中部分条款纳入国内立法中,并将我国进出口企业分成了五大类,分别为 AA 类、A 类、B 类、C 类、D 类,其中 AA 类与 A 类企业就是我国的 AEO 企业。2014 年 12 月 1 日,《中华人民共和国海关企业信用管理暂行办法》(海关总署令第 225 号)生效并实施,企业分类方式由之前的 AA 类、A 类、B 类、C 类、D 类变更为高级认证企业、一般认证企业、一般信用企业和失信企业四大类,海关根据不同的企业评级实施不同的管理措施,其中高级认证企业与一般认证企业就是我国目前的 AEO 企业,享受 AEO 互认国家及地区的各种通关便利及优惠待遇。2017 年 10 月 26 日,由我国海关牵头起草的《WCO“经认证的经营者”互认实施指南》在 WCO 会议上获得通过。根据认证工作发展的需要,我国于 2018 年 5 月 1 日施行《中华人民共和国海关企业信用管理办法》

---

① WCO 在《SAFE 标准框架》内将经认证的经营者定义为:以任何一种方式参与货物国际流通,并被海关当局认定符合 WCO 或相应供应链安全标准的一方,包括生产商、进口商、出口商、报关行、承运商、理货人、中间商、口岸和机场、货站经营者、综合经营者、仓储业经营者和分销商。

(海关总署令第237号),海关总署令第225号同时废止。海关总署令第237号根据认证的实践情况,细化了海关需要搜集与公开的信息,进一步明确了对于不同等级企业的管理方式。为适应新形势新要求,新修订的《中华人民共和国海关注册登记和备案企业信用管理办法》自2021年11月1日起施行,2018年海关总署令第237号公布的《中华人民共和国海关企业信用管理办法》同时废止。新规进一步优化了企业信用等级分类;落实守信激励原则;实施失信惩戒,建立信用修复制度。

第三个支柱是加强海关与其他政府机构以及政府内部机构之间的合作。政府内部机构之间合作的主要目标是通过各国海关与海事、边检、农业等其他边境管理部门开展合作避免重复的要求和查验、简化流程,以保证政府快速有效地应对供应链安全方面的挑战。海关与其他政府机构之间的合作包括共享设施、装备、数据库、信息,进行联合布控/风险评估,程序性验证或查验,也可以包括不同机构的安全项目和管控措施的协调和相互衔接。与此同时,在跨关境或关税同盟内,各政府应当推动海关与其他主管供应链安全的政府部门之间在信息交换、技术援助、能力建设、业务时间协调、设备共享等领域的合作。WCO还鼓励各成员与参与国际贸易和供应链的所有合作伙伴机构紧密合作,以发展、维护和促进统一的国际标准。为了协助这一支柱的实施,WCO向各成员提供了各种有价值的工具和建议措施,包括《边境协调管理纲要》《"单一窗口"纲要》《AEO纲要》《海关风险管理纲要》等。

(二)2021年版《SAFE标准框架》的最新发展与关注焦点

《SAFE标准框架》是全球海关共同应对供应链安全威胁的举措,同时也为合法安全经营的贸易便利提供支持,其所规定的最低标准已经过实践并在全球范围内运行良好。为适应国际供应链的新发展,该框架保持定期更新。

2021年版《SAFE标准框架》中值得注意的新增条款包括AEO项目、协调边境管理、贸易的连续性和恢复、支柱三(海关与其他政府机构以及政府内部机构之间的合作)以及航空货物预装载的货物信息预报(ACI)。该修订旨在加强海关与其他政府机构之间的合作;推广智能安保装置以优化海关监管和实现货物流动的实时有效监控;推动区域关税同盟AEO项目发展和互认实施。更新后的《SAFE标准框架》将空运货物安全数据集与WCO数据模型中指定的数据元相统一,并巩固了实施框架的报告机制。

在新冠肺炎疫情的背景下,为增强全球供应链的抗风险能力和恢复能力,WCO 通过对现有的《AEO 实施指南》《AEO 模板》《海关 AEO 认证者指南》三个文件进行升级,制定了《AEO 实施和认证指南》。新指南汇集了各成员的最佳实践、知识和经验以简化 AEO 实施过程,并使 AEO 要求与海关认证程序保持一致。框架还提出了虚拟重新认证和使用现代技术以支持业务连续性的建议,确保在疫情期间保持 AEO 项目的韧性。此外,2021 年版《SAFE 标准框架》一揽子文件还包括"区域关税同盟 AEO 项目和诸边 MRA"(附件五现有的 AEO MRA 战略指南)、AEO 纲要(2020 年版)、关于扩大 AEO 概念至跨境电子商务的秘书处注释、统一文件格式(UFF)2.0 技术规范、扫描/NII 设备采购和分配指南(NII 指南)的更新事项、WCO 与 ICAO 关于海关 AEO 和航空安全管制代理人(RA)/已知托运人(KC)项目的联合指南,以及 WCO 与 ICAO 预装载的货物信息预报(PLACI)联合指南等一些新的或更新的工具。

由于能力建设援助仍然是《SAFE 标准框架》实施战略的重要组成部分,WCO 将加强其能力建设工作,持续满足海关和利益攸关方的需求,确保框架的协调和可持续实施。WCO 希望各成员及商界和其他国际组织的合作伙伴认识到,《SAFE 标准框架》一揽子文件及其内容对于了解把握 WCO 主要法律文件的动态及其在全球的应用和实施具有非常重要的价值。①

---

① World Customs Organization, *WCO SAFE Package: WCO Tools to Secure and Facilitate Global Trade*, http://www.wcoomd.org/en/topics/facilitation/instrument-and-tools/frameworks-of-standards/safe_package.aspx.

Chapter 3 第三章

世界贸易组织与国际海关法

随着全球贸易治理的不断推进,经过八轮多边贸易谈判,国际经济法在贸易自由化及多边化制度的构建上不断取得突破。WTO 就是在全球治理过程中形成的国际贸易法治的典范。从 GATT 发展到 WTO,是第二次世界大战以后全球贸易治理与国际经济法发展变革的积极成果。[①] 国际海关法是国际经济法的一个下位部门法,国际海关法律制度包含了 WTO 框架内与海关有关的法律规则。

第一节　世界贸易组织关注的海关议题

全球规范和国际法帮助国际体系的行为体建立社会身份,并且规范它们相互作用时的行为。WTO 所承载的贸易功能决定了它所创制的国际海关条约与制度同 WCO 项下的国际海关规则的立场与内容有所不同。

---

① 参见孙珺:《全球治理视角下的国际经济法》,北京大学出版社 2021 年版,第 85 页。

一、世界贸易组织成立发展及其创制的多边贸易法律制度

从国际经济法的创立和发展上看,现在的国际经济法律制度主要是由西方国家创立,第二次世界大战结束后,在美国主导下形成了布雷顿森林体制,其中的三人支柱是国际货币基金组织(International Monetary Fund,IMF)、国际复兴开发银行(International Bank for Reconstruction and Development,IBRD,又称世界银行)和国际贸易组织(International Trade Organization,ITO)。它们都有基本的多边国际条约,并成立相应的国际组织,形成了基本的国际法律机制。其中国际贸易组织创立失败,最终建立起来的是 GATT,成为国际贸易领域的多边贸易法律机制,成功地进行了多轮多边贸易谈判,致力于关税减让和非关税壁垒的消除,为后续 WTO 的建立打下了基础。

GATT 框架下多轮回合的多边贸易谈判,使关税和非关税壁垒对贸易的影响大大减小,并因此极大推动了国际贸易。而贸易障碍减少以及由此产生的国际贸易的急剧扩张,使参与国际贸易的各国的国内经济实力的重要性日益增加,国内经济的政治重要性也日益增加,国际贸易政策的重要性也日益为人们所重视,包括竞争政策、环境保护、劳工标准等问题开始列入国际贸易政策和多边贸易体制的考虑范围。GATT 在成功地削减关税和其他阻碍贸易的边境障碍后,逐步加强对“边境背后的贸易壁垒”的重视,即除关税和边境措施之外其他制约国际贸易的国内政策和立法,如卫生和植物卫生检疫标准、技术法规和标准、知识产权保护等。这就使各国国内立法和国内政策日益密切地联系在一起,并亟待在国际层面统一立法。许多传统上被认为是国内法管辖的事项或国内经济、社会问题都紧密地交织在一起并开始进入国际法调整的领域。此外,经济全球化和区域经济一体化向纵深方向发展,使经济、社会、文化等诸多层面的问题也逐渐相互关联。乌拉圭回合是贸易体制改革的分水岭,也预示着更深刻的经济一体化时代的到来。在这个时期,不同的与贸易有关的问题开始显露出某种共性,即这些问题都涉及国内经济和社会问题的外界制约化和逐步国际化。传统假想的贸易与非贸易问题之间的严格界限已经开始被打破,贸易与非贸易问题已经开始相互重叠和相互影响,国际法的严格划分部门和领域的传统做法已经难以适应时代要求,贸易法、人权法、环境法、劳工法等部门法之间的

密切交叉已经成为当代国际社会面临的最具挑战性和最重要的国际法律问题。[①]

自从WTO成立之后,国际经济法律规则更多体现了经济全球化的要求。WTO及其争端解决机制强化了国际法律规则的重要性,也带动了包括WCO在内的其他国际经济组织规则的形成和发展。

二、世界贸易组织多边贸易体制亟待改革发展

自第二次世界大战以来,GATT/WTO承担了贸易谈判、贸易监督以及争端解决三大职能,通过GATT八轮关税减让谈判维护了自由开放的多边贸易体制。然而,在当前贸易保护主义不断蔓延的背景下,WTO三大职能面临"瘫痪"危机,主要成员已将WTO改革提上日程,试图通过协调各国立场重振WTO谈判职能、完善争端解决机制、加强贸易政策监督。各方在WTO改革主要议题上既有共识又有分歧,为WTO改革增添了不确定性。

争端解决机制是WTO的核心支柱,对维护以WTO为核心的多边贸易体系发挥了积极作用。近来,由于美国通过行使否决权阻挠上诉机构法官甄选程序,导致上诉机构法官数量无法达到审理案件的最低标准,成为各方推动此轮WTO改革的直接原因。此外,WTO"协商一致"决策机制效率低下,也对WTO谈判带来制约作用。

从根本上来讲,20世纪90年代建立起来的以WTO为核心的多边贸易体系已无法适应国际贸易发展现状以及国际政治权力格局转换,WTO规则滞后使改革势在必行。自1995年WTO成立以来,唯一启动的多哈回合谈判无疾而终,仅达成《巴厘一揽子协定》,此后旨在提升贸易便利化水平的《贸易便利化协定》纳入WTO规则体系。这不仅导致现有多边贸易规则既无法应对农业、知识产权等传统议题的发展和变化,还导致服务贸易、数字贸易等国际贸易新内容、新模式缺乏多边协调,掣肘全球价值链、国际贸易乃至整个世界经济的发展。中国作为多边贸易体制的坚定支持者,应发挥其应有的作用,推动WTO的改革。

---

① 参见刘笋、李国赓:《关于"与贸易有关的问题"及WTO调整范围的若干思考》,载《法商研究》2003年第5期。

三、世界贸易组织与世界海关组织的职能特征与体制融合

WCO 原本是一个各国或经济体之间海关合作的组织,其所主导制定的国际法规则并不追求凌驾于各国海关法律规则之上。但是自从 WTO 成立,WCO 和 WTO 就在多个领域开展了深入合作,WCO 和 WTO 规则也在一定程度上相互交叉融合。①

结合 GATT/WTO 与 CCC/WCO 成立发展的背景,我们了解了 WTO 与 WCO 两个组织具有不尽相同的职能。WCO 是全球各国海关的联合体,是具有专业性海关职能的政府间组织。WCO 在创制或总结国际海关法时,不仅会考虑贸易便利化的目标,同时还要考虑各成员海关职能及在当前执法能力下实施该制度的可能性。WCO 会在实现贸易便利化总体目标的前提下,在诸多辅助性目标与执法现状之间进行平衡。但是,WTO 在创制国际海关法时考虑的是"以实现世界资源的充分利用以及扩大货物的生产和交换为目的","实质性地削减关税与其他贸易壁垒,消除国际贸易中的歧视待遇",②消除对国际贸易造成不必要的妨碍和变相扭曲的边境管理措施。因此,其秉持着最惠国待遇、国民待遇等基本原则。③

在国际海关法的法律渊源与法律效力方面,WTO 与 WCO 有所不同,WTO 具有更加严格的强制性效力。WCO 在制定国际海关法的过程中采取了软法与硬法并重的模式,WCO 所创制的国际海关软法数量远多于硬法,而且硬法可由成员自主选择加入,硬法中也涵盖了部分非约束性或可保留条款。而 WTO 体系下的协议都必须是一揽子接受的国际多边条约(诸边条约除外)并具有争端解决保障机制,是资本以硬性方式推行全球化的典型表现。似乎 WTO 制定贸易规则,更加能保证国际贸易发展和标准统一性,但还有一个 WCO 成立的根本原因。我们知道,关税谈判是 GATT/WTO 争议的焦点问题,而关税属于涉及各国利益的核心问题,它会影响国家的财政收入和产业利益,故 GATT/WTO

---

① 参见何力:《全球化背景下中国 AEO 互认及其国际海关法贡献》,载《海关与经贸研究》2018 年第 1 期。

② 参见 GATT 1994 序言。

③ 参见朱秋沅:《国际海关法研究》,法律出版社 2011 年版,第 134 页。

框架内主要涉及与关税有关的事项,WTO 也专门制定了原产地和估价方面的协定。在一定意义上,WTO 是涉及关键贸易利益的各国政治经济利益博弈和多边贸易谈判的"舞台",而 WCO 则更加聚焦海关专业性、技术性层面的问题,所以 WCO 框架内很多规则都不具有约束力。很多海关手续和制度操作中的问题都是 CCC/WCO 通过制定自身规则解决的,当然有些是约束性条款,有些则是非约束性条款。也正是因为 WCO 没有太多的强制性,各成员更加具有加入的意愿。否则就会像 WTO 一样,自多哈回合谈判之后,就很少出台新的国际规则。另外,WCO 也会通过为其成员实施软法规则提供培训,并致力于加强海关业务领域的能力建设而使软法逐渐硬法化。

为此,WCO 将其与 WTO 的关系定位于:一致、协调、互补。一致主要指两者在贸易安全与便利化的目标是一致的。协调和互补主要指两者规则之间的关系,认为 WTO 着重于较高原则;而作为海关技术领域的专业组织,WCO 通过制定标准和工具为 WTO 规则的具体实施提供技术支持。促进国际贸易和消除贸易壁垒是其相互联系的交叉点和结合点,两个国际组织既各有所重又交叉融合。鉴于此,两者可以以 WCO 的专业性弥补 WTO 在海关知识方面的不足,以 WTO 多边谈判的有效性和完善的保障机制来弥补 WCO 的力度欠缺。①

四、世界贸易组织与世界海关组织等国际组织的交流合作

(一)WTO 与 WCO 在国际海关领域的合作

WCO 及其规则也是国际经济法律规则的一环。WCO 是一个国际贸易领域的专业性国际组织,与 WTO 所涉及的主要领域即国际货物贸易是基本吻合的。但是当初 CCC 的建立和发展却并非如此,CCC 在 20 世纪 50 年代初期成立的时候只有西欧国家参加,在一定意义上只是一个欧洲区域性组织,并且它是成员方海关机构的国际合作机制,合作的重点是国家或经济体之间的海关协调,起初并非主要立足于商界角度处理海关事务问题。与 CCC 成立同时缔结

① 参见张树杰:《国际组织框架下的贸易便利化议题与进程:发展与趋势》,载陈晖主编:《海关法评论》第 1 卷,法律出版社 2010 年版,第 64、75—77 页。

的《海关商品估价公约》正是体现了这一点，因为其中的海关估价是以海关审定正常价格为基本的估价原则，具有强烈的海关机构主导的特征。后来随着成员的不断增加发展成为全球性国际组织，而且随着美国等国的加入使其开始更多地关注商界的诉求，协调和简化海关手续，促进贸易安全与便利成为 CCC 的主要职责，随着《海关税则商品分类目录公约》《经修订的京都公约》等相继出台，CCC/WCO 与 GATT/WTO 从业务到理念有了更多的共通性，也为两者的合作奠定了基础。①

WTO 和 WCO 在市场准入、信息技术协定（Information Technology Agreement，ITA）、海关估价、原产地规则和贸易便利化等多项主题领域展开合作。② WTO 定期与 WCO 在市场准入方面开展合作，该项合作主要涉及商品分类。WTO 定期关注 WCO 在商品名称与编码协调制度方面的工作，同时还包括市场准入委员会和扩大信息产品贸易参与者委员会的工作。WTO《海关估价协定》与《原产地规则协定》中包含要求在 WCO 主持下建立技术委员会的条款。同时，WTO 工作人员与这些技术委员会在审查这两个协议的有关问题以及协助开展技术援助活动上保持着合作。在贸易便利化方面，WCO 官员自 2005 年以来参与了 WTO 开展的所有区域化技术援助活动。WCO 的官员也以观察员的身份定期参加贸易便利化谈判小组召开的会议。

另外，我们也不应忽视，WTO 的硬法体系并不排斥属于软法性的"国际标准"的存在，如《SPS 协定》③《技术性贸易壁垒协定》④《贸易便利

---

① 参见何力：《全球化背景下中国 AEO 互认及其国际海关法贡献》，载《海关与经贸研究》2018 年第 1 期。

② World Trade Organization, *The WTO and World Customs Organization*, https://www.wto.org/english/thewto_e/coher_e/wto_wco_e.htm#trafa.

③ 参见 WTO《SPS 协定》第 3 条规定，协调：1. 为在尽可能广泛的基础上协调卫生与植物卫生措施，各成员的卫生与植物卫生措施应根据现有的国际标准、指南或建议制定，除非本协议，特别是第 3 款中另有规定。2. 符合国际标准、指南或建议的卫生或植物卫生措施应被视为为保护人类、动物或植物的生命或健康所必需的措施，并被视为与本协定和 GATT1994 的有关规定相一致。……5. 第 12 条第 1 款和第 4 款规定的卫生与植物卫生措施委员会应制定程序，以监控国际协调进程，并在这方面与有关国际组织协同努力。

④ 参见 WTO《技术性贸易壁垒协定》第 2 条规定，2.4 如需制定技术法规，而有关国际标准已经存在或即将拟就，则各成员应使用这些国际标准或其中的相关部分作为其技术法规的基础，除非此类国际标准或相关部分对达到其追求的合法目标无效或不适当，如由于基本气候因素或地理因素或基本技术问题。《技术性贸易壁垒协定》（Agreement on Technical Barriers to Trade，以下简称《TBT 协定》）。

化协定》[①]等公约都规定了成员方所制定的国内相关措施应当或尽量与国际标准、指南或建议相协调的义务。通过这种立法方式,WTO 不仅为成员方规定了直接的条约义务,同时将 WCO 等国际组织所管理与发布的标准纳入 WTO 的国际海关法体系中,从而促进了各成员方海关制度的协调统一。

1. 技术援助方面的合作

绝大多数技术援助活动都集中于海关估价和贸易便利化领域。随着越来越多国家展开自由贸易协定谈判,未来可能需要加强原产地领域的技术援助合作,并通过负责相关领域事务的各秘书处工作人员之间的相互联络来做好协调管理工作。

2. 关税减让方面的合作

《协调制度》由 WCO 制定,并于 1988 年 1 月 1 日通过公约形式生效。虽然 GATT1994 第 2 条规定了"减让表",但并未建立具体的国际贸易货物分类表供成员方在承诺关税减让时作为工具使用。以往虽然有《海关税则商品分类目录公约》,但是《协调制度》以其科学性与广泛的适用性成为 WTO 成员方事实上的减让表分类标准。尽管有些国家并非《协调制度公约》的缔约方,但几乎所有 WTO 成员均适用《协调制度》来解决商品分类和关税减让问题。《协调制度》被 WTO 作为产品分类工具用于多个协议中。例如,农业协议的附件 1 以 1992 年版《协调制度》中的章、目和子目的方式定义了农产品的范围。因此,《协调制度》的变更,特别是其附表的变更对 WTO 成员方具有重要的法律意义,尤其是对成员方的减让表方面会产生法律影响。

WCO 协调制度委员会根据技术和国际贸易模式变化情况定期对《协调制度》进行审查,并提出修订建议。截至 2022 年,《协调制度》共有七个版本。1988 年版《协调制度》生效后,同属于《协调制度公约》缔约方的 GATT 缔约方在乌拉圭回合谈判前的减让表被要求根据《协调制度》进行转换。这种转换对于确保减让的透明与可预见性是必要的,否则实践中将难以确定相关成员是否

① 参见 WTO《贸易便利化协定》第 7 条规定,鼓励各成员定期并以一致的方式测算和公布其货物平均放行时间,使用诸如 WCO《放行时间研究》等工具。同时,该条鼓励各成员根据国际标准制定经认证的经营者计划,如存在此类标准,除非此类标准对实现所追求的合法目标不适当或无效果。第 10 条规定,鼓励各成员使用相关国际标准或使用相关国际标准的一部分作为其进口、出口或过境手续和程序的依据,除非本协定另有规定。

遵守了减让义务。此外，WCO 的《协调制度》也是 WTO《原产地规则协定》的原产地规则委员会和原产地规则技术委员会在协议生效后履行原产地规则协调工作计划①的基础。

3. 海关估价方面的合作

GATT 第 7 条海关估价条款后来纳入 WTO《海关估价协定》，作为 WTO 成员方必须遵守的国际海关法规则。而 WCO 则为此专门成立了海关估价技术委员会，为实施 WTO《海关估价协定》提供海关技术支持，负责提供专家意见、评论和解释，并对一些估价问题进行专项研究和调查。由于 WTO 规则的强制性，WCO 的成员如果同时也是 WTO 成员（实际上占绝大多数），就必须抛弃 WCO《海关商品估价公约》所规定的正常价值估价规则，而采用 WTO《海关估价协定》的成交价格估价规则，其后果就是必须退出 WCO 的《海关商品估价公约》。

根据 WTO《海关估价协定》的要求，海关估价技术委员会和 WTO 海关估价委员会始终在海关估价方面保持良好合作。协定第二部分第 18 条第 2 款以及附件 2 明确规定了海关估价技术委员会的地位、职责与议事规则。具体而言，海关估价技术委员会的职责包括：(1) 审查各成员方在海关估价制度的日常管理中产生的具体技术问题，并依据提出的事实就适当的解决办法提供咨询意见。(2) 按请求，研究与《海关估价协定》有关的估价法律、程序和做法，并就此类研究的结果准备报告。(3) 就《海关估价协定》的运用和法律地位的技术方面制定和发布年度报告。(4) 就任何成员方或委员会可能要求的、就有关进口货物海关估价的任何事项提供信息和建议。此类信息和建议可采取咨询意见、评论或解释性说明的形式。(5) 按请求，便利对各成员方的技术援助，以期促进《海关估价协定》的国际接受。(6) 对专家组根据《海关估价协定》向其提交的事项进行审查。(7) 行使委员会可能指定的其他职责。此外，WCO 发布的《海关估价纲要》包含海关估价技术委员会采用的咨询意见、评论、解释性说明和案例研究，为解决海关估价方面的各种技术问题提供了非常有用的指南。

4. 原产地规则协调

WTO《原产地规则协定》也是同样的机制，将相关的海关技术职能移交给

---

① 《原产地规则协定》第四部分第 9 条第 2 款工作计划中规定：“……为保证协调工作计划及时完成，该项工作应在协调制度（HS）税则目录的不同的章或类所代表的产品部门基础上进行。”

WCO 的原产地规则技术委员会。[①] 根据乌拉圭回合多边谈判文件中《原产地规则协定》的规定和 WTO 的授权,从 1995 年开始,由 WCO 下设的原产地规则技术委员会负责协调 WTO 缔约方非优惠原产地规则的工作,目前协调非优惠原产地规则的工作已交由 WTO 原产地规则委员会决策,WCO 的协调工作也已进入优惠原产地规则领域。[②]

由 WCO 所主持的技术委员会为了 WTO 的目标,主要开展以下工作:第一,根据《原产地规则协定》第四部分负责制定协调非优惠原产地规则的技术性工作。协调非优惠原产地规则的工作计划应在《WTO 协定》生效后尽早开始,原定于在开始后 3 年内完成。此后,由于工作的复杂性,协调工作计划间期限一再延期。工作计划的前期,工作重心在于技术委员会,从 1995 年至 1999 年,WCO 主持的技术委员会共召开了 18 次会议,并于 1999 年 7 月向原产地规则委员会提出了 500 多项突出问题,供其讨论和决定。此后,工作的重心转至原产地规则委员会。在对货物的原产地规则全部达成一致后,由 WTO 部长级会议通过"协调非优惠原产地规则"的文本后,即对各成员国具有法律约束力。第二,根据《原产地规则协定》的附件 1,负责以下日常的原产地规则技术性工作:(1)在技术委员会任何成员请求下,审查在各成员对原产地规则的日常管理中出现的具体技术性问题,并根据所提供的事实提出关于适当解决办法的咨询意见;(2)提供任何成员或委员会可能请求获得的有关确定货物原产地的任何事项的信息和建议;(3)就本协定运用和法律地位的技术方面的问题定期准备和发布报告;(4)对执行和运用第二部分和第三部分的技术问题进行年度审议。[③]

5. 信息技术协定执行方面的合作

《信息技术协定》附件第 5 段第二句规定:"参与方商定的共同目标是在现有协调制度范围内酌情实现相关产品的统一分类,同时兼顾 WCO 的解释和裁决。若仍存在任何分类分歧,参与方可以考虑向 WCO 提出关于更新现有协调制度或解决协调制度解释分歧的联合倡议。"

---

① 参见何力:《新形势下"一带一路"建设与国际海关法的走向》,载陈晖主编:《海关法评论》第 7 卷,法律出版社 2017 年版,第 308、312 页。

② 参见严波:《世界海关组织与 WTO 在贸易便利化中的角色分析》,载《世界贸易组织动态与研究》2007 年第 11 期。

③ 参见朱秋沅:《国际海关法研究》,法律出版社 2011 年版,第 146—148 页。

信息技术协定委员会与 WCO,特别是其协调制度委员会保持着良好合作关系。2004 年,信息技术协定委员会要求协调制度委员会对“机顶盒”的分类提供意见。此后,WCO 秘书处定期向 WTO 通报协调制度委员会针对“机顶盒”的审议情况。

《协调制度》的修订也影响了《信息技术协定》的产品覆盖范围。《信息技术协定》附件中所列的部分商品编码受到 2002 年版《协调制度》影响,2/3 的商品受到 2007 年版《协调制度》影响。信息技术委员会已经开始考虑如何将产品列表按照新的分类法更新,但市场准入委员会在关税减让方面所面临的难题,在信息技术协议的领域也同样存在,而且信息技术委员会尚无采用更新《协调制度》的程序。

6. 贸易便利化方面的合作

WTO 与 WCO 在贸易便利化方面也保持着务实有效的合作。在贸易便利化方面,虽然 WCO 一直在独立推进包括《SAFE 标准框架》等在内的通关便利化措施,但随着 WTO《贸易便利化协定》的生效实施,WCO 也要进行相应配合。

在 WTO 贸易便利化谈判及实施中,WCO 的作用发挥体现在三个层次。一是 WCO 作为国际海关界的代表在 WTO 及其他国际舞台上发出声音,呼吁倡导各国海关在贸易便利化谈判中积极作为,争取在谈判中居主导者或协调者的地位,密切与商务和边境管理部门的协调。二是秘书处层面,积极派员参加 WTO 会议,给谈判各方提供海关方面的技术支持,强调 WCO 标准与 WTO 要求的一致性。根据《多哈工作计划》,WTO 的谈判主要集中在澄清和改进 GATT1994 第 5 条(过境自由)、第 8 条(进出口规费和手续)和第 10 条(贸易法规的公布和实施),以使过于原则和抽象的条款具有可操作性。在此情形下,作为专门研究海关技术事务的国际组织,WCO 便深度参与其中。WCO 还积极参与其他框架下的技术援助和能力建设活动,参与 WTO 贸易便利化需求评估项目,派专家赴多个国家参与评估,以哥伦布计划和墨卡托计划为重点,加强对成员海关的能力建设。[①] 三是成员海关层面,WCO 只能作为 WTO 会议的观察员

① World Customs Organization, *WCO Issues Communication regarding Implementation of the WTO TFA*, http://www.wcoomd.org/en/media/newsroom/2015/december/wco-issues-communication-regarding-implementation-of-the-wto-tfa.aspx.

出现,因此,海关的主张必须通过各个成员海关在国际贸易谈判中发挥的作用来实现。可惜的是,由于多数成员在政府机构中的地位,只有少数海关成为本国谈判主导机构。贸易便利化是中国自加入 WTO 以来第一个自始参加的谈判议题,中国海关作为双牵头部门之一发挥着重要作用,在参与多边贸易体制国际规则的制定过程中,力争体现中国对外经贸利益的最大化。①

随着 WCO、WTO 与世界银行及该领域其他国际组织携手实行广泛的需求和成本评估计划,开展更多共同活动的可能性将进一步增加,合作形式还包括全球便利化伙伴关系(GFP)背景下的联合活动。全球便利化伙伴关系旨在提高一致性和加强协调性,提供探讨制定应对贸易便利化领域诸多挑战的联合对策的平台。

(二)其他国际组织对国际海关领域的贡献及其与 WTO 的合作

WTO 在有关贸易的诸多领域推行自由化与全球化,与诸多国际组织的功能有着交叉与联结,也需要这些组织给予其专业的、技术的支持。因此,WTO 自成立之日起便开始发展与这些组织的合作关系,使国际组织间的合作能够更好地服务于贸易自由化与全球化的目标。WTO《马拉喀什建立世界贸易组织协定》第 5 条②为 WTO 与其他国际组织间的合作奠定了坚实基础。WTO 在包括国际海关法在内诸多领域中,以"一致性"的方式,展开与其他政府间国际组织的合作。"一致性"的工作方式源于 1993 年 12 月 15 日贸易谈判委员会通过的部长决定与宣言之一,即《关于 WTO 对实现全球经济决策更大一致性所作贡献的宣言》(以下简称《宣言》)。《宣言》中规定了与国际货币基金组织、世界银行的"一致性"合作。但实际上,在全球经济决策中一致性合作方式的适用范围远超过《宣言》中具体列明的组织。WTO 作为最重要的国际经济组织,与来自贸易各个领域中的诸多国际组织保持着广泛的合作关系并形成合作机制。WTO 秘书处与近 200 个国际组织在统计、研究、标准制定、技术援助和培训等

---

① 参见张树杰:《国际组织框架下的贸易便利化议题与进程:发展与趋势》,载陈晖主编:《海关法评论》第 1 卷,法律出版社 2010 年版,第 64、75—77 页。

② 《马拉喀什建立世界贸易组织协定》第 5 条规定,与其他组织的关系:1. 总理事会应就与职责上同 WTO 有关的政府间组织进行更有效的合作作出安排。2. 总理事会可就涉及 WTO 有关事项的非政府组织进行磋商和合作作出适当安排。

活动中保持着工作关系。虽然合作的程度各不相同，但 WTO 与其他国际组织的工作之间保持协调和一致性持续发展，以协助各成员执行其经济政策。目前世界上约有 140 个国际组织在 WTO 机构中具有观察员地位。[①] WTO 也以观察员的身份参加了联合国、联合国贸易发展委员会（United Nations Conference on Trade and Development，UNCTAD）、IMF、世界银行、联合国粮农组织（Food and Agriculture Organization of the United Nations，FAO）、世界知识产权组织（World Intellectual Property Organization，WIPO）、OECD 的活动。这里面包括基于联合国专门机构的地位通过联合国经社理事会与联合国进行一般事务合作，以及与各种职能性国际经济组织开展功能上的合作。在国际海关法与贸易便利化领域，WTO 与 WCO、IMF、世界银行、UNCTAD、OECD、WIPO 等组织从各方面展开务实合作。[②]

全球化增加了多边机构之间加强合作的必要性，这些机构在制定和执行全球经济政策框架的不同要素方面发挥着关键作用，特别是 IMF、世界银行与 WTO。1996 年 12 月，WTO 与 IMF 和世界银行共同签署了《WTO、IMF、世界银行合作协定》（Agreements Between the WTO and the IMF and the World Bank），开展与 IMF 在国际金融服务和金融政策上的合作，以及与世界银行在贸易和对发展中国家援助和支持方面的合作。WTO 还在 GATT 第 15 条关于外汇安排中就直接规定了与 IMF 的协调和协商制度。[②]不同于世界银行开展的全面改革项目，IMF 所开展的项目专注于贸易便利化的具体领域，如打击商业瞒骗、提高税收能力、实施风险管理等。[③]

世界银行是贸易便利化技术援助最大的提供机构之一，其贸易便利化项目所涉及的主题范围较广，主要以贸易便利化综合水平、海关现代化和边境管理现代化为重点。该组织还开展大量权威的研究，如 2004 年出版的《海关现代化手册》、2010 年发布的《边境管理改革手册》等工具，对边境管理和海关现代化建设的具体实施具有重要的参考价值。目前，在营商环境方面比较权威的研究

---

① World Trade Organization, *The WTO and Other Organizations*, *https://www.wto.org/english/thewto_e/coher_e/coher_e.htm.*

② 参见朱秋沅：《国际海关法研究》，法律出版社 2011 年版，第 139—140 页。

③ 参见张树杰：《国际组织框架下的贸易便利化议题与进程：发展与趋势》，载陈晖主编：《海关法评论》第 1 卷，法律出版社 2010 年版，第 64、75—77 页。

就是世界银行自2004年以来每年发布的《营商环境报告》。该报告从开办企业、办理施工许可证、获得电力、登记财产、获得信贷、保护少数投资者、纳税、跨境贸易、执行合同、办理破产10个指标对全球190个经济体的营商环境进行了评估与排名。其中,与海关等口岸管理部门密切相关的是跨境贸易指标,其反映了与进出口货物的物流过程相关的时间和成本,具体衡量货物进出口总过程中与单证合规、边界合规程序相关的时间和成本(不包括关税),是各国提升口岸营商环境的重要参考依据。

在过去30多年中,UNCTAD通过实施有关策略、开展项目帮助发展中国家更广更深地参与贸易发展进程,分享贸易带来的发展机遇。在海关领域,1985年,UNCTAD就认识到信息通信技术在便利通关方面的重要作用,研发出一款海关通关系统软件——海关数据自动化系统(Automated System for Customs Data,ASYCUDA),免费提供给新兴和发展中经济体使用,旨在推动海关现代化和自动化。[①] 该系统根据成员的需求、技术和国际标准的发展,不断升级换代,能满足进出口通关中的风险评估、电子支付等诸多功能。UNCTAD与WTO是战略伙伴关系,WTO作为观察员参加联合国科学、技术与发展委员会及UNCTAD投资、技术和有关金融事务委员会的会议以及其他有关专家组会议。WTO亦派代表参加UNCTAD贸易和发展理事会以及货物、服务和商品贸易委员会。两者通过加强合作确保贸易符合发展目标,并协助发展中国家和最不发达国家有益地融入全球经济和多边贸易体系。比如,为了深化和落实这一战略伙伴关系,双方于2003年4月16日签署了一项谅解备忘录,该谅解备忘录为确定合作领域和程序提供了明确的法律框架。再如,联合综合技术援助项目(JITAP)是作为国际贸易中心(International Trade Center,ITC)[②]、UNCTAD和WTO的执行机构而向非洲国家等提供技术援助的伙伴关系项目。在JITAP框架下,UNCTAD负责机构支持,并协助在每个国家设立WTO多部门机构间委

---

① ASYCUDA-Automated System for Customs Data,http://www.asycuda.org/.

② 国际贸易中心(International Trade Centre,ITC)是联合国贸发会和世界贸易组织共同设立的技术合作机构,是联合国系统和世界贸易组织与发展中国家进行技术合作以促进贸易的重要机构。该中心是关税与贸易总协定于1964年设立的。

员会,以改进国家及贸易政策制定协调工作。①

WTO 与 OECD 不仅互派观察员出席各自的贸易委员会会议,WTO 秘书处也经常参考 OECD 的研究成果起草贸易政策审查报告等。在许多情况下,OECD 的工作和讨论有助于筹备 WTO 的贸易谈判事务。此外,双方在农业、出口补贴、渔业补贴等主要领域开展合作。与贸易有关的技术援助和能力建设也是双方合作的领域之一。2002 年,双方启动建立了 WTO/OECD 数据库,该数据库汇总了能力建设和技术援助领域的贸易援助承诺的信息,并制定了监测评估贸易援助的框架。②

WTO 与世界知识产权组织之间的合作深深植根于多边贸易体制。WIPO 是 WTO TRIPs 理事会的观察员,WTO 在 WIPO 亦享有观察员地位。在规则层面,TRIPs 序言通过呼吁两个组织建立相互支持的关系来深化合作。此外,TRIPs 明确要求成员遵守 WIPO 管理的重要公约的某些规则。1995 年,两个国际组织通过签订《WIPO-WTO 合作协定》进一步加强了彼此之间的互补性。该合作协定涵盖透明度机制、技术援助和培训以及执行 WIPO《巴黎公约》关于国家徽记的规定。以 1998 年和 2001 年联合倡议为基础开展的联合技术援助和培训活动,旨在提升发展中国家和最不发达国家执行 TRIPs 的能力,深化对全球知识产权制度的理解和参与,并帮助推动符合更广泛公共政策目标的知识产权法律和政策决策。③

世界动物卫生组织(World Organization for Animal Health,OIE,也称国际兽疫局)④是政府间国际组织,在全球动物卫生和食品安全领域发挥着重要作用,其制定的动物卫生标准是 WTO《实施卫生与植物卫生措施协定》唯一认

---

① World Trade Organization, *The WTO and United Nations Conference on Trade and Development*, https://www.wto.org/english/thewto_e/coher_e/wto_unctad_e.htm.

② World Trade Organization, *The WTO and the Organization for Economic Cooperation and Development (OECD)*, https://www.wto.org/english/thewto_e/coher_e/wto_oecd_e.htm.

③ World Trade Organization, *The WTO and World Intellectual Property Organization*, https://www.wto.org/english/thewto_e/coher_e/wto_wipo_e.htm.

④ 外交部:《世界动物卫生组织概况》,载外交部网 2020 年 10 月, https://www.fmprc.gov.cn/web/gjhdq_676201/gjhdqzz_681964/sjdw_683897/gk_683899/。

可的动物卫生标准，是各国开展动物及其产品贸易需遵循的国际准则。[①] OIE的动物卫生标准也是WTO争端解决机制的重要参考，如加拿大诉澳大利亚限制鲑鱼进口措施案(DS18)。而标准和贸易发展机制(The Standards and Trade Development Facility, STDF)则是WTO、世界银行、联合国粮农组织、世界卫生组织(World Health Organization, WHO)和OIE的一项联合倡议，通过协助发展中国家制定和执行卫生与植物卫生标准，以确保生命健康和促进贸易增长。它还旨在为与卫生与植物卫生措施有关的技术援助提供一个相互协调和信息交流的平台。[②]

第二节　世界贸易组织框架内的国际海关法律制度

一、《海关估价协定》

(一)《海关估价协定》的产生

海关估价是国际贸易程序中的一个重要环节，是指一关境内的海关行政机构为执行对外贸易政策和海关政策的需要，根据法定的价格标准和程序，为征收关税而确定某一进口商品的完税价格的方法和程序。公平的海关估价能够对国际贸易的发展起到积极的推动作用，反之则会起到消极的阻碍作用，成为贸易保护主义的工具。

从20世纪中期开始，一些希望促进国际贸易的团体便开始寻求一种对竞争和贸易政策保持中性影响的国际估价制度，以取代武断和变化无常的海关估价方法。早在哈瓦那宪章及GATT1947的起草过程中，海关估价就成为各国代

---

① WTO《实施卫生与植物卫生措施协定》规定，为了尽可能广泛地协调卫生和植物检疫措施，各成员应将其卫生或植物检疫措施建立在国际标准、准则或建议的基础上。协定将国际兽疫组织列为动物卫生相关组织。

② WTO, *The WTO and the World Organization for Animal Health (OIE)*, https://www.wto.org/english/thewto_e/coher_e/wto_oie_e.htm.

表讨论的一个议题。经过多边谈判，在 GATT 第 7 条中规定了各缔约方在海关估价方面应遵循的基本规则。但该第 7 条只阐述了基本规则，对估价实践的指导弹性太大。在 1973 年至 1979 年的东京回合谈判中，一系列非关税措施被提上谈判日程，海关估价问题再次成为会议的焦点。人们希望通过此次谈判逐步消除贸易壁垒，实现国家贸易的自由化及贸易额的巨大增长。而实现这一目标的方式就是制定一套广为接受的海关估价制度，这就是《关于实施 GATT 第 8 条的协议》(以下简称《海关估价守则》)。《海关估价守则》虽然具有相当的系统性、具体和可操作性，但因缔约方有限，其效力受到制约。在乌拉圭回合的谈判中，各方对东京回合的《海关估价守则》进行了重新审议，希望在不改变其基本原则的前提下，通过一些修改增加对发展中国家的吸引力。最后谈判各方达成了一个新的协议，即《海关估价协定》。《海关估价协定》仅对原来的守则作了很小的修改，此外又通过了两项部长宣言作为该协定的补充，以减少发展中国家成员对协定规则不能满足其需要的担心。

(二)《海关估价协定》的主要内容

制定《海关估价协定》的目的是进一步详述适用 GATT1994 第 7 条的规则，提供在更大程度上可供执行的具有统一性和确定性的规则，以形成一个公平、统一和中性的海关对货物估价的制度，防止适用任意或虚构的完税价格；使海关估价中的完税价格依据商业惯例的简单和公正的标准，且估价程序不应区分供货来源而普遍适用；海关对货物估价的依据在最大限度内应为被估价货物的成交价格。

《海关估价协定》由一般介绍性说明、正文和附件共同组成。全文共 24 个条款和 3 个附件，对海关估价规则、争议磋商和争端解决、特殊和差别待遇等问题作出规定。协定的附件 1 包含指导海关估价使用者的解释性说明，包括估价方法的适用顺序、实付或应付价格的概念以及正文各条款的注释，这样规定的目的是减少任意估价的机会。

在海关估价领域，一个鲜明特征就是体现了 WCO 和 WTO 两个国际组织的融合，主要表现在围绕《海关估价协定》由 WCO 和 WTO 分别建立的特殊管理机构和相互合作的机制。根据《海关估价协定》第 18 条第 1 款的规定，WTO 设立了海关估价委员会，职责是审议协议的执行和运用情况；第 2 款明确，应在海关合作理事会主持下成立海关估价技术委员会。海关估价委员会是WTO的机构,海关估价技术委员会是WCO的机构,但是海关估价技术委员会建立的法律依据是WTO协定。这样看来,海关估价技术委员会就被纳入WTO的机构体系中,使WCO和WTO在体制上产生了融合。而且从名称上可以看出,在海关估价问题上,由于估价具有很强的专业性,海关估价委员会除了少数政策性事务外,其他事务基本都仰仗海关估价技术委员会来进行判断,实际上海关估价领域是由技术委员会来主导的。而且在WTO争端解决机制下有关海关估价案件中,专家组也主要依赖海关估价技术委员会的咨询意见。

此外,协定适用于商业上正常进口的货物,并且最主要贡献是明确了进出口货物完税价格的6种方法,而且协定明确将成交价格作为海关估价的首要依据。

成交价格,是指按估价协议所规定的方式调整后,货物出口销售至进口国的实付或应付价格。WTO实施成交价格准则的实质就是为了限制海关通过审定完税价格使海关估价成为非关税壁垒。从总体而言,成交价格准则对海关估价的影响主要反映在三个方面:一是成交价格是买卖双方决定的一种价格,海关以这种价格作为海关完税价格的基础,可以避免武断的、随意高估的、虚构的价格,等等。这样各国对本国经济的保护水平,只取决于税率,而与海关估价无关。二是由于成交价格是建立在具体的、实际的货物价格基础上,而进出口商本身就是这个成交价格的决策人,这样他们可以准确地预测进出口货物的完税价格,亦为海关估价创造了一个可预见的国际贸易环境。三是随着成交价格准则日益被国家社会认可,各国海关审定进口货物价格方面的权利,特别是不接受申报价格而由海关自行确定完税价格的权利受到限制,而贸易商要海关接受申报价格的权利却得到了一定的保障。但任何一个估价准则都不能解决所有的进口货物完税价格的确定问题。如果不能适用成交价格估价方法,则依次适用相同货物成交价格法、类似货物成交价格法、倒扣法、计算价格法、合理方法。但是对于扣除价格和计算价格的适用顺序,进口商可以要求优先适用计算价格。而且作为合理方法的重要组成部分,《海关估价协定》对那些明显违反贸易实际的估价办法作出了禁止使用的规定,从而最终使海关估价尽可能接近进口货物本身的价格,所以这个由6种估价方法所构成的估价体系其目的是防止有关国家以估价条件不充分为由而使用一些武断或虚构的价格,以使海关估价成为非关税壁垒。①

二、《原产地规则协定》

(一)《原产地规则协定》的产生

货物的原产地是货物的“国籍”,是指一特定产品的原产国或原产地区。在国际贸易中,确定货物的原产地,对于确定货物所应适用的税率,对进口货物进行管制、保护消费者权益以及在贸易统计方面具有重要意义。原产地规则,是指任何成员为确定货物原产地而实施的普遍适用的法律、法规和行政决定,包括所有用于非优惠性商业政策措施的原产地规则。原产地规则最早起源于国内法,鉴于确定货物原产地在国际贸易中的重要作用,世界各关税区相继建立了各自的原产地规则。

有关原产地规则方面的国际法,在乌拉圭回合之前最重要的是 WCO 所负责的《经修订的京都公约》,该公约的专项附约十对原产地规则作出了详细的规定。随着国际贸易的发展和变化,特别是近几十年来,各国国内的原产地规则越来越多地被利用为阻碍国际贸易的非关税措施。人们日益认识到,由于各国原产地规则的多样性、复杂性和随意性,因此有必要制定一个统一的,为大多数国家所接受的原产地规则。鉴于此,GATT 的原始缔约方在起草 GATT 基本条款时就将原产地标记列入了 GATT 的第 9 条,并于 1958 年作了进一步详尽的规定。为了进一步促进世界贸易的自由发展,增强多边机制的约束力,保证各关税区的原产地规则不构成贸易的障碍,确保各关税区原产地规则以公正、透明、可预测、一致和中性的方式制定和实施,乌拉圭回合多边贸易谈判的非关税措施谈判组将原产地规则问题列为重要议题之一。谈判中,中国香港特别行政区和日本、美国、欧共体等均就原产地规则及其多边协议提交了各自的建议。在此基础上,各方经过谈判最终达成了《原产地规则协定》,适用于 WTO 所有成员。

---

① 参见林弘:《论中国实施 WTO 估价协议与海关估价的应对》,载《上海海关高等专科学校学报》2003 年第 4 期。

(二)《原产地规则协定》的主要内容

《原产地规则协定》,由序言、正文9个条款及2个附件组成,包括原产地规则的定义、协议适用范围、实施原产地规则的纪律、通知、审议、磋商和争端解决的程序安排、原产地规则的协调等内容。协定明确规定其目标是通过无歧视、透明、可预见、稳定和公正的规则,为解决因原产地而引起的争议确立迅速、有效和平等的协商机制及程序,以促进国际贸易的正常发展。其中规定的可预测原则、中性原则、透明度原则等基本原则为简化、协调WTO各成员方原产地规则提供了指导性的规则。①《原产地规则协定》同样规定从1995年WTO成立起,WCO原产地规则技术委员会负责协调WTO成员方非优惠性原产地规则的工作。

在《原产地规则协定》中,原产地标准是其核心内容,协定规定了两个基本标准:一是完全获得标准,即当某种货物完全在一国或地区所获得,则该货物的原产地为该国或该地区。二是实质性改变标准,即对于某种货物的生产、装配工序或其生产原料在一个以上国家或地区时,一般认为产品的最后实质性改变的国家或地区为该产品的原产地。在判断产品"最后实质性改变"时,一般采取增值百分比标准、特殊加工工序和税目变化标准等方法。增值百分比标准是根据构成产品的进口原料或国内原料与产品本身的价值比来确定产品的原产地;特殊加工工序标准,是指构成货物基本特征的主要制造或加工工序在一国或地区境内进行,该国或地区则为该产品的原产地;税号改变标准,是指非一国或地区原材料经过该境内加工生产后,所得货物在《协调制度》中的税目归类发生了变化,则该国或地区为该产品的原产地。

---

① 《原产地规则协定》规定了原产地规则协调的目标和原则,即(a)原产地规则应平等地适用于协定所规定的适用范围。(b)原产地规则应规定,一特定货物的原产地应为完全获得该货物的国家;或如果该货物的生产涉及一个以上的国家,则为进行最后实质性改变的国家。(c)原产地规则应是客观、可理解的和可预测的。(d)尽管存在可能与原产地规则相联系的措施或工具,但是原产地规则不得用作直接或间接实现贸易目标的工具。原产地规则本身不得对国际贸易产生限制、扭曲或破坏作用。原产地规则不得提出过分严格的要求或要求满足与制造或加工无关的条件,作为确定原产国的先决条件。但是,就适用从价百分比标准而言,可包括与制作或加工无直接关系的成本。(e)原产地规则应以一致、统一、公平和合理的方式进行管理。(f)原产地规则应具有一致性。(g)原产地规则应依据肯定标准。否定标准可用于澄清肯定标准。

但是协定未能就原产地标准、原产地证的规格、认证等达成一致意见，尤其没有统一“实质性改变”三种标准的具体技术标准，即增值多少或者税目改变多少，或者哪些为关键工序才算达到实质性改变。这就给一些国家灵活运用原产地规则提供了空间。①

三、《SPS 协定》

国门生物安全是世界各国共同面临的课题，它是指一个国家农林牧渔业生产、生态环境和公民身体健康相对处于不受境外动物疫病（含人畜共患病）和植物有害生物威胁、国家生物物种资源得到有效保护的状态，以及持续保持安全状态的能力。随着全球要素的跨国联通与流动，进出中国国门的货物、交通工具、人及其携带物快速增长，加上海陆空交通的愈渐发达，各类要素在跨越国界中复杂交叠，各种人为和自然威胁跨境跨国传播的方式、途径、载体等更加多样化、隐蔽化，综合性危害逐步增加。保障国门生物安全，核心措施是实施进出境动植物检疫，防范动植物疫病疫情和有害生物跨境传播，防止外来物种入侵。为加强世界范围动植物疫病疫情传播危害的管理协调，促进相关领域的国际交流合作，WTO《SPS 协定》应运而生。2018 年国务院机构改革方案中明确：将原来直属于国家质检总局的出入境检验检疫管理职责及队伍并入海关总署，两支队伍并为一支。自此关检开始全面融合。对于我国关检融合后的新海关而言，WTO《SPS 协定》与《技术性贸易壁垒协定》成为我国海关所依据的重要的国际法渊源。

（一）《SPS 协定》的产生

在《SPS 协定》形成之前，针对动物卫生、植物卫生和食品安全国际上已经形成了国际兽疫局、国际植物保护公约（International Plant Protection Convention，IPPC）和食品法典委员会（Codex Alimentarius Commission，CAC）三大国际标准体系。此外，为了避免有关的动植物卫生措施成为国际贸易的壁

---

① 杜兰莎：《WTO〈原产地规则协定〉的理论研究与实证研究》，载《时代经贸·下旬》2008 年第 1 期。

垒,GATT 在第 20 条(b)款中作为一般性例外也作出了规定。上述国际法初步形成了国际动植物卫生措施的框架,但由于其规定得并不详细,无法达到消除贸易障碍的作用。随着国际贸易的发展和贸易自由化程度的提高,各国实行的动植物检验检疫制度对贸易的影响越来越大,许多国家特别是发达国家利用检疫手段来限制农畜产品的进口,动植物检疫就成为某些国家为了保护本国的农畜产品市场而运用的一种隐蔽性很强的技术壁垒措施。为了解决农畜产品贸易中的检疫矛盾,在乌拉圭回合谈判中达成了《SPS 协定》,世界贸易法历史上第一部调整、理顺国际贸易与卫生及植物卫生措施间关系的多边国际公约——《SPS 协定》因此而产生。该协定主要涉及食品和动植物及其产品的进出口检验检疫规则。正确理解并充分利用《SPS 协定》是实施技术性措施,保护人类、动植物生命和健康以及本国农畜产品市场的重要手段。[①]

(二)《SPS 协定》的主要内容

《SPS 协定》明确规定了食品安全和动植物健康领域的 SPS 措施,是一套旨在促进农产品和食品贸易发展的国际贸易规则。总体而言,《SPS 协定》鼓励采用国际标准、指南和建议,也允许各成员单独制定标准,但相关监管规定和措施必须符合科学原则且为保护人类、动物或植物生命或健康所必须,不得在情形相同或相似的成员之间构成任意或不合理的歧视。为此,《SPS 协定》确立如下核心议题以规制可能产生的非关税贸易壁垒。

1. 科学依据

SPS 措施应基于科学依据和科学风险评估且为保护人类、动植物生命或健康所必需。《SPS 协定》强调成员方的 SPS 措施必须有实验数据、研究成果等充分的科学依据,而且应为保护食品安全、动植物生命及环境所必须采取的措施,而不是产业或贸易保护目的。此外,《SPS 协定》指出,当成员方不具备科学证据时,有权利采取临时卫生检疫措施,同时就该临时措施的适用明确两个前提条件:一是相关科学证据不充分;二是依据现有可获信息,包括来自有关国际组织以及其他成员实施的 SPS 措施的额外信息。在采取临时措施时,该成员应当

---

① 参见毛雪丹、樊永祥:《〈SPS 协定〉与 SPS 措施通报评议》,载《中国食品卫生杂志》2005 年第 5 期。

获取额外补充信息进行客观风险评估，并据此在合理时间内对该措施进行审议。当一成员认为另一成员采取的临时措施正在限制或者可能限制其产品的出口时，该成员有权要求采取临时措施的成员说明采取或维持临时措施的理由。

2. 国际标准

SPS 措施应符合国际标准或采用比其可能达到的保护水平更高的措施。《SPS 协定》强调，成员方的 SPS 措施应该建立在国际标准、指南和建议的基础上，如果成员方的保护水平高于国际标准，必须提供科学依据并进行科学风险评估。国际标准包括：经《SPS 协定》指定，由食品法典委员会制定的食品安全标准；国际兽疫局制定的动物健康标准；国际植物保护公约制定的植物健康标准；以及经 SPS 委员会认可由其他国际组织制定的标准。这一标准实际强调了 SPS 措施可以基于适度风险水平上的保护，但必须符合科学依据。

3. 可替代措施

成员方实施的 SPS 措施与其他可替代措施相比应对贸易的消极影响最小。即使成员方确立的卫生与植物卫生保护水平与 WHO 存在差异，其所采取的措施亦应最大限度降低贸易所造成的消极影响。只有当不存在其他可选择措施、其他措施无法达到必要的保护水平或不能构成对贸易最小损害的情况下，该 SPS 措施才能视为合法。反之，如果存在其他可选措施能够提供有效保护、对贸易所造成的影响更小，并符合技术和经济可行性时，则该成员所采取的 SPS 措施违反了《SPS 协定》。

4. 非歧视和透明度

各成员实施 SPS 措施时应遵循非歧视性和透明度原则的要求。《SPS 协定》规定成员方所采用的标准不得针对外国企业制定或执行与国内企业同类产品不同的歧视性标准，否则外国企业有权获得相应救济。这一规定旨在保证 SPS 措施对所有进口商品适用，最大限度避免针对某一成员的贸易歧视行为。与此同时，《SPS 协定》要求各成员方使用和检验方法透明并对所有进口商信息均等。各成员方必须在设立或调整 SPS 措施时为其他成员留出 60 日评议期，同时设立咨询点回答成员方关于新措施或已有措施的提问和质疑，这些都是透明度原则的要求。

《SPS 协定》及其在国际贸易中的适用对我国农产品和食品国际贸易有很

多启示。一方面,我国应进一步完善《中华人民共和国国境卫生检疫法》《中华人民共和国进出境动植物检疫法》及相关国境检疫的法律法规,提升法律法规的时代性、针对性及其与国际规则的接轨度,以保证我国的动植物安全和人民的生命健康;另一方面,我国亦应注重技术的改进,提高检疫措施和标准的科学性,以跨越其他 WTO 成员设置的贸易壁垒,促进我国农产品和食品国际贸易的持续发展。

四、《TBT 协定》

(一)《TBT 协定》的产生

技术性贸易壁垒(Technical Barriers to Trade,TBT),是指强制性或非强制性确定商品某些特征的技术法规或技术标准,以及旨在检验商品是否符合这些技术法规或技术标准的认证、审批和测试程序所形成的不合理的贸易障碍。[①]

随着全球消费者对安全优质产品的需求与日俱增,加之环境污染问题日益严重,使各国探索环境友好型产品的步伐越发加快。国际贸易的实践表明,以技术法规、技术标准、合格评定为基本构成要素的技术性贸易措施(以下简称 TBT 措施),以及涉及动物和动物产品、植物和植物产品、由动植物产品加工而成的食品的 SPS 措施,在国际贸易中持续产生举足轻重的影响和作用,并且随着科技进步因素在全球经济发展中重要性日益提高,这种影响与作用正呈继续扩大之势。与此同时,由于各国在安全、健康、环境保护等方面有不同的观念和标准以及不同的生活水平、科技发展水平,各国实施的技术标准和技术法规就存在不少差异。如果加上一国针对外国进口产品制定特殊的标准,或有意将技术标准或评定程序复杂化并经常变动,使其具有不可预见性,其结果是名目繁多的技术法规、标准和合格评定程序形成对国际贸易的障碍,成为技术性贸易壁垒。

为了使由关税降低所带来的利益不会被包括技术壁垒在内的非关税壁垒所抵销,GATT 的各缔约方普遍认为应当在技术条例方面制定一个“行动守

---

① 参见曹建明、贺小勇:《世界贸易组织》,法律出版社 2011 年版,第 132—133 页。

则”,以便有效抑制技术壁垒对国际贸易所产生的负效应。因此,技术性贸易壁垒成为20世纪70年代东京回合谈判的重要议题之一,经过各缔约方的长时间的反复讨论、协商和妥协之后,最终于1979年4月达成了《技术标准守则》,并于1980年1月1日生效。经过《技术标准守则》的实践表明,其实施使签署守则的各缔约方的标准化和认证体系以及市场准入日趋开放,提高了各缔约方在制定、采纳和实施技术法规、标准与合格评定程序的透明度,为维护国际贸易的正常秩序发挥了积极的作用。但由于《技术标准守则》是一个选择性的协议,只对参加的缔约方有效,在当时的GATT缔约方中,只有47个国家最终签署了技术标准守则。加之守则仅在总体上完成了原则性框架,许多关键问题未能解决,技术标准守则存在明显的缺陷。因此,实施1979年协议的经验表明,该协议还可以在一些方面作出有益的改进。①

为了弥补《技术标准守则》的不足,发挥技术法规、标准在国际贸易中的正常作用,限制其对国际贸易的消极影响,乌拉圭回合期间,在总结以往实践经验的基础上,对1980年的《技术标准守则》进行了审议,并对其进行了修改和完善后,于1994年3月15日达成了《TBT协定》,使其成为WTO货物贸易多边协议的组成部分,对全体成员有效。《TBT协定》与《技术标准守则》相比较,首先在内容上更为完整详细,虽基本原则不变,但概念清晰,内容也更便于操作。在约束力问题上,其成为WTO每个成员必须共同遵守的规则,并将违反协定的行为纳入WTO争端解决机制统一解决。同时,《TBT协定》也使各国技术标准和合格评定程序趋于开放、统一和透明。此外,《TBT协定》为发展中国家的差别待遇规定了较为具体和实质性的条款。中国作为发展中大国,一方面要进一步提高自身审时度势的能力,对国际贸易裁判的风向标保持敏锐度,科学合理地运用国际规则所赋予的权利;另一方面应在充分考虑国内外形势的基础上,进一步完善我国的标准与技术法规法律体系,厘清体系内部的各种关系,进一步提高自身产品的标准要求和技术水平。

① 参见世界贸易组织秘书处编:《乌拉圭回合协议导读》,索必成、胡盈之译,法律出版社2000年版,第106页。

(二)《TBT 协定》的主要内容

《TBT 协定》由序言和 15 个条款形成的正文及 3 个附件组成。正文包括总则,技术法规和标准,符合技术法规和标准,信息和援助,机构、磋商和争端解决,最后条款等 6 个方面的规定。3 个附件分别是:关于协议术语及其定义,技术专家组及标准的制定,采用和实施的良好行为规范。

技术法规、标准和合格评定程序是《TBT 协定》的核心内容,也是国际贸易技术壁垒的三要素。因此,《TBT 协定》在附件一对这三要素作了概念界定。技术法规是指强制性执行的有关产品特性或与产品特性有关的生产工艺和生产办法的规定。作为技术法规,应具备 3 个条件:一是适用于特定的产品;二是列出该产品的一个或一个以上的特征;三是符合产品特征是强制性的要求。技术标准与技术法规的重要区别就在于技术法规具有法律的强制执行力,而技术标准是由公认的机构核准、供共同使用和反复使用的、没有强制力的关于产品特性或相关生产工艺和生产方法的文件。该文件还可包括或专门规定适用于产品、工艺或生产方法的专门术语、符号、包装、标志或标签要求。标准由生产厂商或贸易商自愿采纳。合格评定程序是指任何用于直接或间接确定产品是否满足技术法规或标准的有关要求的程序,主要包括抽样、测试和检验程序;评估、验证和合格保证;注册、认可和核准程序以及它们的组合运用程序。合格评定程序可以分为认证、认可和相互承认 3 种形式:认证是指由授权机构出具的证明;认可指权威机构依据程序确认某一机构或个人从事特定任务或工作的能力;相互承认指认证机构或认可机构之间通过签署相互承认协定,彼此承认认证或认可结果。《TBT 协定》鼓励成员方积极考虑接受其他成员方的合格评定程序,并就此达成相互承认的协定进行谈判。《TBT 协定》第 2 条共用 12 款详细规定了成员方对技术法规的拟定、采纳和实施所应遵守的要求,也体现了协定的基本原则。①

1. 非歧视性原则

各成员应保证在技术法规层面,给予源自任何成员领土的进口产品不低于其给予本国同类产品或来自任何其他国家同类产品的待遇,这也是 WTO 框架

---

① 参见曹建明、贺小勇:《世界贸易组织》,法律出版社 2011 年版,第 132—133 页。

内国民待遇原则和最惠国待遇原则两项基本原则在技术法规方面的体现。

2. 避免对贸易造成不必要障碍的原则

各成员在制定和实施技术法规时，不应对国际贸易造成不必要的限制，即贸易影响最小原则。为此，成员方制定和采用技术法规应有合法目标，如国家安全需要、防止欺诈行为、保护人类健康或安全、保护动植物生命健康或保护环境等合法目的，而且其所采取的技术措施对贸易的限制不应超过为实现合法目标所必需的限度。

3. 与国际标准协调一致原则

当存在国际标准或国际标准即将完成时，各成员应使用这些国际标准或其相关部分作为其技术法规的基础。采纳国际标准并不要求国内标准与国际标准完全相同，欧共体沙丁鱼案上诉机构指出，采纳国际标准要考虑国内标准与国际标准是否有冲突。如国际标准对成员方实现上述合法目标无效或不适当，成员方可采取国内标准。在此类争端中，申诉方负责举证国际标准对实现被诉方合法目标是有效和适当的。

4. 技术法规等效性原则

只要成员确信其他成员的技术法规足以实现与自己的法规相同的目标，即使这些法规不同于自己的法规，各成员也应积极考虑将其他成员的技术法规作为等效法规予以接受。

5. 透明度原则

如果不存在相关国际标准或制定的技术法规的技术内容与相关国际标准不一致，并且该技术法规对其他成员的国际贸易可能产生重要影响，成员方应确保提前公布技术法规，对技术法规的目的和理由作出简要说明，并向所有成员提供合理的评议机会。①

五、《贸易便利化协定》

早在第一次世界大战后成立的国际联盟就在其1923年的议程中提出过贸

---

① 参见《国际经济法学》编写组：《国际经济法学》（第2版），高等教育出版社2019年版，第152页。

易便利化的问题，但其目的只是协调有限的几个国家的贸易管理程序，在国际上未形成很大的影响力。第二次世界大战后，随着主要贸易国将其贸易政策由贸易保护主义逐步转型为贸易自由主义，贸易便利化在国际社会的呼声有所增强，但与当时存在的高关税及检验检疫、进出口许可、数量限制等非关税壁垒相比，边境程序对国际贸易的负面影响并不显著。GATT 从 1947 年到 1994 年进行的八轮多边贸易谈判，主要焦点始终是关税减让和其他非关税壁垒的削减。在乌拉圭回合谈判完成后，关税水平进一步降低，非关税壁垒大幅减少。与此同时，经济全球化与贸易自由化浪潮迅速兴起，货物跨境手续的复杂和单证的繁多越来越作为一种隐形的市场准入壁垒受到国际组织、各国政府和商界的关注，贸易便利化逐步发展成为国际贸易的焦点之一。但是，在多边贸易规则体系中，有关贸易便利化的海关通关制度仍然依据的是 GATT 几个原则性条款规定，以及原产地规则、海关估价、检验检疫、许可证等协议，内容较为抽象，缺乏可操作性，而且这些条款的分布也较为分散，缺少协调和统一。因此，以海关通关制度为核心，建立和完善贸易便利化领域的多边贸易规则，成为 WTO 的首要任务。

（一）《贸易便利化协定》的产生

WTO 自 1995 年成立以来，为促进贸易便利化多边协定的达成进行了不懈的努力。1996 年 12 月在新加坡召开的 WTO 首届部长级会议上列出了新一轮谈判的预备议题，包括投资、竞争政策、政府采购透明度和贸易便利化，统称为"新加坡议题"。1997 年 1 月，货物贸易理事会将贸易便利化问题列入工作日程，就简化和协调贸易程序的问题进行分析和研究，主要聚焦于贸易商在过境中存在的主要障碍并寻找解决这些问题的方法和途径。2002 年，货物贸易理事会根据《多哈部长宣言》的授权共召开了 4 次会议继续从事该议题的分析和解释工作，工作的重点主要放在以下 3 个方面：(1)澄清和改进 GATT 的第 5、8、10 条；(2)确定发展中成员和最不发达成员贸易便利化的优先权；(3)技术援助和能力建设。2003 年在坎昆召开的 WTO 第五届部长级会议上，各方就多数问题无法达成一致，致使会议未能取得预期成果，新加坡议题最后只保留了贸易便利化作为唯一议题纳入多哈发展回合。在经过十余年的多哈谈判后，WTO

终于在贸易便利化上取得了成果。[①] 2013 年 12 月，WTO 巴厘部长级会议上通过了《贸易便利化协定》。2014 年 11 月底，WTO 通过有关议定书，交由各成员履行国内核准程序。经国务院批准，我国于 2015 年 9 月 4 日向 WTO 提交批准书。2017 年 2 月 22 日，随着卢旺达、阿曼、乍得以及约旦 4 个成员向 WTO 提交批准书，已有 112 个成员接受该协定，超过了《WTO 协定》规定的 2/3 成员接受的生效条件，协定正式生效。

(二)《贸易便利化协定》的框架结构

《贸易便利化协定》共分为三大部分，24 个条款。第一部分(第 1—12 条)规定了各成员在贸易便利化方面的实质性义务，涉及信息公布、预裁定、货物放行与结关、海关合作等内容，共 40 项贸易便利化措施。第二部分(第 13—22 条)规定了发展中成员和最不发达成员在实施《贸易便利化协定》第一部分条款方面可享受的特殊和差别待遇，主要体现在实施期和能力建设两个方面。根据协定，发展中成员和最不发达成员可在第一部分条款中自行确定在《贸易便利化协定》生效后立即实施的条款(A 类措施)、经过一定过渡期实施的条款(B 类措施)和经过一定过渡期并通过能力建设获得实施能力后实施的条款(C 类措施)，并向 WTO 通报。第三部分(第 23—24 条)涉及机构安排和最后条款，规定成立 WTO 贸易便利化委员会，各成员应成立国家贸易便利化委员会或指定一现有机制以促进《贸易便利化协定》的国内协调和实施，以及《贸易便利化协定》适用争端解决机制。[②]

(三)《贸易便利化协定》的主要内容

《贸易便利化协定》所达成的条款对 GATT 1994 的第 5 条、第 8 条和第 10 条的诠释和改善值得称赞，其内容不乏亮点，更能体现进出口商或政府对贸易便利化的需求。

1. 提升贸易规范透明度

一是通过设置“咨询点”回答政府、贸易商和其他相关利益方提出的合理咨

---

① 参见黄志瑾:《WTO〈贸易便利化协定〉评述——多哈回合的突破?》，载《上海对外经贸大学学报》2014 年第 5 期。

② 参见《商务部世贸司负责人解读〈贸易便利化协定〉条款》，载中国政府网，http://www.gov.cn/xinwen/2017-03/09/content_5175592.htm#1。

询,并以非歧视和易获取的方式迅速公布进出口程序及表格和单证、关税和税率、进出口规费和费用、归类或估价规定、原产地规则有关的法律法规及行政裁决等信息,通过互联网公布进出口程序的说明、进出口所需的表格和单证,有利于提升政策的透明度。协定明确 WTO 所有成员应在国家层面至少设立或维持一个咨询点,但与《SPS 协定》和《TBT 协定》下必须设立咨询点不同,《贸易便利化协定》采用了"在其可获资源内"的限定表述,即实施的程度根据该成员可获得的财政、技术、人员等资源来确定,而且应当将公布信息的官方地点、官方网站链接地址以及咨询点联络信息通知 WTO 贸易便利化委员会。

二是新制定或修订的贸易规范应在可行的范围内提前公布并向贸易商及其他利益攸关方提供进行评论和发表意见的机会(关税税率变更及提前公布会影响实施效力的措施除外),海关、海事、边检等边境机构应与贸易商定期磋商,从而提高政策决策的公信力、参与度,增强贸易规则的可预见性。协定第 6 条规定,任何新的或变更的进出口规费及费用的信息也应提前公布。对此,《SPS 协定》和《TBT 协定》也有相应规定,按照 SPS 和 TBT 委员会的建议,应至少给予 60 个自然日的合理时间以便相关方对法律法规进行评论,并要求 SPS 措施和 TBT 措施在公布和生效之间要有至少 6 个月的时间间隔。

三是应在货物进口前就税则归类及原产地事项作出预裁定,鼓励成员就完税价格、关税减免要求的适用、配额适用等作出预裁定。预裁定制度通过将通关审核关口"前推",在货物进口前,海关就可通过企业预先提交的材料,对货物的归类和原产地等事项作出初步评估,在企业实际到货后,海关只需进行简单核对即可。预裁定不仅能提高影响货物贸易的海关规则的透明度,还可以减少交易延误、摩擦和纠纷及可能的贸易诉讼。除了对成员预裁定事项作出规定外,协定第 3 条还规定了预裁定的程序性事项,如预裁定的申请、拒绝、撤销、修改和废止以及信息公开和范围等。①

四是加强对成员发布加严进口食品安全检查通知的纪律,海关或其他主管机关扣留货物时应立即通知承运商或进口商,如首次检验不合格应给予进口商二次检验机会等。各成员针对进口食品、农产品普遍采取严格而烦琐的检验检

---

① Deborah Elms, *After Bali: What Happens Next with Asian Trade Facilitation*, Asian Journal of WTO & International Health Law and Policy, Vol. 9:2, p. 430 – 444(2014).

疫程序，且检验项目多，检验频率高，大大增加通关时间及检验、仓储等通关成本，削弱了进口农产品及食品的竞争力。协定通过加强有关方面的纪律，如要求进口国加强检查需以风险评估为依据，仅适用于特定入境地点，且在情形变化或风险不复存在后应以采用对贸易具有较小限制作用的方式或迅速终止等。在首次检验不合格的情况下，经申请，贸易商可获得二次检验的机会，对于贸易商维护自身合法权益具有实质意义。[①]

2. 优化海关通关服务

GATT 1994 第 8 条对货物清关环节并未加以任何规定，但建立统一、标准化的货物清关和放行程序对于提高货物流通速度，减少贸易成本具有重要意义。《贸易便利化协定》第 7 条“货物的放行和清关”从预清关、担保放行、风险管理、后续稽查、电子化和信息化、经认证的经营者、确定和公布平均放行时间、快运货物和易腐货物的放行等角度对成员货物的放行和结关作出了统一要求。[②] 协定规定成员最大限度地简化与进出口和运输相关的手续条款以保证货物的迅速通关，如货物抵达前预先提交电子化文件、允许在提供担保的前提下放行货物、加速对低风险货物的放行、对经认证的经营者降低单证要求和查验比例、给予特定快运货物和易腐货物（主要为鲜活农产品）通关便利等，这些都是海关优化通关服务的重要体现，有助于降低贸易商的时间成本与贸易成本，并确保对贸易造成的限制作用最小化。对海关等口岸管理部门而言，通过实施风险管理和后续稽查，实现将监管环节“前推后移”，有助于提高实际监管效率。

在进出口手续方面，协定明确减少和简化进出口手续和单证要求、接受进出口证明单证副本、鼓励成员在制定进出口手续和单证时以国际标准为依据、努力设立“单一窗口”、取消与税则归类和估价有关的装运前检验、不得强制要求适用海关代理等。繁杂的通关文件要求必然导致通关时间的延长和企业贸易成本的增加，简化进出口手续和单证要求，有助于减少货物的滞留时间，降低交易成本，增加商业机会。“单一窗口”的建立，将有效提高口岸监管部门之间的协作程度，也将极大便利企业，减少通关时间。

---

① 参见《商务部世贸司负责人解读〈贸易便利化协定〉条款》，载中国政府网，http://www.gov.cn/xinwen/2017-03/09/content_5175592.htm#1。

② 参见余丽：《〈贸易便利化协定〉在我国的实施研究》，载《国际经济法学刊》2015 年第 3 期。

《贸易便利化协定》第 11 条对过境自由作出规定。由于过境运输事关过境国的国家主权和安全关切,GATT 和《贸易便利化协定》都没有也无法完全禁止限制过境自由的国内措施。因此,成员方有权制定并实施限制过境自由的法律规范,但这种规则制定的自主权本身应受到一定限制,即相关法律规范应当最大限度地尊重过境自由原则,在没有更好替代措施时有限施行。[①] 协定明确成员过境运输规则或程序不得构成变相限制,不得寻求任何自愿限制,过境费用应与所提供服务的成本相当,手续和单证要求不得超过必要限度,不得对过境货物适用技术法规和合格评定程序等。因此,相关规范和手续不能以限制过境运输为唯一目标或主要目标,也不能歧视性地限制过境运输。如果引起采纳规范或手续的情形或目标不复存在,或者变化后的情形或目标可以通过合理存在的较少贸易限制的方式加以解决,成员方实施过境运输相关规范和措施不得维持。这也能提醒和督促 WTO 成员方在设定过境有关的规则措施时,预先主动审查规则的合法性和正当性,以防违背国际规则义务。

3. 深化海关国际合作

《贸易便利化协定》第 12 条规定了海关合作的内容,体现了海关合作在国家贸易便利化改革进程中举足轻重的意义。本条的核心内容在于,每个成员方海关,应其他国家和地区海关请求且满足相应条件的情况下,有义务就特定的进口或出口货物提供相应信息或单证。信息交换的内容包括进口或出口申报中所列具体信息,如商业发票、装箱单、原产地证书以及提单。申请方需遵守被申请方关于信息保护和商业秘密保护等要求,被申请方有权出于公共利益或国内法律要求而拒绝提供信息。通过海关之间加强合作、相互提供货物信息,协助进口方海关核实货物申报信息的真实性,有助于解决进出口国家和地区货物信息的不对称问题,打击伪报、瞒报、偷漏海关税款等违法行为,促进合法企业的货物便利通关。在《贸易便利化协定》生效之前,各成员间开展海关行政互助合作、相互提供信息主要是依据双边或区域的行政互助协定等进行的,这些协定是开展合作的法律依据和基础。协定生效以后,成员除可以继续与其他成员签订行政互助协定具体明确交换或共享信息的范围、方式等,另外,没有签订双

---

① 参见海关总署国际合作司:《WTO〈贸易便利化协定〉解读》,中国海关出版社 2017 年版,第 182 页。

边或区域行政互助协定的成员也可以直接依据协定提出信息交换请求，故请求数量必然骤增，这将为各成员带来更大挑战。与此同时，为夯实海关合作的具体成效，各国还必须强化信息交换方面的法律规定，进行个人信息保护、商业秘密、数据安全等方面的专项立法，努力通过实施海关合作条款，实现互利共赢。

Chapter 4 第四章

经济一体化下的区域海关法

经济一体化较为公认的定义由美国经济学家贝拉·巴拉萨提出。巴拉萨在其《经济一体化理论》一书中指出,经济一体化既被定义为一个过程,又被定义为事物的一种状态。作为一个过程,它包含旨在消除不同国家经济单位之间的歧视;作为事物的一种状态,它表示各国民经济之间不存在各种形式的歧视。区域经济一体化是指地理上邻近的两个或两个以上的国家(地区)政府通过签订条约或协议,甚至让渡部分主权,制定统一对内对外经济政策、财政与金融政策等,消除阻碍国家(地区)之间进行经济贸易发展的障碍,实现区域内互利互惠、协调发展和资源优化配置,最终形成一个政治经济高度协调统一的有机体的过程。[①]

区域经济一体化和经济全球化是当今世界经济发展中的两大潮流,两者相辅相成,具体表现为:其一,经济全球化所创造的商品、资本和人口的频繁跨国流动为推进区域经济合作和区域经济一体化提供了客观条件。其二,区域经济合作对区域外的排他性,在一定程度上阻碍经济全球化发展的同时,却有利于区域内部的贸易自由化和经济快速发展,有助于区域内国家(地区)共同应对区域外部挑战,寻求区域共同利益,解决区域共同问题,增

---

① 参见陈漓高、郑昭阳、齐俊妍等:《全球化条件下的区域经济一体化》,中国财政经济出版社2006年版,第51页。

强了经济全球化进程中的抵御风险能力。其三,区域经济一体化能够促进全球化的发展。随着一个区域集团规模的扩大,区域内部的自由化会向更大的世界范围内扩展。① 区域经济一体化包括功能性一体化和制度性一体化两个方面。功能性一体化是指成员之间经济活动中的各种人为限制和障碍逐步被消除,各国(地区)市场融合为一体;制度性一体化,是指成员之间签订协议,逐步统一经济政策和措施,甚至建立超国家(地区)的组织机构来制定和实施统一的经济政策和措施。

当前,全球多边贸易谈判正因参与谈判的成员数日益增多、利益分歧难以弥合而屡陷困境、步履维艰,而与之形成鲜明对比的是区域经济一体化正如火如荼、方兴未艾。随着区域经济一体化在全球范围内的迅速蔓延,区域性海关法律制度也应运而生并渐成体系。

第一节　区域国际经济组织中的海关合作机制

相较于全球性国际组织而言,区域性国际组织是一种有限的或较小型的国际组织。其主要特征是:第一,成员疆域相邻,具有明显的地理性质;第二,成员之间往往在民族、历史、语言、文化或精神上具有密切联系,培育了某种共同意识,或者在现实国际生活中具有共同关心的经济、政治等问题,形成了某种相互依赖的关系。② 加入区域性国际组织能够为成员带来巨大的经济利益,包括促进区域内贸易增长和国际分工深化,加强区域内技术合作,优化区域产业结构,改善成员在世界贸易中的地位,增强整体竞争实力等。通过在区域组织框架内建立相应合作机制,各成员通过海关合作,发挥自己的比较优势,在共同目标之下推进供应链安全与便利。

① 参见国务院发展研究中心课题组:《百年大变局——国际经济格局新变化》(上),中国发展出版社 2018 年版,第 321 页。

② 参见梁西:《国际组织法》,武汉大学出版社 1993 年版,第 212—213 页。

一、亚太经济合作组织

(一)亚太经济合作组织的宗旨

亚太经济合作组织是亚太地区最具影响力的经济合作官方论坛,成立于1989年,其宗旨是保持经济的增长和发展,促进成员间经济的相互依存,加强开放的多边贸易体制,减少区域贸易和投资壁垒,维护本地区人民的共同利益。早在1996年的大阪会议上,APEC就将贸易便利化置于与自由化并重的地位,并将其视为消除贸易障碍、促进国际贸易发展不可或缺的手段。2001年,APEC贸易部长会议通过了"APEC贸易便利化原则",该原则中确定的全面性、一致性、可比性、非歧视性、透明性、稳定性、进程与时间表、灵活性、合作、相关性、进步性和有效性等,以及相关的说明性范例已经成为规范和指导成员具体行动的基本框架。①

(二)APEC海关手续分委会的主要任务与措施

目前,各成员海关参与APEC合作的平台主要是APEC海关手续分委会(Sub-Committee on Customs Procedures, SCCP)。该机制于1994年成立,是APEC成员专门讨论简化和协调海关手续、促进贸易便利化的机构,向贸易和投资委员会(CTI)负责。根据APEC《贸易与投资框架协议》确定的原则,SCCP的主要任务是贯彻落实APEC领导人关于海关工作的指示,努力发现和寻找合作项目以加快本地区成员海关手续的简化和协调化,提高海关与贸易有关的执法效率,加强海关与工商界的合作,促进海关人力资源开发,并就相关问题向APEC高官会下属的贸易和投资委员会报告。为实现1994年APEC领导人提出的"APEC发达成员于2010年前、发展中成员于2020年前实现贸易与投资自由化"的目标[茂物目标(Bogor Goals)]②,SCCP制定了18项集体行动计划,以争取所有APEC成员海关在2020年年底前完成实施。2009年APEC领导人会

① 参见刘重力等:《APEC贸易便利化问题研究》,南开大学出版社2012年版,第2—3页。

② 茂物目标(Bogor Goals)是发达成员在2010年前、发展中成员在2020年前实现贸易和投资的自由化。这个概念是1994年在印度尼西亚西爪哇名城茂物(Bogor)召开的亚太经合组织峰会上提出的。

议及部长会议通过了《APEC 供应链联接框架》,目的是实现本地区更加快捷、低成本和简便的货物跨境流动。为此,SCCP 制订了相应的工作计划,除了稳步实施现有的 18 项集体行动计划以外,①还开展了相关能力建设项目。

2014 年 11 月,APEC 第 22 次领导人非正式会议达成了亚太自贸区、全球价值链、互联互通、经济技术合作等一系列重要成果倡议,批准《APEC 海关监管互认、执法互助、信息互换战略框架》(以下简称《APEC 战略框架》)。《APEC 战略框架》是 APEC 历史上首个海关合作文件,建议各成员在"三互"理念的基础上,采取切实措施,推动海关合作,促进海关的现代化建设和机制连接的互联互通,最终实现亚太全方位的无缝连接和一体化。其重点工作包括以下四项:一是促进互联互通,推进贸易便利化。各成员在继续提供能力建设和技术支持的基础上,推动尽快建立和完善各自的"单一窗口"机制,并最终实现各经济体之间的"单一窗口"机制的互联互通。制定、落实"APEC 海关过境指南",应对 APEC 成员在对于经第三方领土过境货物给予优惠待遇等问题上的分歧,并建立过境货物原产地认证的统一安排,为货物过境营造一个便利的通关环境,为国际贸易商制定更加明确的过境规则,确保供应链的效率与安全。二是提升执法能力,规范贸易秩序。加强各成员之间的技术合作和经验分享,进一步提高知识产权边境保护的执法能力。三是密切商界合作,强化贸易安全。持续推动针对包括中小企业在内的 AEO 的最低标准的制定。同时,促进 APEC 成员之间的 AEO 互认,制定 AEO 互认清单。在跨境电子商务方面,提高 APEC 海关界关于电子商务的风险防控意识,促进与私营部门之间的合作,建立跨境电子商务安全、高效的良好秩序,推动亚太地区经贸发展。四是运用技术手段,提高监管效能。鼓励已经开展陆路边境海关协调与合作项目的海关进行经验分享。在亚太地区,探索在陆路相邻的海关之间实施载货清单电子数据交换。

---

① SCCP18 项集体行动计划涉及三个阶段。第一阶段行动计划包括采用《京都公约》原则,协调和简化海关手续;统一 APEC 数据元;货物放行时间研究;实施以 WCO《SAFE 标准框架》为基础的 APEC 贸易安全框架;建立 AEO 项目并推进 AEO 互认;构建"单一窗口"系统并开展国际对接。第二阶段行动计划包括协调商品编码制度;推进无纸贸易;完善风险管理技术。第三阶段行动计划包括信息公开;采用 TRIPs 原则;引入明确的申诉条款;采纳预归类制度;提供暂准进口;发布快件通关指南;提升海关与商界伙伴关系;推进廉政建设。

APEC 海关为促进亚太地区海关程序的简化和协调所做的努力,极大地推动了亚太地区贸易成本的降低和 APEC 经济体之间供应链绩效的提高。随着 WTO《贸易便利化协定》的达成,海关程序的改革会对 2020 年前实现 APEC 茂物目标产生积极的重要作用,并为促进区域经济一体化和贸易便利化注入新的活力。

二、上海合作组织

上海合作组织(以下简称上合组织)是中国、俄罗斯、哈萨克斯坦、吉尔吉斯斯坦、塔吉克斯坦和乌兹别克斯坦六国于 2001 年 6 月 15 日在上海宣布成立的永久性政府间国际组织,包括国家元首会议、政府首脑(总理)会议、外长会议、各部门领导人会议、国家协调员理事会。上合组织经贸部长会议机制下设立七个工作组,包括电子商务、海关合作、检验检疫和标准一致化、投资促进、过境潜力、电信、能源。上合组织海关工作组积极按照《上海合作组织框架下成员国多边经贸合作纲要实施计划》有关内容开展合作,签订并推进落实《上合组织成员国政府海关合作与互助协定》《上合组织成员国海关能源监管信息交换议定书》《上合组织成员国关于海关培训和提高海关关员专业技能合作议定书》等文本,加强风险管理、打击海关领域走私和违法行为、知识产权保护等广泛领域的务实合作。①

上合组织成员通过签订双边海关协定,希望通过海关事务合作增强彼此的信息交流和共同防止、调查、惩处海关违法行为。中国和哈萨克斯坦早在 1997 年就签署了《中华人民共和国政府和哈萨克斯坦共和国政府海关合作与互助协定》,2000 年又签署了相互承认海关单证封志和统计方法及信息合作的议定书。乌鲁木齐海关与哈萨克斯坦海关开展了进出口商品和人员监管及手续办理、统计数据交换、互换海关单证和标识、中哈原油管道监管、中哈霍尔果斯国际合作中心等双边合作。得益于海关合作机制,霍尔果斯海关实行每天 12 小时通关工作制。此外,2008 年中国海关与哈萨克斯坦海关在新疆的都拉塔口岸启动了

① 参见王海燕:《中国与中亚国家参与周边区域经济合作机制比较研究》,载《新疆师范大学学报(哲学社会科学版)》2010 年第 2 期。

联合监管作业试点,双方海关启用统一的载货清单,提高了通关效率。中国和吉尔吉斯斯坦和乌兹别克斯坦也分别签订了关于海关事务的互助协定,通过边境海关情报信息交流、对外贸易统计数据交换和定期会晤机制等举措,促进和便利旅客及货物的往来。①

(一)海关合作机构设置与职能

上合组织自2001年6月成立以来,在加强成员国之间的互相信任与睦邻友好,推动成员国在政治、经济、科技、文化、能源、交通等领域的有效合作,维护和保障地区和平、安全与稳定等方面作出了突出贡献,日益发展成为欧亚地区最具影响力的建设性机制之一。经过各成员国的共同努力,制定并发布了《上海合作组织成员国政府间关于开展区域经济合作的基本目标和方向及启动贸易和投资便利化进程的备忘录》《上海合作组织成员国多边经贸合作纲要》《〈上海合作组织成员国多边经贸合作纲要〉落实措施计划》等一系列有关经济合作的法律文件,明确了区域经济合作的目标、任务和措施。

上合组织成员国,特别是中亚成员国的海关基础设施相对较为落后,海关立法也与发达国家存在一定差距,故应进一步深化双边或多边海关合作,通过制定贸易便利化措施和海关互惠政策,简化海关手续和提高通关效率,保障区域内贸易安全,加快经济迅速发展。为进一步提升区域内经济合作层次,确保区域内政治安全,2002年5月成立的成员国经贸部长会议机制不断完善、运行良好,成立了海关、质检、电子商务、投资促进、发展过境潜力、能源、信息和电信七个重点合作领域专业工作组,每个工作组由一个国家牵头负责,海关工作组由俄罗斯负责,这也是上合组织唯一开展海关合作的执行机构。

上合组织海关合作工作组隶属于高官委员会,全面负责区域内的海关事务。工作组每年定期开会,由各成员政府相关主管部门的官员参加,具体的人员组成、工作目的、任务和工作范围由部长会议决定。海关工作组的设立和裁撤由部长会议根据高官委员会的提议决定。海关专业工作组致力于解决海关合作、跨境运输等问题,对海关领域合作现状进行综合性分析,找出制约合作的

---

① 参见徐雅雯:《上海合作组织贸易投资便利化问题研究》,山东大学出版社2015年版,第77—79页。

因素并提出解决的措施建议,同时将所有成果文件、草案,包括协议草案、分析结果、具体项目实施的合作建议等提交高官委员会审议。工作组还通过完善区域一体化的基础设施,实现商品、资本、技术和服务的自由流通,为达成经贸和投资便利化创造条件。

(二)海关合作机制建设现状

随着上合组织合作范围的不断扩大,区域内海关合作也成为成员国合作的重要领域。上合组织的海关合作旨在推进海关互助、促进贸易便利化、简化海关手续、提高通关效率、增强区域内海关信息交流和知识产权保护等,还包括保障各成员国的经济和社会安全,打击跨国贩卖军火、贩毒、走私等非传统安全领域的海关合作。目前,上合组织成员国的海关合作已经初见成效,各成员国间签订了一系列双边和多边协定。

2001 年 9 月 14 日在哈萨克斯坦阿拉木图召开的上合组织政府首脑首次会晤上,六国总理签署了《上海合作组织成员国政府间关于开展区域经济合作的基本目标和方向及启动贸易和投资便利化进程的备忘录》,六国正式开展经济合作的进程。以促进贸易和投资便利化、开展经济技术合作为核心,各成员国陆续制定各项具体政策和措施。2002 年 5 月 28 日,在上合组织成员国经贸部长首次会议上,与会各国代表签署了《上海合作组织成员国政府关于开展区域经济合作的基本目标和方向及启动贸易和投资便利化进程的备忘录的议定书》,正式启动了贸易和投资便利化进程。此后,上合组织成员国制定了《上海合作组织成员国多边经贸合作纲要》(2003 年)、《〈上海合作组织成员国多边经贸合作纲要〉落实措施计划》(2004 年)、《上海合作组织成员国政府海关合作和互助协定》(2007 年)等促进多边和区域经济合作、海关合作的法律文件。《上海合作组织成员国政府海关合作与互助协定》明确了成员国海关合作的具体领域和方向,确立了合作互助的指导性原则,为统一通关、简化行政和运输手续、相互承认海关单证创造了条件。

自 2004 年中国海关参加上合组织以来,积极参与海关工作组会议,签订了《上海合作组织成员国政府海关合作与互助协定》《上海合作组织成员国海关对能源监管信息交换议定书》《上海合作组织成员国海关培训和提高海关关员专业技能合作议定书》《上海合作组织成员国海关知识产权保护合作备忘录》等一系列合作文本,积极探索在风险管理、执法合作、商品价格信息交换等领域的交流与合作,努力推进区域贸易便利化合作。为便利双边人员和货物往来,简化双边海关手续,增进彼此之间的信息交流,以及共同防止、调查和惩处海关违法行为,中国和上合组织其他成员国相互签署了双边海关协定,如《中华人民共和国政府和俄罗斯联邦政府海关合作与互助协定》(1994 年)、《中华人民共和国政府和哈萨克斯坦共和国政府海关合作与互助协定》(1997 年)、《中华人民共和国政府与乌兹别克斯坦共和国政府关于海关事务的互助协定》(2005 年)等。

近年来,上合组织一直在努力推进贸易一体化、投资便利化。上合组织成员国元首于 2006 年 6 月 15 日在上海举行峰会期间,一致同意推动区域网络型基础设施建设,形成连接本地区各国的油气、电力、交通和电信网络,并将能源、信息技术和交通领域确定为上合组织的优先合作方向。[①] 在能源领域,《上海合作组织成员国元首叶卡捷琳堡宣言》(2009 年)强调指出能源对于经济发展和提高人民生活质量的重要意义。因此,在上合组织框架内各成员国旨在建立"共同的能源市场",而形成"统一的经济空间"是其必要前提。在交通领域,成员国政府致力于消除道路运输中的人为因素及由行政程序造成的非物理障碍。2014 年 9 月,《上海合作组织成员国政府间国际道路运输便利化协定》主协定已协商完毕,中—吉—乌公路、塔—乌公路等项目稳步推进,前述项目的实施以及完善国际交通运输走廊、对铁路和公路进行现代化改造,将强化本地区作为洲际桥梁的潜力,并为发展欧洲与亚洲之间的经济联系提供新的动力。

(三)区域合作框架内促进贸易便利化的措施

上合组织在经济区域内应尽量克服在交通、资源等方面的不足,优化资源配置和经济结构,加快经济一体化进程。通过构建海关合作新机制、促进区域经济一体化、推进欧亚大陆桥建设及沿边地区口岸开放,进一步拓展市场,形成规模效应。

1. 构建上合组织海关合作新机制

由于上合组织成员国之间在政治制度、经济基础、法律机制等方面存在较

---

① 刘华芹:《新时期进一步推进上海合作组织区域经济合作的思考与建议》,载《国际贸易》2011 年第 5 期。

大差异,在海关的机构设置、职能范围、政策法规层面也有诸多不同,因此各国海关合作的利益诉求不尽相同,这就使得海关合作面临艰巨性和挑战性,因此,各国必须以务实的态度积极构建海关合作新机制。

上合组织成员国虽然对推进贸易便利化的目标达成共识,但并未形成统一的发展规划,海关合作多是非制度层面的,缺乏区域海关合作的制度框架。上合组织的海关合作虽然确立了合作的指导性原则,但对海关具体合作方式的规定十分概括,不具有可操作性。在缺乏具体的制度安排及实践规则的情况下,各国都是按照自身海关的内在逻辑的实际需要来展开业务的,而不是从整个区域发展的要求出发的,这样将不利于更深层次的海关合作。因此,上合组织应立足于集体利益,使各成员国切实体会到合作的互利,以内生的渐进动态方式建立有效的区域海关合作机制。具体而言,应重点关注贸易便利化、缉私和反恐三个方面的海关合作。贸易便利化主要服务于区域的经济合作,而缉私和反恐的合作在于追求区域安全,确保成员国政治稳定。

海关是国际贸易进出口过程中的关键环节,海关的便利化程度对成员国经贸的发展将产生重要影响。随着电子商务的发展,运输与通信方式的不断改善以及关税、非关税壁垒的大幅度消除,以通关制度改革为核心的贸易便利化日益成为WTO各成员的强烈诉求。WTO将贸易便利化定义为“对国际贸易程序的简化和协调”。因此,中国海关应积极与国际海关通行规则接轨,借鉴世界各地海关的先进经验提高管理水平,大力推进包括海关组织与程序、检验检疫程序与标准、原产地规则、信息沟通与交流、电子商务、商务人员流动、配额和许可证等领域的贸易投资便利化进程。与此同时,中国海关也应致力于为中国的进出口贸易创造一个良好的通关环境。此外,应将缉私和反恐作为海关的重要职能。中亚地区存在的毒品和武器走私问题也对本地区的安全与稳定构成了严重的挑战。号称“金新月”的阿富汗及其附近地区是世界四大毒品产地之一。阿富汗毒品外销有个遍布中亚的网络:西由阿富汗经塔吉克斯坦、乌兹别克斯坦、吉尔吉斯斯坦、哈萨克斯坦,途经东欧而达西欧;东线经由中亚国家传入中国新疆。中亚国家运送毒品的同时,也逐渐变成毒品消费国,毒品渗透到社会生活各个领域,会引起社会犯罪率的上升,对国家安全造成重大威胁。毒品交易还在政府、军队、海关、金融等多种机构培育着腐败。而且,中亚地区还是向阿富汗等地输送武器的重要渠道,大量走私武器的现象屡禁不止,成为各成员国的安全隐患，也威胁着上合组织成员国的稳定。面对这一严峻形势，将缉私和反恐作为海关合作的优先领域势在必行。[①]

2. 促进区域经济一体化

贸易便利化的核心在于降低区域内的非关税壁垒，另外，中国也必须加强与其他成员国的海关合作，进一步降低与其他国家的关税壁垒。上合组织中的俄罗斯、哈萨克斯坦、吉尔吉斯斯坦、塔吉克斯坦同属于欧亚经济联盟成员，它们之间建立了关税同盟，对大部分商品对外统一了或即将统一关税，彼此之间实行贸易零关税。因此，中国必须借助上合组织的区域合作，减少中国与其他国家的关税壁垒。从世界范围的实践来看，建立自由贸易区已经成为趋势。为促进各成员国经济的共同发展，在推进贸易便利化的同时，应尽快落实投资保护及经济技术合作方面的双边和多边协定，在 2012 年与 2015 年俄罗斯和哈萨克斯坦分别加入 WTO 之后，应适时地启动上合组织自由贸易协定的谈判。与此同时，在俄罗斯、哈萨克斯坦加入 WTO 以后，根据多边贸易规则及各成员国需求应对《上海合作组织成员国多边经贸合作纲要》适时进行修订，在 WTO 框架内推进区域经济合作，最终有助于自由贸易区的建立。

建立自由贸易区将使上合组织区域经济合作提升到一个更高的水平。区域内投资增加，贸易规模扩大，必将为各成员国创造更多的就业机会，从而带动各成员国经济的发展，由此也将促进区域整体经济水平的提高，并提升本地区在国际政治和世界经济中的地位。

3. 推进欧亚大陆桥建设及沿边地区口岸开放

上合组织的海关合作加速了区域一体化的进程。以“一带一路”倡议为契机，拓展欧亚大陆桥，重塑“丝绸之路”，使中亚成为连接欧洲和亚洲的枢纽。对此，中国必须将合作重点集中在跨国基础设施建设上，充分保障欧亚大陆桥的畅通运行，并利用其交通优势，提高中国货物过境能力，降低中国货物进入欧洲的运输成本。结合新疆实现跨越式发展的需要，尽快搭建由新疆通往周边国家的公路、铁路及航空运输网络。根据中俄两国政府签署的《中华人民共和国东北地区与俄罗斯联邦远东及东西伯利亚地区合作规划纲要（2009—2018 年）》

---

① 参见杨丽、马彩英主编：《转型时期的中亚五国（1990—2001）》，甘肃人民出版社 2003 年版，第 172 页。

建立中国东北地区与俄罗斯远东及东西伯利亚地区互联互通、国际运输大通道,完善或新建跨国铁路、公路、水运及航空基础设施。在此基础上建立跨国物流中心,并进一步拓展电力、通信领域以及工程承包与劳务合作,开展有利于改善当地民生的合作项目,从而更有效地整合、配置中国的现有资源并积极参与国际分工和国际经济一体化。

中国还应大力提升沿边地区开放水平,提升边境经济合作区的层级,推动次区域合作发展。新疆和东北地区是中国参与上合组织区域经济合作的前沿与依托,应进一步加强沿边开放的政策扶持力度,大力调动地方政府和企业参与区域经济合作的积极性。完善口岸基础设施建设,根据需要增设新口岸,同时,赋予边境贸易更多的优惠政策,以此促进互市贸易区的发展,扩大互市规模等。

三、中亚区域经济合作

中亚区域经济合作(Central Asia Regional Economic Coorperation,CAREC)始于 1996 年,成员国包括中国、阿富汗、阿塞拜疆、哈萨克斯坦、乌兹别克斯坦、吉尔吉斯斯坦、塔吉克斯坦、蒙古国、土库曼斯坦、巴基斯坦 10 个国家。亚洲开发银行作为该组织秘书处,推动建立了成员国财政部长会议机制(中亚财长会议),中亚区域经济合作宗旨是通过加强相关国家之间的联系,推动区域各国经济发展。2002 年 3 月,在菲律宾马尼拉召开的中亚财长会议决定将发展海关现代化和开展海关间的相互合作作为中亚区域贸易便利化的优先领域,同时批准成立海关合作委员会机制。①

我国海关自 2002 年参与 CAREC 项下海关合作,该合作主要包括以下七个领域:简化与协调海关单证和手续;发展边境口岸监管点和设施;简化转运制度;发展数据和信息共享以及海关业务相关信息技术;发展风险管理和后续稽查技术;发展地区情报交换系统;区域海关的能力建设。与此同时,形成中哈联合监管、合作纲要、能源监管等一系列有特色、互利共赢的双边合作项目,带动

① 参见刘梦非:《中国与哈萨克斯坦海关合作机制研究》,载《暨南学报(哲学社会科学版)》2015 年第 8 期。

区域合作务实深入发展。在对蒙海关合作方面,多层次的交流机制已经建立。自2010年起启动了机制化的双方统计合作,对双方数据差异较大的商品进行比对,开展缉私部门执法信息互换。中蒙海关联合监管工作统一载货清单作业扩大至满都拉口岸—杭吉口岸,并已经开始在二连浩特—扎门乌德公路口岸试点。中蒙海关载货清单电子数据交换项目,不仅是中蒙海关合作亮点,也是CAREC框架下最有代表性的互利共赢合作项目。

第二节　区域贸易协定的海关法律制度

一、区域贸易协定的概念厘清

经济全球化和区域经济一体化是当今世界经济的两个显著特征,区域贸易协定则是区域经济一体化的重要制度保证。根据WTO的解释,区域贸易协定是在区域层面为实现贸易便利化或自由化而签署的协定,这是WTO最惠国待遇原则的例外。在WTO框架下,区域贸易协定的"区域"已不仅局限于同一地理区域,而泛指相邻地域和跨地区的国家、单独关税区和区域贸易集团。GATT第24条对作为多边贸易体制例外但可以合法存在的区域贸易协定作出了规定,虽然仅列举了自由贸易协定和关税同盟两种形式,但现实中区域贸易协定的形式不仅限于这两种。通常而言,按照区域经济一体化发展目标与实现程度的不同,区域贸易协定主要分为优惠贸易安排、自由贸易区、关税同盟/海关同盟、共同市场和政治同盟五类。

自20世纪90年代以来,区域贸易协定与区域集团迅猛发展。根据WTO的官方统计,1995年以前,共有62个区域贸易协定生效;而自1995年WTO成立以来的短短九年间,各国签署的区域贸易协定的数量是1958年至1994年签署区域贸易协定数量的2倍;2005年生效的区域贸易协定有183个;[①]截至

---

① Andrew Grainger, *Customs and Trade Facilitation: From Concepts to Implementation*, World Customs Journal Vol. 2:1, p. 21(2008).

2020 年,全球共有生效的区域贸易协定 340 个。可见,区域贸易协定扩散化趋势明显。[①]

二、区域贸易协定的分类及海关制度安排

区域贸易协定是指政府之间为了达到区域贸易自由化或贸易便利化的目标所签署的协定。那么,只要是货物的贸易便利化与自由化区域安排就必然需要协调关税制度或者通关制度以及边境措施。因此,区域性多边海关制度成为区域货物贸易安排的重要支柱。

(一)优惠贸易安排

优惠贸易安排(Preferential Trade Arrangement,PTA)或称"经济伙伴协议"(Economic Partnership Agreement,EPA),是经济一体化发展过程中的最低阶段和最松散的一种形式。它是指成员之间通过签署优惠贸易条约或其他安排形式给予贸易伙伴部分优惠,既包括单项安排的普惠制待遇,也包括互惠安排。通过此类协议,对成员方之间贸易的一部分商品或大部分商品给予优惠关税。典型的有 1932 年英国与其以前的殖民地之间实行的英联邦特惠制,美国加勒比海盆地经济复兴法案以及欧盟对非洲、加勒比海和太平洋地区的发展中国家的洛美协议等。我国签署的《亚太贸易协定》也是一种优惠性贸易安排。不过由于优惠贸易安排一体化的发展程度较低,现在许多区域贸易协定大多直接以自由贸易区为起点进行经济一体化。

(二)自由贸易区

自由贸易区,是指签订自由贸易协定的成员国或行政上独立的地区经济体之间通过自贸协定相互取消所有关税和数量限制,实现区内货物的自由流动,是优惠贸易安排的升级。但在自由贸易区中,成员间海关机构仍然存在,并保留各自对自由贸易区外其他关境区的关税与边境措施。自由贸易区通常采取原产地规则,只有产自成员经济体内的商品才享有自由贸易及免征进口关税的

① WTO,*Regional Free Trade Agreement*,http://rtais. wto. org/UI/PublicAllRTAList. aspx.

待遇。世界范围内,区域贸易安排的最主要形式是自由贸易区。最为典型的就是1992年8月12日美国、加拿大和墨西哥三国达成《北美自由贸易协定》并建立北美自由贸易区。2018年9月30日三国就更新《北美自由贸易协定》达成一致,新贸易协定被命名为《美墨加协定》,2018年11月三国正式签署协定文本,并各自送交国会批准。我国目前已签订的《中华人民共和国政府与东南亚联盟成员国政府全面经济合作框架协议货物贸易协议》《中国—澳大利亚自贸协定》《中华人民共和国政府和大韩民国政府自由贸易协定》等也属于此类。

此外,从货物贸易的角度看,自由贸易协定的海关制度安排主要包括关税制度(关税减让、原产地规则、海关估价等)和其他非关税措施(通关程序、卫生与植物卫生措施、技术性贸易壁垒、透明度等)。有些协定中约定了较为完整充分的海关制度安排,还有些协议则属于一体化发展并不充分的自由贸易协定。例如,2005年我国与智利签订的《中华人民共和国政府和智利共和国政府自由贸易协定》,对于贸易壁垒的消除并不全面,协定中只对原产地规则、技术性贸易壁垒、卫生和植物卫生措施做出安排,并未涉及海关程序等通关便利化问题,而《中国—澳大利亚自贸协定》除了明确前述安排,还设立专章规定了海关程序与贸易便利化措施,双方就海关合作、信息技术的应用、风险管理、预裁定、复议与诉讼、易腐货物、暂准进口货物等进行了约定。

(三)关税同盟

关税同盟,是指成员方之间在完全取消关税和数量限制的基础之上,同时实行对外统一的关税税率而结成的同盟,实质上是将关税的制定让渡给了经济一体化组织,具有超国家的性质,其自由化程度比自由贸易区更高一些,成员经济体之间的商品流动无须再附加原产地证明,但在其他海关手续方面尚未完全统一。① 如早期成立的欧洲经济共同体在1968年即统一了关税制度,形成了关税同盟。但是成员国之间的海关手续并不统一,海关单证也不一样,海关法没

---

① 20世纪50年代,美国经济学家雅各布·维纳(Viner)在其代表性著作《关税同盟问题》一书中系统地提出了关税同盟理论,开创性地提出了用贸易创造效果和贸易转移效果来衡量关税同盟的实际效果。按照维纳的观点,完全形态的关税同盟应具备三个条件:一是完全取消成员国间的关税;二是对来自非成员国或地区的进口设置统一的关税;三是通过协商方式在成员国之间分配关税收入。转引自朱秋沅:《国际海关法研究》,法律出版社2011年版,第218页。

有完全统一。统一程度较高的关税同盟还要求实行海关法上的统一,即实行统一的海关法律制度,甚至统一海关机构。如欧洲经济共同体在1988年开始在所有成员国实施统一的海关通关单证,1992年开始实施统一的海关法,欧洲经济共同体内的统一关境区真正形成。在统一关境区中,通关程序与单证、自由区制度、过境制度、自然人通关制度,包括知识产权边境保护在内的边境措施等方面都是一致的。

(四)共同市场

共同市场(Common Market,CM),是指在成员方之间不仅完全取消了关税和非关税壁垒,建立了共同对外关税,实现了自由贸易,而且还实现了服务、资本和劳动力等生产要素的自由流动。服务的自由贸易意味着成员方之间在相互提供通信、咨询、运输、金融和其他服务方面实行自由贸易;资本的自由流动意味成员方内的各企业的资本可以在共同体内部自由流出和流入;劳动力的自由流动是指成员方的公民可以在共同体内的任何国家自由寻找工作,如欧洲经济共同体于1992年年底建成统一大市场。

(五)政治同盟

政治同盟(Political Union)又称完全经济一体化,成员方在经济、金融乃至外交、教育等政策上完全统一化,在国家经济决策中采取统一立场,区域内商品、资本、人员等完全自由流动,在成员间消除一切自由流通的人为障碍,使用共同货币,是区域经济一体化的最高阶段。政治同盟的主要特征是成员方之间在形成共同市场的基础上,进一步协调它们之间的财政政策、货币政策和汇率政策,一些超国家的机构(如议会和中央银行)开始出现并行使职能。欧洲经济共同体在1993年11月演变成欧洲联盟,就进入了这一阶段。

第三节　优惠贸易安排的海关法律制度

优惠贸易安排,是指在成员之间通过签署优惠贸易协定或其他安排形式,对其全部贸易或部分贸易互相提供特别的关税优惠，对非成员之间的贸易则设置较高的贸易壁垒的一种区域经济安排。这是最为松散的一种区域经济一体化组织形式，《亚太贸易协定》就是一种优惠贸易安排，也是我国签署和实施的第一个区域经济合作的协定，以下将以《亚太贸易协定》为例阐述其所包含的海关制度安排。

一、《亚太贸易协定》概述

《亚太贸易协定》前身为签订于 1975 年的《曼谷协定》，是在联合国亚太经济社会委员会主持下，为促进南南合作，在发展中国家之间达成的一项优惠贸易安排。经过近 2 年的谈判，孟加拉国、印度、老挝、韩国、泰国、斯里兰卡和菲律宾七国在泰国曼谷最终就一系列产品达成了相互降低关税的"一揽子"协议，并通过了《曼谷协定》。《曼谷协定》的核心内容和目标是"通过相互提供优惠关税和非关税减让来扩大相互间的贸易交往，促进各成员国经济发展和共同繁荣。"我国于 1994 年 4 月在联合国亚太经济社会委员会第五十届年会上，正式申请加入《曼谷协定》。经过多轮双边谈判，2001 年 5 月 23 日，我国正式成为《曼谷协定》成员国，这是我国参加的第一个优惠区域性多边贸易组织，也是我国目前唯一涵盖东亚、南亚地区并在实施的优惠贸易安排。[①] 2005 年 11 月 2 日，《曼谷协定》更名为《亚太贸易协定》；2006 年 9 月 1 日，《亚太贸易协定》开始实施；2018 年 7 月 1 日，《亚太贸易协定第二修正案》正式生效实施。

二、《亚太贸易协定》所涉海关制度安排

（一）关税制度安排

1. 关税减让

自 2002 年 10 月 1 日起，中国出口到协定成员国列入清单内的货物，凭《曼谷协定》原产地证书（现为《亚太贸易协定》原产地证书）即可享受关税减免的

---

① 参见叶书利：《"亚太贸易协定"为我所用》，载《中国贸易报》2005 年 12 月 22 日，第 5 版。

优惠待遇。为了实现其宗旨,《曼谷协定》共经过三轮谈判。其中,第三轮关税减让谈判(2001 年至 2005 年)结果显示,各国优惠关税减让共涉及 4000 多个税目产品,平均降税幅度接近 30% 。[①]

为进一步促进区内贸易合作,2007 年 10 月,《亚太贸易协定》启动第四轮关税减让谈判,经过九年艰苦磋商,最终于 2016 年 8 月正式结束。2017 年 1 月,6 个成员国代表共同签署了第四轮关税减让谈判成果文件《亚太贸易协定第二修正案》并于 2018 年 7 月正式生效实施。根据第四轮关税减让谈判成果,6 个成员国共对 10,312 个税目产品承诺削减关税,适用于所有成员,称为一般减让,降税数目总数较第三轮谈判增长 2.5 倍,平均降税税目比例超过 28% ,平均降税幅度为 33% 。孟加拉国、老挝和斯里兰卡可享有一定灵活性。此外,各成员国在自愿基础上单方面给予协定内孟加拉国共 1259 个产品特惠税率安排和老挝 1251 个产品特惠税率安排,称为特殊减让,平均降税幅度分别为 86.4% 和 86.2% 。[②]

2020 年 9 月 29 日,蒙古国正式加入《亚太贸易协定》,成为第 7 个成员国。2021 年 1 月 1 日,我国与蒙古国相互实施在《亚太贸易协定》项下的关税减让安排。根据安排,蒙古国对 366 个税目削减关税,主要涉及水产品、蔬菜水果、动植物油、矿产品、化学制品、木材、棉纱、化学纤维、机械产品、运输设备等,平均降税幅度 24.2% 。同时,我国在《亚太贸易协定》项下的关税减让安排适用于蒙古国。

2. 原产地规则

《亚太贸易协定》第二章中的第 8 条以及附件二,是关于原产地规则的规定。其主要包括以下几个方面的内容:对于完全生产或获得的货物,完全在出口成员国境内生产或获得的货物,以该国为原产地;对于非完全生产或获得的货物,分别按从价百分比标准、特定原产地标准来判断其原产地。同时,还规定了累积原产地标准和直接运输条件。关于原产地证书,协定明确享受优惠关税待遇的货物还应向进口成员国提交由出口成员国政府授权机关出具的原产地

---

① 参见奉灵芝:《〈曼谷协定〉的"多"与"少"》,载《中国对外贸易》2005 年第 12 期。

② 参见商务部:《商务部国际司负责人解读〈亚太贸易协定〉第四届部长级理事会成果》,载中国自由贸易区服务网 2017 年 1 月 16 日,http://fta.mofcom.gov.cn/article/chinayatai/yatainews/201701/34039_1.html。

证书,并且应将原产地证书样本、签发机构、签发人员等印签通知其他成员国。[①]

为进一步提升《亚太贸易协定》关税减让承诺的实施效果,各成员国在《亚太贸易协定第二修正案》中对原产地规则进行了优化,主要包括:一是通过新增两个注释,分别对"累积成分"和"直接运输"两个术语进行解释,进一步明确了原产地累积成分的定义和直接运输条款经第三方中转的界定,便于企业更好地利用原产地规则享受相应优惠;二是首次在协定中增加了特定产品原产地规则清单,涵盖155个4位税号产品,在原有单一的"区域增值"标准的基础上,可适用"4位税目改变"标准,涉及饮料、矿物燃料、有机化学品、塑料及其制品、合成橡胶、钢铁等产品,使协定原产地规则的适用更加科学灵活。[②]

(二)非关税措施与海关手续

《亚太贸易协定》也规定了消除非关税措施和简化海关手续的意愿。该协定第6条规定,各成员应采取与其发展需要和目标相一致的适当措施逐步放宽可能影响减让表中的产品进口的非关税措施。成员之间关于技术性贸易壁垒及卫生和植物卫生措施的问题,在可行的情况下,应根据WTO关于这些问题的规定来处理。成员亦应在透明度的基础之上,相互提供减让产品的非关税措施表。同时,协定明确,各成员应在必要时采取适当措施以加强合作,特别是在海关管理方面,以便利本协定的实施,并简化和统一互惠贸易的程序和手续。从以上内容可知,这些意愿并没有构成成员之间实质性协调海关程序与制度的义务。因此,这一协定仍然属于一体化程度较低的区域海关制度安排。

第四节　自由贸易区的海关法律制度

自由贸易区是各国或地区通过签订自由贸易协定实现相互之间的贸易自

① 参见钟昌元:《浅析〈亚太贸易协定〉优惠原产地规则》,载《对外经贸实务》2009年第3期。

② 参见商务部:《商务部国际司负责人解读〈亚太贸易协定〉第四届部长级理事会成果》,载中国自由贸易区服务网2017年1月16日,http://fta.mofcom.gov.cn/article/chinayatai/yatainews/201701/34039_1.html。

由化所形成的区域。自由贸易协定是指在自由贸易区内各成员间取消贸易壁垒,实行区内货物的自由流动,但成员间海关机构仍然存在,并保留各自对自由贸易区外其他关境区的关税与边境措施。其中,可以细分为两类:第一,全面自由贸易协定,是指一体化程度较高的自由贸易协定。此类协定中往往约定了比较充分完整的海关制度协调化安排。有关海关制度安排包括两个方面:一方面是对消除关税与关税管理制度(原产地规则、海关估价、预裁定制度等)一体化的约定及其进度表;另一方面是对取消贸易壁垒的约定。其中第二方面约定内容是否充分,决定了其一体化程度的高低。第二,局部自由贸易协定,是一种一体化发展并不充分的自由贸易协定。如2005年中国与智利签订的自由贸易协定就是一项局部的自由贸易安排,①其在局部自由贸易协定下,对于贸易壁垒的消除并不全面,如在《中华人民共和国政府和智利共和国政府自由贸易协定》中,只对技术性贸易壁垒、卫生和植物卫生措施做出安排,并未涉及通关便利化问题。因此,在局部自由贸易协定中的海关制度安排往往规定得比较简单,并没有充分或深入地约定。

一、中国—东盟自由贸易区

中国—东盟自贸区是我国对外建立的第一个自贸区,近年来双方战略伙伴关系不断加强,经济互补性不断提升。2020年是中国—东盟贸易逆势丰收的一年。海关总署发布的数据显示,2020年东盟超过欧盟,跃升为中国最大货物贸易伙伴,这是东盟继2019年超过美国成为中国第二大贸易伙伴后实现的又一突破。中国则连续12年保持东盟第一大贸易伙伴地位。②

2002年11月4日,中国与东盟正式签署《中华人民共和国与东南亚国家联盟全面经济合作框架协议》(以下简称《中国—东盟全面经济合作框架协议》),并于2003年7月1日生效。《中国—东盟全面经济合作框架协议》共包括16项条款和4个附件,条款就货物贸易、服务贸易、投资、早期收获、其他经济合作

---

① 参见谢文泽等:《扩大局部自由贸易安排　创新中拉“南南合作”》,载《中国社会科学院院报》2006年2月14日,第3版。

② 参见田原:《东盟跃升中国最大货物贸易伙伴——中国—东盟贸易“含金量”十足》,载中国政府网,http://www.gov.cn/xinwen/2021-02/02/content_5584276.htm。

领域、时间框架、最惠国待遇、争端解决机制、谈判的机构安排等作了规定。4 个附件包括“早期收获”计划中的例外产品、“早期收获”计划中的特定产品、进行关税削减和取消的产品类别与实施时间框架以及要求加快实施的经济合作项目。2015 年 11 月 22 日，中国—东盟自贸区升级谈判成果文件《中华人民共和国与东南亚国家联盟关于修订〈中国—东盟全面经济合作框架协议〉及项下部分协议的议定书》（以下简称《东盟议定书》）正式签署。《东盟议定书》是我国在现有自贸区基础上完成的第一个升级协议，对原有协定进行了丰富、完善、补充和提升。《东盟议定书》的达成和签署，旨在降低贸易壁垒、降低贸易投资成本，有利于为双方经济发展提供新的助力，加快建设更为紧密的中国—东盟命运共同体，也有利于促进 RCEP 实施和亚太自贸区的建设进程。

中国—东盟自贸区与欧盟和北美自贸区相比，虽然起步比较晚，但随着《中国—东盟全面经济合作框架协议》、《中华人民共和国政府与东南亚国家联盟成员国政府全面经济合作框架协议货物贸易协议》①（以下简称《中国—东盟货物贸易协议》）、《“早期收获”计划》、《争端解决机制协议》、《服务贸易协议》、《投资协议》的签订，货物贸易、服务贸易、投资三大市场的相互开放，形成了多功能、广领域的经济合作机制。其中，货物贸易是自贸区的核心内容，除涉及国家安全、人类健康、公共道德、文化艺术保护等 WTO 允许例外的产品以及少数敏感产品外，其他全部产品的关税和贸易限制措施都应逐步取消。

（一）关税减让

根据《中国—东盟全面经济合作框架协议》安排，为使双方特别是东盟成员尽快享受到自贸区的好处，双方议定从 2004 年 1 月起率先对 500 多种商品实施降税，并在 2006 年实现前述商品的零关税。

此后，《中国—东盟货物贸易协议》规定自 2005 年 7 月起，除 2004 年已实施降税的早期收获产品和少量敏感产品外，双方将对其他约 7000 个税目的产品实施降税，对原产于中国和东盟的产品相互给予优惠关税待遇，对逐步减少

① 该协议旨在促进中国与东盟各成员国货物贸易自由化，共由 23 个条款和 3 个附件组成，包括国内税和国内法规的国民待遇、关税削减和取消、透明度、原产地规则、减让的修改、WTO 规则、数量限制和非关税壁垒、保障措施、承诺的加速实施、保障国际收支的措施、一般例外、安全例外、承认中国市场经济地位、机构安排、审议等内容。

直至取消货物贸易领域内的关税和非关税措施作出制度性安排。该协定采取“负面清单”方式,凡是没有列入敏感产品清单的产品均视为正常产品。现有的中国—东盟自贸区零关税已经覆盖了双方 90%—95% 税目的产品,货物贸易自由化水平很高。

1. 正常产品

正常产品分为一轨产品和二轨产品两类,两者共同点在于最终税率均要减至零,区别是二轨产品在取消关税的时间上可享有一定的灵活性,即中国和东盟 6 个老成员国(印度尼西亚、马来西亚、新加坡、泰国、菲律宾和文莱,下同)的一轨正常产品关税在 2010 年 1 月 1 日取消,二轨正常产品关税在 2012 年 1 月 1 日前最终取消。中国与东盟 4 个新成员国(越南、老挝、缅甸和柬埔寨,下同)的一轨正常产品关税在 2015 年 1 月 1 日取消,二轨正常产品关税在 2018 年 1 月 1 日前最终取消。在降税模式上,二轨正常产品与一轨正常产品完全相同,但是二轨正常产品的关税在降到 5% 以下时,可在一定期限内保持不超过 5% 的税率,并在最终将关税减至零的过程中可享有更长的期限。该协议规定中国和东盟 6 个老成员国的二轨产品不得超过 150 个 6 位税目,而与东盟 4 个新成员国则不得超过 250 个 6 位税目。

2. 敏感产品

敏感产品是指各方出于国内产业发展考虑,需要进行保护的产品。敏感产品按其敏感程度不同,可分为一般敏感产品和高度敏感产品两类。两者共同点在于最终税率均可不减至零,区别是一般敏感产品要在一段时间后把关税降到相对较低的水平,而高度敏感产品最终可保留相对较高的关税。中国对东盟提出了一份同时适用于十国的敏感产品清单,产品涉及大米、天然橡胶、棕榈油、部分化工品、数字电视、板材和纸制品等;而东盟十国则分别针对中国提出了各自的敏感产品清单,产品涉及橡胶制品、塑料制品、陶瓷制品、部分纺织品和服装、钢材、部分家电、汽车、摩托车等。针对敏感产品还规定了税目数量和进口金额两个限制指标,即敏感产品的数量不能超过一定税目,同时一方敏感产品所影响的进口额也不能超过该方进口总额的一定比例,但该协议同时也对东盟的新成员国作出了特殊安排。对于一般敏感产品的降税时间为:中国与东盟新成员国于 2012 年 1 月 1 日削减至 20%,于 2018 年 1 月 1 日进一步削减至 5% 以下;中国与东盟老成员国于 2015 年 1 月 1 日削减至 20%,于 2020 年 1 月 1 日进一步削减至5%以下。对于高度敏感产品的降税时间为:中国与东盟老成员国应在2015年1月1日削减至50%以下。该协议规定东盟新成员国高度敏感产品数量不应超过100个6位税目,越南的高度敏感产品数量不应超过150个6位税目,柬埔寨、老挝和缅甸不应超过150个6位税目。

(二)海关程序与贸易便利化

东盟协定最初目标旨在减少关税壁垒,后来逐步扩大到包括非关税贸易壁垒、统一标准和透明度等在内的贸易便利化议题。东盟还通过东盟海关协定、货物转运便利化的东盟框架协定、多式联运的东盟框架协定、东盟"单一窗口"协定等多个独立的协定来促进贸易便利化。东盟自贸协定中贸易便利化的重点主要集中在海关现代化、标准以及技术法规方面。此外,东盟成员也单独与亚洲地区或其他国家签订了合作协定,其中也包含了贸易便利化措施,如大湄公河次区域经济合作机制(Great Mekong Subregion Cooperation, GMS)及在该机制项下签订的《便利客货跨境运输协定》《大湄公河次区域贸易投资便利化战略行动框架》。① 《中国—东盟全面经济合作框架协议》有关贸易便利化内容的具体条款包括第2条"全面经济合作措施"和第7条"其他经济合作领域"。

其中,第2条"全面经济合作措施"提出各缔约方同意迅速地进行谈判,以在10年内建立中国—东盟自贸区。根据第2条第6款的规定,"建立有效的贸易与投资便利化措施,包括但不限于简化海关程序和制定相互认证安排",②提出了促进贸易便利化的目标以及合作的范围。但这仅是一个框架协议,并未明确落实贸易便利化的具体措施。该协议第2条第7款和第8款规定,在各缔约方相互同意的、对深化各缔约方贸易和投资联系有补充作用的领域扩大经济合作,编制行动计划和项目以实施在商定部门/领域的合作,并建立适当的机制以

---

① 参见张建平、樊子嫣:《"一带一路"国家贸易投资便利化状况及相关措施需求》,载《国家行政学院学报》2016年第1期。

② 海关程序,是指海关当局对受海关监管的货物和运输工具等采取的措施,通过简化和协调双方的海关程序,确保货物通关和运输工具往来的高效快捷,促进贸易和投资的便利化。认证是指由可以充分信任的第三方证实某一经鉴定的产品或服务符合特定标准或规范性文件的活动,一般由政府机构或由政府认可的机构来进行。通过认证安排,确保本国的产品和服务的质量在自贸区得到承认,为跨国贸易和投资提供便利。

有效地执行协议，提出了经济合作、行动计划和项目实施等方面的内容，但也没有涉及太多实质性措施。

第7条“其他经济合作领域”第3款规定：“加强合作的措施应包括但不应仅限于：(a)推动和便利货物贸易、服务贸易及投资，如(i)标准及一致化评定；[①](ii)技术性贸易壁垒和非关税措施；以及(iii)海关合作。(b)提高中小企业竞争力；(c)促进电子商务；(d)能力建设；以及(e)技术转让。”为落实前述领域的贸易便利化合作，该协议第7条第4款指出，“各缔约方同意实施能力建设计划以及实行技术援助，特别是针对东盟新成员国，以调整它们的经济结构，扩大它们与中国的贸易与投资”。该款体现了对东盟新成员国的特殊和差别待遇，对东盟新成员国实施的能力建设和技术援助措施都将进一步改善其贸易基础设施，提升海关管理能力，从而保证经济较发达和不发达国家都能享受到自贸区带来的惠益。[②]

中国—东盟自贸区升级谈判中，双方根据各自贸易情况的发展，在《东盟议定书》中纳入了海关程序与贸易便利化相关内容。双方同意进一步简化海关通关手续，确保双方相关法律法规公开透明，运用自动化系统、风险管理等手段，为双方企业提供高效快捷的通关服务，解决通关阻碍，以便利合法贸易，并就预裁定、复议与诉讼制度以及对海关程序定期审议等达成共识，保障货物流动畅通，共同提高便利化水平。这将在自贸区框架下进一步简化海关程序、加强双方合作、便利守法贸易，将为自贸区货物进出口提供高效便捷的通关环境发挥重要作用，并为保障货物的顺畅流动、共同提升贸易便利化水平提供制度保障和政策支持。

(三)原产地规则

根据中国—东盟自贸区升级《东盟议定书》，在原产地规则领域，双方对原产地规则进行了优化并完善了相关实施程序，将进一步提升中国—东盟自贸区货物贸易自由化的实施效果，促进双方相关产业的贸易和发展。中国—东盟自

① 标准及一致化评定，是指在推动和便利货物贸易、服务贸易以及投资的过程中，统一货物、服务及投资标准，以便达到加强合作的目的。

② 参见王茜、张磊主编：《多哈回合谈判2013年年度报告：投资与贸易便利化专题》，法律出版社2015年版，第80—82页。

贸区现有货物贸易原产地规则以“区域价值百分比40%”为主，标准比较单一，原产地的认定也比较复杂。在升级谈判中，双方同意对46个章节的绝大部分工业品同时适用“4位税目改变”和“区域价值百分比40%”标准，涉及3000多种产品，包括矿物、化工、木材纸制品、贱金属制品、纺织品和杂项制品等产品，其中有许多都是中国具有较强竞争优势的产品。这两种原产地标准，企业可自行选择适用，这将大大便利有关企业利用自贸区的优惠政策。①

二、中国—澳大利亚自由贸易区

从2005年4月启动，至2014年11月中国和澳大利亚宣布实质性结束谈判，中澳自贸协定谈判共进行了21轮和数十次小范围磋商。2015年，中国与澳大利亚正式签署了《中国—澳大利亚自贸协定》，这是我国首次与经济总量较大的主要发达经济体谈判达成自贸协定，也是我国与其他国家迄今已商签的贸易投资自由化整体水平最高的自贸协定之一。

《中国—澳大利亚自贸协定》包括正文部分和4个附件。正文部分除序言以外共17章，分别是初始条款与定义、货物贸易、原产地规则和实施程序、海关程序与贸易便利化、卫生与植物卫生措施、技术性贸易壁垒、贸易救济、服务贸易、投资、自然人移动、知识产权、电子商务、透明度、机制条款、争端解决、一般条款与例外、最终条款，其中包括各章附件共11个。

（一）关税减让

中澳自贸协定在货物领域达到了很高的自由化水平。中国96.8%的税目将实现自由化，且均采用线性降税这一简单直接的降税方式，其中5年内完成降税的税目比例为95%，剩余产品降税过渡期最长不超过15年。澳大利亚所有产品均对中国完全降税，自由化水平达到100%，其中91.6%的税目关税在协定生效时即降为零，6.9%的税目在协定生效第3年降为零，1.5%的税目关税在协定生效第5年降为零。从贸易额角度看，中国实现自由化的产品自澳大

---

① 参见《商务部国际司负责人就中国东盟自贸区升级〈议定书〉进行解读》，载中华人民共和国商务部网，http://www.gov.cn/zhuanti/2015-11/26/content_5017021.htm。

利亚进口额占自澳进口总额的97%,其中协定生效时关税即降为零的产品进口额占比为85.4%,5年内关税降为零的产品进口额占比为92.8%。澳大利亚协定生效时关税即降为零的产品进口额占自中国进口总额也是85.4%,3年内关税降为零的产品进口额占比为98.4%,5年内所有产品关税均降为零。

中方产业部门可从关税减免和贸易创造两个方面在中澳自贸协定中获益。在关税减免方面,据测算,协定实施将使中国对澳大利亚出口的产品获得16.6亿美元的关税减免,协定生效时即可获得10.2亿美元减免(占减免总额的61.5%),协定生效3年内可获得16亿美元的减免(占减免总额的96.4%)。中国享受关税减免额度较大的产品主要有服装和皮革、电子和机械产品、其他制成品、钢铁和金属,以及化工产品等,减免金额为15.3亿美元(占减免总额的91.9%)。在贸易创造方面,协定实施后中国对澳出口占中国总出口中的比重预计将从1.7%提高到2.1%左右。中国出口增加潜力较大的产品主要为纺织品、服装、皮革制品、电子和机械设备、钢铁和金属制品、矿产品、化工产品和交通运输设备等。①

(二)海关程序与贸易便利化

协定正文第四章为海关程序与贸易便利化,包括适用范围、定义、海关程序与便利化、合作、风险管理、信息技术的应用、透明度、复议与诉讼、预裁定、货物放行、易腐货物、暂准进口货物、接受副本和磋商在内的14个条款。双方承诺将依据该章条款的规定加强海关间沟通与合作,为保障货物的顺畅流动、共同提升贸易便利化水平提供制度保障和政策支持。

协定从整体上明确双方海关政策应尽可能与WCO确立的国际标准和推荐做法一致,确保其海关程序以公平、统一及合理的方式实施,并避免随意和无根据的手续障碍,该政策一致性的规定属于非约束性义务。如协定第6条"信息技术的应用"要求双方应在海关作业中应用低成本、高效率的信息技术,特别是在无纸贸易环境下,并考虑包括WCO在内的相关国际组织在该领域的发展;双

---

① 参见商务部国际司:《中华人民共和国政府和澳大利亚政府自由贸易协定解读》,载中国自由贸易区服务网2017年4月24日,http://fta.mofcom.gov.cn/article/chinaaustralia/chinaaustralianews/201506/22176_1.html。

方应努力尽快建立海关和其他贸易有关部门要求的以电子方式进行信息交换的渠道，以便利货物和运输工具的国际移动。而值得关注的是，《欧盟—日本经济伙伴关系协定》等高标准自贸协定则要求成员方在海关监管过程中全面适用WCO所确立的各项国际标准，不仅包括《经修订的京都公约》《协调制度公约》，还包括WCO框架内具有软法性质的《SAFE标准框架》，进一步强化了成员方义务。

为保障贸易便利化措施的实施，协定第4条、第7条和第14条对双方海关当局的合作事项作了规定，旨在打击违法行为，为合法贸易提供便利，内容包括海关法律规定修改的通知义务、海关法律规定和行政程序的透明度要求、就贸易便利化问题进行磋商的范围和程序等，整体上与我国加入的WTO《贸易便利化协定》的成员方义务保持一致。

预裁定制度是与国际海关接轨的，同时也是自贸协定中促进贸易便利化、降低企业贸易成本，并保证海关执法可预见性的重要措施之一。协定明确了海关就税则归类、货物原产地进行预裁定的要求，且估价等其他双方同意的事项也可适用预裁定，这与WTO《贸易便利化协定》的规定一致，都未强制要求估价适用预裁定。对此，《全面与进步跨太平洋伙伴关系协定》《美国—澳大利亚自由贸易协定》规定税则归类、估价、原产地都应允许当事人申请预裁定，并允许一方境内的进口商以及其他成员方境内的出口商、生产商可以向进口国海关提出预裁定申请。《中华人民共和国海关预裁定管理暂行办法》于2018年2月1日正式生效，明确预裁定的适用范围涵盖海关估价，并规定申请人应当是与实际进出口活动有关，并且是在我国海关注册登记的对外贸易经营者。协定则明确出口商、进口商或有正当理由的人员或其代表可申请预裁定，且一方可以要求申请人在其领土内有法定代表或进行注册，这与WTO《贸易便利化协定》的承诺以及我国法律规定相一致。如《中国—澳大利亚自贸协定》第10条规定在所有其他监管要求都已满足的情况下，货物到达后尽快予以放行。在货物实际到达前可以提前以电子方式提交信息并进行处理，且在货物有紧急通关需要时可以获得海关快速通关服务。该协定第11条规定在满足所有监管要求的前提下，各方应对易腐货物在可能的最短时间内予以放行，并对易腐货物查验的优先权、放行前适当储存的设施和放行程序进行明确。该协定第12条则对暂准进口货物免除支付全部或部分进口税和其他税收的条件作出规定。与其他自贸协定不同,协定还专门设置条款就“易腐货物”和“暂准进口货物”作了细化规定,允许货物提前申报、担保放行,易腐货物和暂准进口货物可以加快处理放行。这一条文内容在一定程度上反映了成员方的经济利益。

总体而言,与我国已签署的其他自贸协定相比,《中国—澳大利亚自贸协定》下的海关程序与贸易便利化章节首次纳入了 WTO《贸易便利化协定》中的有关规定,丰富了海关程序和贸易便利化议题的内容,主要涉及进一步简化通关手续、加强海关合作、运用风险管理和信息技术等手段加快货物放行,为双方企业提供高效快捷的通关服务。协定中还突出体现了对企业需求的关注,如规定海关在引入和加强信息技术时,应尽可能征求受到直接影响的商界等有关方面的意见;在互联网提前公布与双方间贸易相关的普遍适用的法律法规草案时,应给予公众特别是利益相关方进行评论的机会。

(三)检验检疫

卫生与植物卫生措施(SPS)章节主要包括目标、适用范围、透明度、区域化和等效性、卫生与植物卫生措施委员会等 11 项条款,在重申 WTO 有关原则的同时,对透明度进一步提出了要求,突出了双边合作的内容,并纳入了技术援助和能力建设条款,以促进双方技术能力的共同提升。该章还设立了卫生与植物卫生措施委员会,建立了磋商机制,以促进双边检验检疫问题的及时解决。

技术性贸易壁垒章节包括目标、适用范围、透明度、国际标准、技术性贸易壁垒委员会等 13 项条款,在技术法规、标准、合格评定程序等方面规定了相应纪律,该章设立的技术性贸易壁垒委员会将负责监督实施。TBT 章节还鼓励双方加强合作,探索开展技术援助活动,提高技术性贸易措施的透明度。该章专门设立了贸易便利化条款,鼓励双方通过合作提高相关技术法规和标准采用国际标准的水平,促进合格评定结果互认,以便利双边贸易。

(四)原产地规则

原产地规则主要包括货物原产地判定标准、直接运输规则和原产地证书及声明等内容。关于原产地判定标准,“完全获得”货物的判定标准采用了国际上普遍通用的原则,强调货物必须完全在缔约一方获得或者生产。“非完全获得”货物的判定标准则考虑了货物国际化生产的客观现实,具体采用税则归类改变、区域价值成分和加工工序等标准。关于直接运输规则,为适应现代物流发展的需求,协定允许货物出于运输需要在第三方进行物流分拆。关于原产地证书和声明,对于进口方海关已作出原产地预确定的货物,进口商可提交原产地声明以代替原产地证书申请享受优惠关税待遇。对于完税价格不超过6000元人民币的同一批次澳大利亚原产货物,企业在进口时可免于提交原产地证书或原产地声明。①

三、东盟—澳大利亚—新西兰自由贸易区

澳大利亚和新西兰是贸易自由化和经济改革的拥护者。随着多边贸易自由化的明显停滞,为了扩大在亚太地区的机会,澳大利亚和新西兰日益注重自由贸易协定的订立,并致力于关税自由化和减少贸易壁垒,这尤为体现在国际贸易谈判中两国对于效率提升、风险管理和边境安全的重视。为此,两国于1983年3月28日正式签署了《澳大利亚—新西兰更紧密经济关系贸易协定》(Australia – New Zealand Closer Economic Relations Trade Agreement,以下简称《澳大利亚—新西兰自贸协定》),旨在通过消除贸易壁垒和促进公平竞争扩大自由贸易。除部分所列项目外,两国自1989年1月1日起在服务层面即实现了自由贸易;生产的商品也于1990年完全实现了自由贸易。对于符合《澳大利亚—新西兰自贸协定》原产地认证要求的跨境贸易,两国免征关税,取消数量限制和反倾销条款,故贸易目前只受各国国内竞争法的约束。至1990年,两国通过货物和几乎所有服务自由贸易实现了一体化,并通过协调统一、相互承认,逐步向政策、法律和规章制度等层面更深入的合作迈进。②

目前,在澳大利亚和新西兰所签署的各个自贸协定中海关章节是一个重要焦点,因为这是贸易便利化的核心,其涵盖的主要内容如下:(1)各协定所采用的原产地标准框架;(2)协定是否使贸易便利化成为海关程序规定的中心原则;

---

① 参见商务部国际司:《中华人民共和国政府和澳大利亚政府自由贸易协定解读》,载中国自由贸易区服务网2017年4月24日,http://fta. mofcom. gov. cn/article/chinaaustralia/chinaaustralianews/201506/22176_1. html。

② New Zealand Ministry of Foreign Affairs and Trade, *Australia – New Zealand Closer Economic Relationship Booklet*, www. mfat. govt. nz.

(3)协定是否涉及或规定了基于海关决定的上诉权利;(4)该协定是否要求就原产地、税则归类问题作出预裁定;(5)各缔约方海关机构之间的合作;(6)快速放行货物(通常在48小时内);(7)协定是否要求以风险管理为基础进行货物检验和处理;(8)协定是否考虑了快件的特殊处理;(9)协定是否要求以电子化方式处理海关程序,推动贸易无纸化;(10)协定是否为有关人员提供海关"咨询点",以促进海关程序的透明度;(11)其他关键特征。[①]

2004年11月下旬,东盟、澳大利亚和新西兰领导人同意启动包括东盟十国、澳大利亚和新西兰在内的自贸协定谈判,并承认这一自贸区建立将是全面的,覆盖商品贸易、服务贸易和投资。谈判于2005年年初开始,经过16轮谈判,于2008年8月下旬实质性结束。《建立东南亚国家联盟—澳大利亚政府—新西兰政府自由贸易区的协定》(Agreement Establishing the ASEAN – Australia – New Zealand Free Trade Area,以下简称《东盟—澳大利亚—新西兰自贸协定》)于2009年2月正式签署。协定的目标是:(1)通过逐步消除关税和非关税壁垒,实现缔约方之间货物贸易的自由化和便利化;(2)在各方之间逐步开放服务贸易,并扩大服务部门范围;(3)通过进一步发展有利的投资环境,促进和加强各方之间的投资机会;(4)建立一个合作框架,以便加强、提升各方之间的贸易、投资和经济联系;(5)向东盟成员国,特别是东盟新成员国提供特殊和差别待遇,以促进它们更有效的经济一体化。

《东盟—澳大利亚—新西兰自贸协定》是东盟、澳大利亚、新西兰之间签署的第一个区域协定,是东盟与中国、韩国和日本签署自贸协定后,与对话伙伴签署的第四个自贸协定,也是澳大利亚和新西兰联合对外签署的第一个自贸协定。协定由18章组成,内容涉及货物贸易、服务贸易(包括金融和电信服务)、电子商务、自然人流动、投资、争端解决,以及在动植物检疫、标准、技术法规、合格评定程序、知识产权和竞争等领域的具体条款,还包括一项旨在提高实施该自贸协定能力建设的经济合作项目。

---

① Lain Sandford & Ian Temby, *Customs in the Regional Trade Agreements of Australia and New Zealand*: *Efforts to Improve Customs Instruments and Develop Trade*, Global Trade and Customs Journal, Vol. 5;11/12, p. 453(2010).

（一）关税减让

该自贸协定将维持澳大利亚与东盟现有低关税并逐步取消 90%—100% 的关税税目，涵盖 96% 的澳大利亚对东盟的出口商品，澳大利亚将在农业、制造业和服务业领域受益于该项协定。澳大利亚农产品将更广阔地进入东南亚市场，工业产品也将获得扩大出口的机会；澳大利亚制药业每年向东盟出口达 6 亿澳大利亚元，随着协定的签署，澳大利亚制药业将获得更广阔的出口空间；化学品的高关税将取消，电子机械产品的关税也将取消；在汽车领域，澳大利亚将对进口东盟汽车取消进口关税，但对产于印度尼西亚、马来西亚、泰国的汽车，澳方取消进口关税的步伐将会慢一些，因为目前澳方要求上述三国对澳汽车采取同样待遇。未来澳方将与上述三国在双边自贸协定中讨论高汽车关税的问题，但该自贸协定仍然在汽车零部件关税方面进行了大幅削减，因此澳大利亚汽车零部件制造商将获得更大的出口机会。①

（二）海关程序

《东盟—澳大利亚—新西兰自贸协定》第四章海关程序规定了海关合作、自动化系统应用、估价、预裁定、风险管理、保密、咨询点、磋商、复议诉讼等贸易便利化核心内容。

协定对贸易便利化的主要目标和基本原则予以明确，在国际标准一致性要求方面，与《中国—澳大利亚自贸协定》同样采用了非约束性义务的规定。如第 6 条"自动化系统应用"规定，各方应根据其现有基础设施和能力考虑 WCO 相关标准和最佳做法。在"风险管理"方面，协定除明确根据货物风险进行分类管理的原则外，进一步指出，如果一方海关认为货物无须查验即可清关的，该方应努力提供货物单据或电子处理的"单一点"，此即近年来国际海关不断推广的国际贸易"单一窗口"。与此相适应，我国海关始终加强科技创新和应用，在信息化建设过程中基本遵循 WCO 数据元标准建立起以电子海关、电子口岸、电子总署为标志的中国海关信息系统，计划到 2025 年全面实现智慧海关。但考虑

① 参见薛东：《东盟—澳大利亚—新西兰自贸区建立》，载中华人民共和国商务部网 2009 年 3 月 1 日，http://sydney.mofcom.gov.cn/article/ztdy/200903/20090306079651.shtml。

WCO 的数据元标准在不断发展和调整，作为 WCO 成员，我国一方面需逐步采纳 WCO 推荐的相关国际标准，但也应当积极参与 WCO 等标准框架制定工作组会议，并结合我国实际情况提出修改需求以使国际标准符合中国利益。

相较于其他自贸协定关于“海关合作”的原则性规定，《东盟—澳大利亚—新西兰自贸协定》明确并深化了海关合作的具体事项，要求各方可酌情探索和开展合作项目，如提升东盟成员海关人员业务能力的能力建设项目、促进各方发展和实施“单一窗口”的技术援助方案等。自贸协定中各海关之间信息共享与互助条款的细化再次证明海关合作对于促进贸易便利化的重要意义。该规定明确提出各方要向东盟成员提供能力建设以发展“单一窗口”。“单一窗口”通过简化政府管理部门与贸易经营企业之间信息流的传递，降低政府执法和贸易成本，成为诸多国际组织和国家优化口岸通关模式、提升国际贸易安全与便利水平的重要理念和实践做法。我国进出口货物贸易规模巨大，亦应顺应国际形势不断提高“单一窗口”的信息技术应用并完善配套立法。

各自贸协定对预裁定都进行了较为详细的规定，但协定在预裁定适用范围方面与《中国—澳大利亚自贸协定》有所不同，强制规定各方海关就税则归类、《海关估价协定》应用产生的问题和货物原产地作出书面裁定，扩大了预裁定的适用范围，且进口商或另一方出口商、生产商在货物进口前可以提出预裁定申请，这些规定都与《全面与进步跨太平洋伙伴关系协定》等发达国家之间自贸协定条款一致，体现了协定内容更加自由化的特征。

此外，协定对海关的“保密”义务尤为关注，并规定如果信息披露将违反一方国内立法或其所确定的公共利益，则该方不得提供或允许另一方获取该机密信息。该规定旨在保护包括金融机构个人客户账户及其他金融事务在内的个人隐私，以及防止损害特定企业合法的商业利益，如竞争地位等。虽然各自贸协定都强调成员方在海关程序领域的透明度及信息提供义务，包括公布进出口和过境程序的相关法律文件、设置“咨询点”、贸易信息交换等，然而，如果各方以公共利益或国内相关信息保护立法作为保留事项，则将合理回避海关合作、透明度义务的履行。尤其当一成员方信息保护立法标准高于我国时，将可能出现我国大量向对方提供信息而对方无须向我国履行交换信息的义务，这就需要我国在签订自贸协定时引起特别重视。

(三)检验检疫

东盟与澳大利亚、新西兰希望通过建立自贸区加强在预防与抗击艾滋病、“非典”、禽流感等传染病传播,以及在农业可持续发展领域的合作。与此同时,帮助东盟最不发达国家提高卫生及植物卫生和农业标准化,通过加强在环境保护及管理各方面(如生物多元化,化学品与危险品的处理,森林与动物区的管理,东盟遗产公园、文化遗产以及海产保护区和水资源的管理)的合作推动可持续发展。[①] 为此,《东盟—澳大利亚—新西兰自贸协定》卫生与植物卫生措施章节明确了目标、范围、定义、总则、等效性、联络点、通知、合作、磋商等 11 项条款,各方承诺在制定、适用或承认任何卫生或植物卫生措施时运用《SPS 协定》所确定的原则,通过加强信息交流、技术援助,尤其是贸易便利化等方面的合作,避免不必要的重复,最大限度利用好资源优势,并建立委员会和磋商机制,及时解决争议问题。

《东盟—澳大利亚—新西兰自贸协定》技术性贸易壁垒章节涵盖目标、范围、定义、《TBT 协定》的确认、标准、技术法规、合格评定程序、合作、磋商、协议或安排、透明度、联络点、委员会等 13 项条款。与 SPS 章节一致,TBT 章节同样明确缔约方应依据 WTO 所确立的原则采取国内技术性贸易措施,特别强调缔约方应设法确定有关标准、技术法规和合格评定程序的贸易便利化举措以适用于特定问题或领域。这种贸易便利化举措包括关于监管问题的协议或安排,如标准的协调、技术法规及合格评定程序的等效化等。现有协议或安排的缔约方应考虑按协定方的要求将此类协议或安排扩大到该请求方。

(四)原产地规则

《东盟—澳大利亚—新西兰自贸协定》原产地规则章节主要包括原产货物的概念、货物原产地的判定标准、原产地证书、复议上诉等内容。协定同样采用了“完全获得”和“非完全获得”货物的判定标准。对于“非完全获得”货物则采取税则归类改变、区域价值成分等标准,还专设条款对于微小加工和处理、微小含量、直接运输规则等内容作出规定。关于原产地证书,协定明确货物如有资

---

① 参见刘静:《澳大利亚、新西兰、东盟自由贸易区的背景、意义及展望》,载《亚太经济》2005 年第 4 期。

格享受优惠关税待遇,则应得到签证机构所签发的原产地证书,并在《操作认证程序》附件中规定签证机构向出口方签发、核实原产地证书的具体程序。

四、超大型区域性自由贸易区

(一)《全面与进步跨太平洋伙伴关系协定》

《全面与进步跨太平洋伙伴关系协定》源自 2016 年 2 月签署的《跨太平洋伙伴关系协定》。TPP 的雏形始于 2002 年新西兰、智利、新加坡三国的自由贸易协定谈判,2005 年文莱加入后,四国签订了《跨太平洋战略经济伙伴关系协定》(Trans – Pacific Strategic Economic Partnership Agreement,TPSEP),俗称“P4 协定”。2009 年美国加入,并宣称要将其建设成一个高标准、多领域的亚太区域一体化协定。与此同时,秘鲁、越南和澳大利亚也宣布加入,P4 转变为 P8。借该机会,美国推行体现自己意志的经贸规则,全方位主导谈判,并将《跨太平洋战略经济伙伴关系协定》更名为《跨太平洋伙伴关系协定》,TPP 进入了迅速扩张期。2010 年马来西亚加入、2011 年日本加入、2012 年墨西哥和加拿大先后加入。2015 年 10 月,12 个国家成功结束谈判,达成 TPP,并于 2016 年 2 月正式签署。根据 TPP 文本,TPP 的生效条件是:要求至少占到 TPP 经济总量(参考 2013 年的 GDP)的 85% 的 6 个成员批准。美国占 12 个成员经济总量的 60.4%,日本占据 17.6%。[①] 这意味着如果美国和日本不能完成国内程序,则 TPP 就无法生效。2017 年 1 月美国退出 TPP 后,日本主导推动 11 国修改协定,将 TPP 更名为 CPTPP,于 2018 年 3 月 8 日签署 CPTPP,并于 2018 年 12 月 30 日正式生效。

根据世界银行公布的数据计算,2017 年,CPTPP 成员总计人口规模达到 5.05 亿人,经济规模(GDP 总量)高达 10.57 万亿美元,占世界经济总量的 13.1%。而且,该协定的全体成员均来自充满经济活力和发展潜力的亚太地区。其中,既有经贸实力“大而强”的日本,也有经济开放度高的澳大利亚、加拿大、新西兰等发达国家,更有经济成长性较好的智利、马来西亚、墨西哥和越南

① 参见白洁、苏庆义:《CPTPP 的规则、影响及中国对策:基于和 TPP 对比的分析》,载《国际经济评论》2019 年第 1 期。

等新兴经济体。另据 WTO 和 UNCTAD 公布的统计数据计算,这 11 个国家的进出口总额和对外直接投资流出与流入规模在世界总值中的同期占比已分别达到约 28.77% 和 34.81% 。庞大的经济总量、巨额的对外贸易和投资规模,为 CPTPP 奠定了较强的经济投射力。[①]

CPTPP 由序言、30 个章节(包括初始条款和一般定义、货物的国民待遇和市场准入、原产地规则和原产地程序、纺织品和服装、海关管理和贸易便利化、贸易救济、卫生和植物卫生措施、技术性贸易壁垒、投资、跨境服务贸易、金融服务、商务人员临时入境、电信、电子商务、政府采购、竞争政策、国有企业和指定垄断、知识产权、劳工、环境、合作和能力建设、竞争力和商务便利化、发展、中小企业、监管一致性、透明度和反腐败、管理和机构条款、争端解决、例外和总则、最后条款章节)、4 个附件(包括 2 个跨境服务贸易和投资不符措施、1 个金融服务不符措施、1 个国有企业和指定垄断不符措施)组成。CPTPP 中涉及海关的章节主要包括货物的国民待遇和市场准入、原产地规则和原产地程序、海关管理和贸易便利化、卫生和植物卫生措施、技术性贸易壁垒、知识产权(与海关知识产权保护相关的条款)等。

1. 关税相关制度

关税相关制度主要规定在 CPTPP 第二章货物的国民待遇和市场准入(包含关税取消、关税免除、特定货物免税入境、货物的临时入境、管理费用和手续、出口关税、税收和其他规费等条款)、第三章原产地规则和原产地程序、第四章纺织品和服装(包含原产地规则和有关事项、核查、认定等条款)、第十四章电子商务(包含海关关税等条款)。

(1)关税减让

①亮点与影响

第一,CPTPP 继续延续 TPP 对关税的规定并致力于将目前的关税水平降为零。通过测算各成员最惠国待遇关税零关税产品比重和协定实施一年后零关税产品的比重,可以看出 CPTPP 实施后,绝大部分成员零关税的比重将达到 80% 以上。其中,6 个国家的零关税将达到 90% 以上。而中韩自贸协定中,协定实施一年以后,中国零关税比重仅为 57.02% ,美韩自贸协定货物贸易自由化

---

① 参见樊莹:《CPTPP 的特点、影响及中国的应对之策》,载《当代世界》2018 年第 9 期。

程度较高，协定实施一年后，零关税比重也不过 82.83%。由此可见，CPTPP 关税的减让力度确实高于已有自贸协定，致力于取消 WTO 多边框架下的货物关税。①

第二，CPTPP 生效后，大幅关税减让会使贸易转移效应快速显现，但短期内对中国的影响不大。从单独某一产业来看，CPTPP 对中国冲击最大的最有可能是机电产业。机电产业在中国经济发展和进出口贸易中具有重要的地位，机电产品是中国同日本、加拿大和墨西哥最重要的贸易产品，CPTPP 成员中日本、马来西亚和新加坡均为出口机电产品的重要国家。但从质量来看，日本出口的机电产品具有较高的附加值，与中国产品属同类不同质产品；马来西亚和新加坡出口的机电产品与中国产品类似，同质性较高，有很高的替代性。因此，CPTPP 生效后，马来西亚和新加坡会通过 CPTPP 的零关税协议，扩大其在成员国内机电产品的市场份额，对中国的机电产业产生不利影响。②

②中国对策

第一，加强对 CPTPP 关税细分市场结构的研判分析，同时激活中国国内市场的竞争以应对更大强度和规模的关税减免，应分别考察进出口两个市场结构的差异性和互补性，重点摸清进出口方对市场的控制程度。

第二，我国正处在产业结构升级的关键时期，虽然我国按照比较优势发展，但同发达国家相比，资源禀赋结构还是有一定差距，若此时发达国家进行低价倾销，或者从高端部件上游限制，我国发展起来的产业可能因为这种贸易政策而被扼杀在摇篮里。在这种情况下，我国应该采用适当的关税政策来保护新兴产业。

第三，进一步推进供给侧改革。推进进口替代策略转型，进口替代有利于产业的升级和技术的更新，促进中国贸易发展模式向“优进优出”和综合平衡模式的转变，促进中国从贸易大国向贸易强国转变。政府应抓紧出台切实管用的措施，以推动高质量发展为主题，支持国内国际双循环，提高实体经济的创新水平，布局、深耕高端原材料、高端核心零部件产业，从价值链低端向价值链高端

---

① 参见中国社会科学院世界经济与政治研究所国际贸易研究室：《〈跨太平洋伙伴关系协定〉文本解读》，中国社会科学出版社 2016 年版，第 36 页。

② 参见蔡彤娟、郭小静：《TPP 到 CPTPP：中国面临的新挑战与对策》，载《区域与全球发展》2019 年第 2 期。

发展,不断提高质量、效益和竞争力。

(2)原产地规则

①亮点与影响

第一,CPTPP 农产品原产地规则标准较高,与我国签署的自贸协定中相关条款较为相似,但对部分条款规定更为灵活,更便于操作。具体而言,一是 CPTPP 对农产品的特定产品原产地规则标准高于部分我国已签署的自贸协定。CPTPP 在特定产品原产地规则中,基本列出了所有农产品,采取的标准较多的是章改变规则,大部分产品的原产地规则标准高于我国已签署的中巴、中国—东盟、中瑞等自贸协定,但大部分农产品的原产地规则标准亦低于中韩和中澳自贸协定(基本采用完全获得标准)。二是 CPTPP 对区域价值成分的计算方式更灵活。CPTPP 原产地规则对区域价值成分的相关规定较为细致,允许通过多种方式计算区域价值成分,便于企业根据产品特点利用区内优惠税率,打造区域产业链和供应链。[①] 三是 CPTPP 的"累积规则"条款适用范围更广。目前,我国已签署的自贸协定基本已适用"累积规则"条款。但 CPTPP 进一步丰富和深化了累积规则,除由一个或多个生产商在一个或多个缔约方境内生产的货物,只要满足原产货物标准,即被认定为原产外,还明确规定,一个或多个生产商在一个或多个缔约方境内使用非原产材料的生产活动可计入货物的原产成分。这在一定程度上扩大了原产货物的范围。四是 CPTPP 的"微小含量"不适用于乳制品和果蔬汁等少量农产品。目前,我国已签署的自贸协定关于微小含量的规定较为宽松,基本上非原产材料价值不超过离岸价格的 10% 均被视为原产货物。CPTPP 虽然也包括"微小含量"标准,但同时列出乳制品、果蔬汁等一系列例外产品,要求更加严格。[②]

第二,原产地规则对中国纺织和汽车产业影响较大。CPTPP 仍然延续了 TPP 协议的原产地规则,需要重点关注这些规则对纺织服装和汽车产业的影

---

① 我国目前已签署的自贸协定,大部分仅采用非原产材料扣除的区域价值含量一种方法(仅《内地与香港关于建立更紧密经贸关系的安排》采用了增值法),且区域价值成分标准低于 CPTPP。对于部分产品,中韩和中澳自贸协定仅规定了子目改变一个标准,CPTPP 则对多数产品均规定了子目改变或达到一定的区域价值标准,显示了更多的灵活性。

② 参见刘艺卓、赵晶:《CPTPP 农产品原产地规则与我国应对的谈判策略》,载《中国外资》2020 年第 3 期。

响。CPTPP与《北美自由贸易协定》一样，采取了“从纱认定”原产地规则，要求纺织品从原料到加工制作都必须在成员内进行，否则将无法享受税收优惠。也就是说，从纱线到面料再到成衣的整个生产制造过程必须在同一国家完成才能认定该国为服装原产国。2017年中国2600亿美元的纺织服装出口中，有近40%是输往CPTPP及英国、美国等潜在成员，一旦其实施“从纱认定”标准，将使中国纺织产业加速向越南、马来西亚、墨西哥等CPTPP成员布局。对于汽车产品，虽不及NAFTA规则标准苛刻，但CPTPP也保留了较为严格的原产地规则，不仅需要满足区域价值成分门槛，还需要原产材料涉及某一项具体的操作或满足某种特定的适用要求。虽然中国是全球最大的汽车产销市场，CPTPP成员也不是中国汽车出口的主要市场，其原产地规则在短期内不会使零部件产业加速向东盟和北美市场转移，对汽车整车出口影响也较小。但从长期来看，如果CPTPP扩容或其规则被更多国家效仿，仍将影响中国汽车产业的出口竞争力。①

②中国对策

第一，深入研究各种具体商品的全球价值链分工，制定对中国企业转型升级有利的原产地规则。CPTPP相关条款的特征是对于不同商品，甚至是相近税目的不同商品，也制定了完全不同的原产地规则。由于不同商品的生产工序差异巨大，全球价值链分工格局不同，不同的原产地规则对于发达国家大型跨国公司的经营策略影响是存在差异的。中国当前的自贸协定中对不同商品的原产地规则分类相对粗放，客观上限制了这一规则在降低中国贸易成本中的积极作用。建议针对重点商品，在深入研究各种具体商品价值链分工基础上，制定更为详细的原产地规则。

第二，探讨运用多种区域价值成分计算方法的可能性。客观上看，区域价值成分方法相较税目改变方法的科学性和合理性更强，但技术难度较大。中国应积极推广运用区域价值成分方法的适用商品范围，并制定多种区域价值成分计算方法的相关标准，在这一原产地规则的较为先进核算方法领域提升自己的话语权。

2. 非关税措施

非关税措施主要规定在CPTPP第五章海关管理和贸易便利化、第七章卫

---

① 参见袁波：《CPTPP的主要特点、影响及对策建议》，载《国际经济合作》2018年第12期。

生和植物卫生措施、第八章技术性贸易壁垒、第十章跨境服务贸易（包含快递服务等）、第十四章电子商务（包含无纸贸易等）、第十八章知识产权（与海关知识产权保护相关的条款）和第二十四章中小企业（包含信息共享等）。

在卫生与植物卫生措施方面，CPTPP 中的 SPS 主要基于以美国为代表的发达国家的动植物检验检疫标准。相较而言，中国 SPS 低于国际水平。比如动植物检验检疫标准的科学依据不充分且标准较低，尤其是在农残、药残、微生物和重金属领域，SPS 的透明度不够、对违反 SPS 的行为处罚不力、市场后期监管都存在一定问题。因此，该规则对中国国内规则挑战不小。

在技术性贸易壁垒方面，CPTPP 主要是对技术标准、合格评定程序与透明度三方面进行了详细规定，其标准并没有比近几年签订的双边自贸协定的标准高出太多。但基于技术性贸易壁垒对经济产生的冲击力，接受起来还是有一定难度。

海关管理和贸易便利化章节共设置 12 个条款，就海关程序和贸易便利化、海关合作、预裁定、对建议或信息请求的答复、复议和申诉、自动化、快运货物、处罚、风险管理、货物放行、公布、机密性等方面制定了详细的规则。

（1）亮点与影响

第一，反映了发达国家的经济利益和价值取向。CPTPP 是高标准、全面的自由贸易协定，构建高效、完善的贸易便利化体系是其重要内容。如纳入海关执法合作内容、增加“对建议或信息请求的答复”条款保障知情权、详细规定处罚要求体现对权力的制约、详细规定快递条款以保护快递企业利益等。CPTPP 特别强调了快运对中小企业的重要性，并同意为其提供加急海关程序，从贸易便利化层面呼应了中小企业章节的设置主旨。

第二，相较于 WTO《贸易便利化协定》与我国商签的其他自贸协定，CPTPP 海关管理和贸易便利化章节对一些原则性事项作了进一步细化，有关要求更具有可操作性。此外，该章节内容范围上虽没有面面俱到，但在法律规范一致性、信息交换、预裁定、快件等方面均体现了更高标准。如各方应通过信息共享实现与进出口相关的法律法规的一致性；规定信息提供的范围包括与进口相关的特定保密信息；扩大预裁定申请人范围、明确预裁定有效期并允许在裁决失效前续展；此外，增加了一系列时限规定，如要求正常情况下快件在货到并提交必要海关单证后 6 小时内放行、一般货物尽可能在抵达后 48 小时内放行等。

第三，CPTPP 强调现代信息技术的应用及标准化。世界各国海关都面临着巨大的业务量与短缺的人力资源的矛盾，需要通过利用现代信息技术手段提高监管效率，缩短放行时间。[①] CPTPP 规定了自动化条款，明确要求各成员海关提供电子支持系统及环境，并鼓励各成员通过借鉴 WCO 或 APEC 的已有模式、方法，为海关程序管理和风险分析提供更为便利的服务手段。虽然 CPTPP 对电子化和标准化提出了具体的要求，但许多条款并非约束性义务，使用了尽可能、酌情、努力等词语，以考虑各国实施中的不同水平和情况。

（2）中国对策

以 CPTPP 为标志，今后自贸协定谈判中与海关程序与贸易便利化议题相关的标准将有可能进一步提高，使各项便利化措施向更高效、务实、具体、细化方向发展。为应对 CPTPP 的影响，建议我国从以下方面采取措施提升海关贸易便利化水平：

第一，认真研究 CPTPP 条款内容并提出相应对策。因为贸易环境的多变性、地缘政治的复杂化、美国未来重新加入的可能性都对国际贸易和投资规则的完善提出了挑战。因此，中国需要未雨绸缪，仔细研究 CPTPP 条款并提出相应对策，从而更好地化解 CPTPP 给中国带来的压力与风险。对于海关管理和贸易便利化章节的大部分内容，我国无论是在自贸协定中的对外承诺方面还是在国内法律法规和实践方面均已达到或超过 CPTPP 的水平，仅有个别内容存在差距。如加入 CPTPP，应当根据我国实际情况修改现有法律法规及管理模式或对相关条款予以保留。与此同时，加强与其他自贸协定的比较研究，积极完善国内相关规则制定，深入改革、尽早实现与 CPTPP 及其他国际最高标准的对接。

第二，健全对标国际规则、国内配套完善的法律体系。我国海关现行的立法和实践与 CPTPP 等全球范围内高水平的自由贸易协定相比在一些方面还存在差距。为充分落实已签订的自贸协定，并使今后能够对接更高质量和开放水平的贸易便利化标准，就必须不断提高我国海关法体系对 WTO、WCO 等国际标准的适应和契合程度。一方面，根据 CPTPP 以及 WTO《贸易便利化协定》、WCO《SAFE 标准框架》所确定的基本原则和主要内容，研究我国与其他国家促

---

① 参见何彤：《TPP 关于海关程序与贸易便利化领域对我国的影响及对策》，载《海关与经贸研究》2016 年第 5 期。

进贸易便利化的具体内容和标准,在现有自贸协定基础上通过签订海关合作与互助协定进一步约束各成员海关执法的随意性。另一方面,在经济一体化背景下,在提高我国海关立法透明度和执法一致性的基础上,重新整合边境管理职能,重点加强维护贸易安全与便利的立法、执法。

第三,多双边并举积极推进国际经贸规则体系改革。CPTPP 生效后最深远的影响是改写国际贸易规则,我国可能因此失去制定国际贸易规则的主导权。我国应与相关方加强合作,推动 WTO 规则体系在现有框架下的改善深化,在推动 WTO 克服自身缺陷向前发展的同时,也需要尽可能维护自身的核心利益。同时,我国也需要加快推进自由贸易协定、经济合作协定等各类国际协定谈判,加强贸易便利化议题的共同研究、讨论与合作,为在多双边和区域层面获得更多理解支持奠定基础。

(二)《区域全面经济伙伴关系协定》

《区域全面经济伙伴关系协定》由东盟于 2012 年发起,历经 8 年、31 轮正式谈判,于 2020 年 11 月 15 日正式签署。RCEP 是全面、现代、高质量、互惠的自贸协定,成员包括东盟十国与中国、日本、韩国、澳大利亚、新西兰,这 15 个成员国的总人口、经济体量、贸易总额均占全球总量约 30%。这标志着当前世界上人口最多、经贸规模最大、最具发展潜力的自由贸易区正式启航。协定生效需至少 9 个成员批准,其中至少 6 个东盟成员国和中国、日本、韩国、澳大利亚和新西兰中至少 3 个非东盟成员。符合生效条件的国家向东盟秘书处提交批准书 60 日后,协定在上述国家之间生效。截至 2022 年 1 月,东盟秘书处发布通知,宣布文莱、柬埔寨、老挝、新加坡、泰国、越南 6 个东盟成员国和中国、日本、新西兰、澳大利亚 4 个非东盟成员国已正式提交核准书,RCEP 达到协定生效门槛。根据协定规定,RCEP 于 2022 年 1 月 1 日对上述十国开始生效。RCEP 自贸区的建成是我国实施自由贸易区战略取得的重大进展,将为我国在新时期构建开放型经济新体制,形成以国内大循环为主体、国内国际双循环相互促进的新发展格局提供巨大助力。

RCEP 协定由序言、20 个章节(包括初始条款和一般定义,货物贸易,原产地规则,海关程序和贸易便利化,卫生与植物卫生措施,标准、技术法规和合格评定程序,贸易救济,服务贸易,自然人临时移动,投资,知识产权,电子商务,竞争,中小企业,经济技术合作,政府采购,一般条款和例外,机构条款,争端解决,最终条款章节)、4个市场准入承诺表附件(包括关税承诺表、服务具体承诺表、服务和投资保留及不符措施承诺表、自然人临时移动具体承诺表)组成。其中与海关有关的章节主要包括货物贸易,原产地规则,海关程序和贸易便利化,卫生与植物卫生措施,标准、技术法规和合格评定程序,知识产权(边境措施)等。

1. 关税相关制度

关税相关制度涉及关税减让和原产地规则。原产地规则设专章进行规定,而第二章货物贸易则就与货物贸易相关的承诺作出规定,包括承诺根据GATT第3条给予其他缔约方的货物国民待遇;通过逐步实施关税自由化给予优惠的市场准入;以及特定货物的临时免税入境等与关税相关的制度安排,并将各国关税承诺表纳入协定附件一。

(1)关税减让

①亮点与影响

第一,货物贸易开放水平达到90%以上。协议签订后,区域内货物贸易零关税产品数整体上超过90%,各成员之间关税减让以立即降至零关税、十年内降至零关税的承诺为主。一般来说,高水平自贸协定在货物贸易方面的开放水平在95%以上,水平稍低的在80%以上,而RCEP的货物贸易开放水平达到90%以上,比WTO各国的开放水平要高得多。对于需要从各成员进口原材料、零部件的中国企业来说,能在一定程度上降低生产成本,带动中国对资源品、制造业原材料等相关领域的进口水平。

但是,对于RCEP的短期作用与效果不宜太过于高估。其一,RCEP签署前,大部分国家已缔结了多项自贸协定,如作为谈判发起方的东盟本身已经构成单一市场,并在"东盟+1"框架下与中国、日本、韩国和澳大利亚与新西兰分别签署了四项自贸协定,中国与东盟自贸协定已经削减了90%的关税。除了缺少中日、日韩自贸协定外,亚太地区的贸易版图已经基本上完全被双边自贸协定覆盖。此外,从中国进口角度来说,关税仅是海外商品税收的一环,更多税收来自进口增值税与消费税。2020年前三季度,进口增值税和消费税合计1.1万亿元,远高于关税的1899亿元,单是关税减让对最终购买者而言影响有限。[①] 其二,关税减让周期长,进展快慢与政治经济环境相关,存在不确定性。RCEP关税减让是个长期过程,协议中大多数减免设置了10—20年的过渡期,之后才实现零关税。此外,即便在同一自贸区不同国家之间,也存在差异化减税标准,如在服装鞋帽等品类,日本承诺RCEP生效后立即免除对东盟和澳大利亚与新西兰的全部关税,但对中韩则是渐进削减关税,说明国家战略、地缘政治考虑与产业结构竞争性的考量均是影响合作深度的重要因素。其三,RCEP是双边减税,对中国的优势行业是机遇,而对中国的薄弱行业则是挑战。RCEP下,纺织服装、轻工、建材、农产品、采掘业、电子商务等行业可能受益最大;汽车及零部件、石油化工等行业可能会受到较大冲击。

第二,中国和日本首次达成双边关税减让安排。日本是仅次于东盟、欧盟、美国的中国第四大贸易伙伴,2019年中国对日出口1432亿美元,主要集中在服装(12.1%)、计算机(6.8%)、手机(6.2%)、电器;中国自日本进口1715亿美元,主要为机械(12.2%)、汽车及零部件(10.3%)、集成电路(10.1%)和精密仪器,美妆和食品亦受中国消费者欢迎。[②] 但相比于其他主要经济体贸易发展迅速,中日贸易规模过去十年停滞不前。RCEP的签署让中国和日本首次达成了双边关税减让安排,预计将对中日出口有较大提振,预期未来日本出口至中国的机械、汽车零部件和食品,以及中国出口至日本的服装、鞋帽、箱包将是双边关税逐步减让的主要受益者。中日电子、电器和精密仪器等产品领域的贸易已经实现双边零关税,基本不受影响;中国自日本进口的汽车、美妆产品关税保持不变,受影响较为轻微。同时,RCEP还新增了日韩之间的自贸关系,使区域内自由贸易程度显著提升。根据国际智库测算,2025年,RCEP可望带动成员国出口增长比基线多10.4%。[③]

第三,推动中国产业转移。目前,全球第四轮产业转移正在进行,中低端产业由中国向东盟各国(越南、缅甸、柬埔寨、老挝、菲律宾和印度尼西亚)转移,同

---

① 参见张明明、徐天辰:《RCEP是对全球化逆流的突围与反击》,载南方财经网,http://www.sfccn.com/2020/11-19/4OMDE0OTZfMTYwNjk4OQ.html。

② 参见张明明、徐天辰:《RCEP是对全球化逆流的突围与反击》,载南方财经网,http://www.sfccn.com/2020/11-19/4OMDE0OTZfMTYwNjk4OQ.html。

③ 参见张燕、杨琳:《"超级自贸区"来了! 历时8年谈判,RCEP会为我们带来什么?》,载凤凰网2020年11月16日,https://finance.ifeng.com/c/81SHy4zsHJg。

时中国承接全球中高端产业。RCEP 正式签署后，将进一步推动全球第四轮产业转移，中国有望受益于全球产业转移带来的新一轮产业升级。有关机构研究显示，RCEP 的全面实施将使成员每年 GDP 增长 0.5%，出口额增长 5.5%，并带动全球经济增长 0.2%，相当于 CPTPP 收益的两倍，全球贸易额增长 1.9%，其中 RCEP 成员的制造业出口增加额占全球制造业总出口增加额的比重达到 99%以上。未来，全面取消成员间关税，将使 15 个成员的实际 GDP 约增长 1370 亿美元。若印度今后加入 RCEP，全面取消关税并部分削减非关税壁垒，将在区域内带来巨大的贸易创造效应和对区域外的贸易转移效应，促进 RCEP 成员实际 GDP 增幅达到 1.9%—4.2%，区域内福利水平提高 428.12 亿美元。① RCEP 关税减让安排和原产地规则进一步降低了区域内部产业链合作成本，也使欧美发达国家回迁产业链面临更高的相对成本，有助于使产业链留在亚太地区。

②中国对策

第一，以 RCEP 为基础加快推动建设更高质量的经贸协定与对外开放。一方面，升级 RCEP 至更加实质的服务贸易和投资领域；另一方面，借助 RCEP 尽早促成中日韩自贸区协议签订，以实现更加紧密的东亚区域一体化合作。

第二，进出口企业应根据自身情况，结合关税减让幅度和时间节点差异，就 RCEP、其他自贸协定和优惠贸易安排的原产地规则及其操作程序进行综合评估与比较，合理利用原产地优惠政策优化企业供应链，达到贸易利益最大化的目的。②

第三，加快国内的经济体制改革。重点扶持小微企业和民企，释放经济活力，为企业创造一个良好的对外投资内外部环境。进一步推进税收税改，降低企业成本。

(2)原产地规则

RCEP 第三章原产地规则确定了 RCEP 项下有资格享受优惠关税待遇的原产货物的认定规则。在确保适用实质性改变原则的同时，突出了技术可行性、

---

① 参见黄鹏、谈茜、孟雪：《加快货物贸易自由化 推动更高水平对外开放——签署 RCEP 协定影响分析》，载微信公众号“中国财经报”2020 年 11 月 15 日，https://www.mp.weixin.qq.com/s/GcuffuboioOxuWotrA。

② 参见刘霜林、金泉明：《“五问”RCEP 签署与关税变化影响》，载《中国海关》2021 年第 1 期。

贸易便利性和商业友好性,以使企业尤其是中小企业易于理解和使用 RCEP。在第三章第一节中,第二条(原产货物)和第三条(完全获得或者生产的货物)以及附件一《产品特定原产地规则》(PSR)列明了授予货物"原产地位"的标准。协定还允许在确定货物是否适用 RCEP 关税优惠时,将来自 RCEP 任何缔约方的价值成分都考虑在内,实行原产成分累积规则。在第二节中,规定了相关操作认证程序,包括申请 RCEP 原产地证明、申请优惠关税待遇以及核实货物"原产地位"的详细程序。第三章有两个附件:一是《产品特定原产地规则》,涵盖约 5205 条 6 位税目产品;二是《最低信息要求》,列明了原产地证书或原产地声明所要求的信息。

①亮点与影响

第一,区域累积原则扩大优惠面。作为世界的工厂,中国处在全球产业链条的心脏位置,中间品贸易占有非常大的比例。由于中间品需要多次跨境贸易,使关税被不断地叠加放大,降低了最终品的价格竞争优势。而 RCEP 在本地区使用区域累积原则,即产品原产地价值成分可在 15 个成员国构成的区域内进行累积,来自 RCEP 任何一方的价值成分都会被考虑在内,提高协定利用率,进一步降低最终产品关税。

根据国际贸易和海关法律法规,进口商要能享受到双边或多边自贸协定中的税收优惠,就必须提供所依据的双边或多边自贸协定中的原产地证书。根据 WTO 规则及《中华人民共和国进出口货物原产地条例》第 3 条的规定,完全在一个国家(地区)获得的货物,以该国(地区)为原产地;两个以上国家(地区)参与生产的货物,以最后完成实质性改变的国家(地区)为原产地。而 RCEP 在立法上对此进行了调整,除了"完全获得或者生产的货物",还规定"在一缔约方仅使用来自一个或一个以上缔约方的原产材料生产",也就是说,只要是对来自 RECP 成员国(含多国)的原材料的加工,即可视为可以享受优惠税率的原产国货物。这个规则不用考虑"完成实质性改变"规则。

此外,《中华人民共和国海关进出口货物优惠原产地管理规定》第 6 条规定,原产于优惠贸易协定某一成员国或者地区的货物或者材料在同一优惠贸易协定另一成员国或者地区境内用于生产另一货物,并构成另一货物组成部分的,该货物或者材料应当视为原产于另一成员国或者地区境内。根据上述规定,区域价值并不在协定成员国间累计。而 RCEP 规定了"区域价值成分计算"

规则,即在每一成员国的价值可以累积到40%即可。根据这一规则,此前成员间双边自贸协定原产地规则不能算作某国原产的某一产品,经过区域价值累积后,将可能被认定为RCEP区域原产,享受RCEP优惠关税。考虑到东盟十国和中国、日本、韩国、澳大利亚、新西兰的经济体量,加工价值链在成员国间会更加细分。跨国公司会更加考虑根据各成员国或地区的生产禀赋和税收政策(特别是所得税),灵活地进行产业布局,建立更精细更完善的产业链分工体系,降低最终产品的生产成本。

第二,丰富原产地证书类型。此前,复杂的原产地规则是导致亚洲区域自贸协定利用率不足的重要原因之一。RCEP对于整合亚洲区域一体化的最大贡献之一,在于区域内采取共同的原产地规则。协定实施意味着RCEP成员之间的贸易只需要一张原产地证书,免去了过去原产地规则的烦琐程序,有效降低了贸易制度成本。RCEP的统一原产地规则也有助于整合亚洲地区生产网络,将推动美、欧等区域外跨国企业在亚洲地区更便利地开展商业活动。

相较于以往的《中国—东盟自由贸易协定》,RCEP进一步丰富了原产地证书的类型,在传统原产地证书之外,还将允许经核准的出口商声明以及出口商的自主声明。这标志着原产地声明制度将由官方授权的签证机构签发模式转变为企业信用担保的自主声明模式,大大地节省政府的行政管理成本和企业的经营成本,进一步提高货物的通关时效。

②中国对策

第一,充分运用RCEP原产地规则,加快区域内经济和贸易的融合发展,充分利用区域内资源加快产业布局,巩固中国在亚太价值链中心的作用,为企业开拓国际市场创造良好的经济环境。同时,进一步运用创新政策等工具,持续引导中国向全球价值链的高附加值中间产品制造、研发、品牌等环节转移,培育产业新优势。

第二,主动参与亚太范围的自贸区建设,在“一带一路”倡议的指导下,稳步推进我国现有自贸区谈判,推动我国与更多亚太国家达成自贸协定,尽量避免原产地规则的排他性对我国产业产生的不利影响。引导有实力的企业从产业链合理布局角度,利用已有自贸协定原产地规则,努力开拓海外市场,鼓励我国具有优势产业“走出去”。

2. 非关税措施

RCEP 的非关税措施主要包括海关程序和贸易便利化措施、卫生与植物卫生措施以及标准、技术法规和合格评定程序方面的措施。在卫生与植物卫生措施方面,RCEP 为保护人类、动物或植物的生命或健康制定了一系列措施,并确保这些措施尽可能不对贸易造成限制,不对其他 RCEP 成员构成不合理歧视。在《SPS 协定》的基础上,RCEP 还加强了风险分析、审核、认证、进口检查,以及紧急措施等规则的执行。在标准、技术法规和合格评定程序方面,RCEP 推动各方在承认标准、技术法规和合格评定程序中减少不必要的技术性贸易壁垒,并鼓励各方的标准化机构加强标准、技术法规以及合格评定程序方面的信息交流与合作。这些举措将大大提高域内货物贸易便利化水平,降低贸易成本,缩短物流时间,进一步促进形成区域一体化市场。

在海关程序和贸易便利化方面,RCEP 通过确保海关法律和法规具有可预测性、一致性和透明性的条款,以及促进海关程序的有效管理和货物快速通关的条款,致力于创造一个促进区域供应链的环境。RCEP 第四章海关程序和贸易便利化包含高于 WTO《贸易便利化协定》水平的增强条款,包括对税则归类、原产地以及海关估价的预裁定;为符合特定条件的经营者(授权经营者)提供与进出口、过境手续和程序有关的便利措施;用于海关监管和通关后审核的风险管理方法等。具体而言,海关程序和贸易便利化章节的亮点与影响,以及我国对策建议如下:

(1)亮点与影响

第一,扩大预裁定的适用范围。预裁定是世界各国自贸协定中贸易便利化条款中最重要的条款之一,它对于保证海关执法行为的可预见性、降低企业贸易成本具有重要作用。在做出海关事务申请预裁定事项上,RCEP 允许就进口货物税则归类、原产地和海关估价进行预裁定申请,扩大了预裁定的申请事项,此承诺高于 WTO《贸易便利化协定》,与 CPTPP 和中国海关预裁定管理暂行办法相一致。

就预裁定申请人范围问题,CPTPP 允许一方境内的进口商以及其他成员方境内的出口商、生产商可以向进口国海关提出预裁定申请。中国规定申请人应当是与实际进出口活动有关,并且在中国海关注册登记的对外贸易经营者,此承诺与 WTO《贸易便利化协定》相一致,非注册的对外贸易经营者无法直接向中国海关提出预裁定申请，故在预裁定申请人范围上，CPTPP 标准要高于 RCEP 和中国法律规定。

第二，细化 AEO 的贸易便利化措施。AEO 制度是根据 WCO 于 2005 年制定的《SAFE 标准框架》所提出的海关与商界合作支柱中，由海关对企业进行资质认证，以便获得便利通关资格的制度，其已成为各国海关高度认同的国际标准。获得 AEO 的国际物流供应链中的国际贸易企业在通关时享受便利通关的待遇，查验率大大降低，通关速度加快，减少多样复杂的通关报告要求，大大节约了时间和成本。

相较于中国签署的其他自贸协定，RCEP 设专门条款明确了经认证经营者的制度规范，包括准入标准、经认证经营者的优惠便利措施要求、国际互认合作等内容，与 WTO《贸易便利化协定》的规定保持一致，CPTPP 则未对此进行规定。RCEP 规定了经认证的经营者范围扩大到中小微企业，各方还采纳了中国的建议考虑使用协调员制度主动为守法企业提供便利措施。这是中国将 AEO 协调员制度首次推广到国际协定并且使区域内成员接受并采纳建立的相关制度。

第三，促进快递等新型跨境物流发展。RCEP 简化了海关通关手续，采取预裁定、抵达前处理、信息技术运用等促进海关程序的高效管理手段，在可能情况下，对快运货物、易腐货物等争取实现货物抵达后 6 小时内放行，CPTPP 则要求快件在提交必要的海关单证后 6 小时内予以放行。中国法律法规对此没有规定，在中国之前对外签署的自贸协定中也没有就快件放行时间进行过承诺，相较于 CPTPP，RCEP 关于快件放行时间的规定虽然属于非约束性条款，但仍有助于促进快递等新型跨境物流发展，推动果蔬和肉、蛋、奶制品等生鲜产品的快速通关和贸易增长，整体水平超过了 WTO《贸易便利化协定》。

(2) 中国对策

第一，中国海关应持续深化国际海关 AEO 互认，不断探索符合中国特点的 AEO 实施模式、丰富 AEO 实施的内涵、创新 AEO 实施的形式，进一步提升贸易安全的理念，完善贸易安全的要求，积极构建海关与企业的新型合作伙伴关系，以国际互认实践助推 AEO 制度的长远发展，为全球贸易安全与便利的全面发展做出新的贡献。

第二，我国海关要进一步创新监管理念，持续推动业务改革，主动适应新兴贸易业态发展,形成监管更加严密、通关更加便捷、流程更加科学、运转更加高效的管理机制和运作模式。在具体实现方式上,包括深入推进通关改革,完善通关一体化、无纸化通关、“单一窗口”等制度流程;全面落实海关归类、价格和原产地预裁定等监管方式;扎实推进分类通关改革,主动提供智能化服务,有效提高风险管理的针对性和有效性,不断提升我国贸易便利化水平,持续优化口岸营商环境。

第五节　区域经济一体化高级阶段的海关法律制度

一、关税同盟海关法律制度的共性特征

关税同盟是指两个或两个以上的国家或单独关境区通过海关国际条约建立的统一的关税联盟。它具有统一的关税领域,即统一关境。关境内各国或单独关境区相互减让或取消关税,对于来自关境以外的国家或地区进口的商品则实行共同的关税税率和外贸政策。统一程度较高的关税同盟还要求实行海关法上的统一,即实行统一的海关法律制度,甚至统一海关机构。虽然经济一体化还有比这种关税同盟更高的层次,如共同市场、政治联盟等,但它们都是在货物贸易和海关制度以外的领域推进经济一体化。由于后者的层次和位阶高于关税同盟,所以只要到了共同市场、政治联盟阶段的一体化,自然就包含了关税同盟的内容。各关税同盟海关法律制度具有共性特征。

(一)引入新的边境管理经营模式

对于关税同盟而言,应把边境共同管理政策放在贸易便利化的中心位置。理论上,边境共同管理政策的许多要素也都同样适用于区域贸易协定。关税同盟除了满足 WTO 关于关税同盟的最低要求以及诸如欧盟等先行者最佳实践的要求之外,还应有足够的能力在边境管理方面设定战略方向和采取新的方法。在关税同盟,如同在国家内部,人员和货物的跨境流动应遵循国际标准和最佳实践的现代化管理标准。关税同盟新的边境管理操作模式中的要素包括:(1)管理风

险;(2)简化和协调政策和程序;(3)消除重复性;(4)综合性的商业解决方案;(5)旅游者、贸易商和第三方管理;(6)加强管理方面的相互援助;(7)相互认可;(8)授权的法律体系;(9)加强政策制定和实施机构的管理。

(二)风险管理战略

在海关和边境风险管理中,资源应主要用于高危人群、货物和活动。在关税同盟中,如果成员国对风险识别和管理采取不同措施,那么很难实现边境管理一体化。① 因此,风险管理是以关税同盟之间实现统一性的目标以及边境机构内部相互协作为中心的。

共同风险管理战略首先使所有边境机构在目标、战略、优先级以及对违规行为所使用的方法上具有统一性。如欧盟设立共同的边境管理机构来监督共同风险战略并为其拟定运营方案。② 安第斯共同体也已经着手区域性风险标准和信息交换格式等方面的工作。关税同盟共同风险管理战略还包括一些支持工具,如 AEO 的共同应用和受信任旅行者计划(Trusted Traveler Schemes);通过相互连接的系统所进行的信息交流等。

(三)简化和协调政策与程序

区域贸易协定中与边境有关的程序应参照国际规则(如《经修订的京都公约》)和国际上的最佳实践,通过整合各种现代技术,包括风险分析和信息通信技术的广泛应用,从而确保流程和手续大幅度简化。关税同盟不仅协调海关政策和程序,还协调促进透明化和信息交流的政策。

对于货物的进口、出口转运采取统一的关税申报,在区域内通过"单一窗口"等形式实现通关和共同转运程序的标准化。在南方共同市场,要求海关事务技术委员会设计南方共同市场统一海关文件。2006 年,南非关税同盟成员已

---

① Erich Kieck & Jean-Christophe Maur, *Regional Integration and Customs Unions*, in Gerard McLinden and Enrique Fanta eds., Border Management Modernization, A Handbook for Reformers, the World Bank, 2011, p. 240.

② European Commission (Commission of the European Communities) 2003. Communication from the Commission to the Council, European Parliament and the European Economic and Social Committee on the Role of Customs in the Integrated Management of External Borders. Document COM (2003) 452 final, Commission of the European Communities, Brussels.

经采取并实施统一的管理文档,记录所有海关信息。安第斯共同体成员已经开发出共同海关文件,并且通过地区检查程序一体化手册将共同的规则应用于海关检查。

(四)消除重复性:通过"一站式"方法使管理措施合理化

消除重复性可行的方法之一是协调规则和程序,此外还可通过联合边境管理实现,包括设置"一站式"边境检查站等可以在减少延误、重复、烦琐的同时,改善管理效果并降低走私和错误申报的风险。

"一站式"检查站让移民、海关以及其他边境管理部门联系更加密切,如来自两个边境国家的海关官员在相邻的办公室或房间进行进口和出口事务的办理。但"一站式"检查站被证明仍然是存在问题的。一方面,如果两个国家的边境管理人员在某个国家领土上一起工作,则必须赋予外国海关官员行政执法权和司法裁判权,这一要求会引起国家主权等敏感性问题。另一方面,如果各个边境管理机构在展开联合行动时没有共同的目标和标准,甚至可能降低执法效率。然而,国际上的经验已经表明,这些问题通过双边协商和国家法令颁布可以得到解决。在设立"一站式"边境检查站时,应注意下列事项:(1)法律框架;(2)制定管理方案、程序和文件;(3)就"一站式"管理方案、程序和文件达成协议;(4)交通流量系统;(5)信息通信技术条件和基础设施;(6)人力资源;(7)监督。[①]

南非关税同盟认识到,设立"一站式"边境检查站是贸易便利化的当务之急,在多边协议中,南方共同市场国家应该在实施一体化管理的16个边境点上达成共识。东非共同体在肯尼亚和乌干达之间的玛拉巴,关于一个"一站式"边境检查站的设立取得进展。根据边境一体化与发展的公共政策,安第斯共同体的目标是在共同的边境检查站实行统一的管理方法,其在瓜地马拉和萨尔瓦多之间的阿尔瓦拉多和哈杜拉边境的检查站进行统一货物管理的试点工作。

---

① Erich Kieck & Jean-Christophe Maur, *Regional Integration and Customs Unions*, in Gerard McLinden and Enrique Fanta eds., Border Management Modernization, A Handbook for Reformers, the World Bank, 2011, p. 241 – 242.

(五)一体化商业解决方案:自动化和管理相互对接

简化、协调的程序为发展一体化商业解决方案和通关对接铺平道路。技术上的进步能够让各机构的电子信息系统通过整合应用于更加复杂的风险管理及税收征管领域,这就减少了入境口岸的申报流程、加速人员和货物的入境、快速追踪通关情况并减少发生腐败的机会。

关税同盟的愿望是有一个共同的电子信息系统或者至少系统之间应相互连接以便实现数据交换的无缝对接和电子化。如果与 AEO 或受信任旅行者计划等其他方案一起应用,相互连接可以避免重复提交信息并且可以让这些方案更有效。在安第斯共同体中,关于电子化传递海关申报的试点工作已经得到了法律的支持。

(六)相互管理协助:分享信息和情报

国际机构之间拥有相互连接的系统,通过设立相互提供管理协助的多、双边协定实现数据实时交换有助于国家机构之间信息的一致性,而且可以为关税同盟建立具有共同价值基础的数据库。

1997 年,南方共同市场行政互助协定的目标是预防和打击海关违法行为并提供数据交换。2000 年,南方共同市场海关指导委员会批准一项行动计划来应对海关侵权行为,提出了一系列实际措施打击走私活动。① 各个同盟成员国家已经陆续签署了双边国际海关合作协议或区域性行政互助协议,如南非同 16 个国家签订协议,并将与包括几个非洲邻国在内的其他 10 个国家进行谈判。

(七)相互认可

相互认可有助于消除重复性的机制,在关税同盟背景下,相互认可可以包括商品价格、归类方法和其他海关过境管理规则等方面。相互认可要求高度互信和标准化,并且具备无缝沟通和情报交换的渠道。

---

① Lopes de Lima, J. A. F. n. d. , *International Cooperation in Mercosur: Is the "Third Pillar" More Advanced than the "First Pillar"?* Mimeo, http://www.asser.nl/default.aspx?site_id = 8&level1 = 10790&level2 = 10865&level3 = &textid = 29424.

相互认可方案不需要区域贸易安排,如美国已经同加拿大、新西兰等国家或地区签署有关 AEO 双边互认的协议。然而,区域贸易协定安排为相互认可的谈判磋商提供了良好的渠道,尤其是关税同盟有助于促进区域一体化,使相互认可协议的达成变得更加容易。

(八)搭建有利的法律框架

各方认可的关税同盟制度、原则和程序设计必须得到法律的支持,关税同盟的一个目标就是确保同盟规则的统一性和连贯性,而有利的法律框架便可促进这个目标的实现。

海关法必须为现代的和高效的通关管理提供一个良好的框架。海关法确保海关职能部门的权威性,以及海关程序方面的一致性、预见性和透明性。正如欧盟于 1992 年,西非经济与货币联盟以及海湾国家合作委员会于 2003 年所做的那样,关税同盟的一种选择就是制定共同的海关法。根据 WCO 的国际原则,采用共同法治基础可以推进和谐化、简单化和现代化。南方共同市场在 1994 年制定了一部海关法来处理实质性和程序性问题。1997 年,南方共同市场海关事务技术委员会收到指示,要求在海关法的基础上缔结另外一个协议,应对自由区和对外统一关税事务。地区性计划的其他例子还包括安第斯共同体 2003 年制定的共同体关税规则和南非关税同盟协定的条款,该条款规定成员国关于关税的立法事宜应具有统一性。①

(九)加强机构建设:能力建设、协调性和执行力

大多数关税同盟和区域贸易安排已经建立了类似边境执行机构,如委员会等以协调不同职能部门以及各地区边境机构之间的活动,这些机构都需要进行能力建设。能力建设可以通过区域或国际合作伙伴开展,如 WCO,该组织通过哥伦布计划为海关能力建设定基调,②其方法能够应用到其他边境管理机构。

---

① Erich Kieck & Jean-Christophe Maur, *Regional Integration and Customs Unions*, in Gerard McLinden and Enrique Fanta eds., Border Management Modernization, A Handbook for Reformers, the World Bank, 2011, p. 243 – 244.

② The WCO Columbus program provides for—among other things—undertaking diagnostic missions to pinpoint pressure points and challenges, developing project plans, and delivering tailor made solutions.

例如,借鉴WCO的放行时间研究方法,关税同盟可以计算其货物从边境外到边境内的流动时间。区域贸易伙伴也是能力建设的重要同盟者,如南非税务部门向区域伙伴提供技术帮助。①

相较而言,即便在一个能力较为均衡分配的区域,合作仍然需要开展。由于少数贸易商想尽办法规避法律,所以各机构必须用动态模式整合静态管理来打击犯罪。联合行动不仅会显著限制犯罪行为,而且可以据此了解国家内部或国家之间各机构的工作方式,并制定共同风险管理的方法。同样地,对于区域和邻国来说,共同的培训标准和联合训练计划可以大大加强机构互信。关税同盟还可以设立区域性基金,为区域性协调和能力建设项目提供资金。尤为重要的是,应考虑关税同盟新的机构职能配置,②包括(1)区域性关税立法机构,主要制定管理政策和策略(这些政策和策略由成员负责实施);(2)区域性关税执行机构,其职能是管理和执行同盟所有的关税业务;(3)一体化的外部关税和边境管理机构,负责将所有的边境机构联合起来,有助于增加协调性,提升效率,并将资源集中到能力欠缺的成员。③

二、东南亚国家联盟

东南亚国家联盟(东盟,ASEAN),是集合东南亚区域国家的一个政府性国际组织。1967年8月8日,印度尼西亚、马来西亚、菲律宾、新加坡和泰国在泰国曼谷签署了《东南亚国家联盟宣言》,成立了东南亚国家联盟。东盟自成立以

① The South African Revenue Service reports assistance to other African administrations in four forms of capacity building: "providing policy, legal and operational assistance," "hosting study visits to share best practices with other administrations," "providing training interventions either at the SARS Academy or in other countries," and "seconding SARS officials to other administrations and hosting officials seconded by other administrations". Jean-Christophe Maur, *Regionalism and Trade Facilitation: A Primer*, Journal of World Trade, Vol. 42:6, p. 979 – 1012(2008).

② See *Customs 2020: A Business and Technology Point of View*, Accenture, http://www.accenture.com/NR/rdonlyres/DF096E3D-A1B9-44D6-91C3-340935DD4B74/0/Accenture_Customs_2020_English_032009.pdf.

③ Erich Kieck & Jean-Christophe Maur, *Regional Integration and Customs Unions*, in Gerard McLinden and Enrique Fanta eds., Border Management Modernization, A Handbook for Reformers, the World Bank, 2011, p. 255.

来已经成为东南亚地区以经济合作为基础的政治、经济、安全一体化合作组织。

(一)东盟区域经济一体化的发展

1979 年,在第 2 届东盟政府首脑会议上,东盟成员国签署了东盟优惠贸易安排协定,为来自其他成员国的某些出口品提供优惠待遇,如关税优惠和非关税措施的解除。1992 年 1 月,东盟国家签署了《新加坡宣言》、《东盟加强经济合作的框架协定》和为实现东盟自由贸易区而制定的《共同有效优惠关税协定》三个重要文件,宣布从 1993 年 1 月 1 日起,在 15 年内(2008 年之前)建成东盟自由贸易区。这一目标分两步完成:第一步是在 5—8 年内将关税率在 20% 以上的 15 类工业制成品的关税率减为 20%;第二步是在 2008 年之前将这些产品的关税率降到 5% 以下。由于世界经济形势的快速发展,1994 年 9 月第 26 次东盟经济部长会议决定将实现东盟自由贸易区的时间缩短为 10 年,即到 2003 年建成东盟自由贸易区。在 2003 年第 9 届东盟峰会上,东盟领导人决定建立东盟共同体。东盟共同体由三大支柱组成,即东盟政治安全共同体、东盟经济共同体和东盟社会文化共同体。2008 年 12 月 15 日生效的《东南亚国家联盟宪章》是建立东盟共同体的基石,规定了东盟的法律地位和宪制性框架,使东盟的规范、规则和价值法典化,为东盟设定了明确的目标。2015 年 11 月 22 日,东盟领导人在第 27 届东盟峰会上签署了《东盟 2025:继续共同创建》,作为东盟共同体 2009—2015 年路线图的延续,明确提出了 2015—2025 年继续创建东盟共同体的目标和任务。①

(二)东盟贸易便利化制度安排

2007 年 11 月,东盟十国领导人签订了《东盟货物贸易协议》,旨在将东盟建设成以货物、服务、投资自由流动,劳动力技能化为特征的单一市场和生产基地,协议内容包括在东盟成员国之间减免关税,在卫生检疫、贸易设施、海关通行方面实施更透明、清晰和公正的措施。在 2009 年 8 月举办的第 41 次东盟经济部长会议上,各成员国同意建立《东盟贸易便利化框架》,进一步促进货物贸易便利化和服务贸易自由化,推动外国在东盟直接投资。会议同意成立由东盟

---

① 参见陈安主编:《国际经济法学》(第 7 版),北京大学出版社 2017 年版,第 463—464 页。

成员国贸易、海关、标准化等机构官员组成的东盟贸易便利化联合磋商委员会，以协助监督在2009年10月召开的第15届东盟峰会后生效的《东盟货物贸易协议》。

东盟在贸易便利化方面采取的措施主要包括：第一，建立海关合作机制。东盟海关成立了关于贸易便利化的专门工作组，要求各个成员国在整个东盟自由贸易区层面通过协调统一推进贸易便利化。东盟海关提出贸易便利化的首要目标是简化协调海关的法律法规，简化程序和操作流程、手续，实现风险控制、海关稽核标准化。2003年东盟通过海关评估指南，确保了WTO《海关估价协定》逐步在东盟海关的应用实施。海关建立统一、稳定和透明的货物分类为东盟贸易商和企业带来更多的确定性、可预见性和安全性，降低了成本。2004年全面实施东盟协调税则，大大地促进了贸易便利化，使东盟的贸易环境大为改善。第二，统一技术法规和标准。东盟对标国际标准，在电器及电子产品、化妆品、药品等领域统一技术法规和标准，这就意味着在东盟任一成员国生产的产品，只要符合统一标准便可以自由地进入东盟的其他国家。东盟目前在电子电器、通信、药品、汽车等领域实施的一致性评估的相互承认协议大大减少了产品的重复检测和认证，降低了贸易成本，也有利于相互承认协议范围内的产品更加便利地进入国际市场。第三，实施"单一窗口"制度。2003年，东盟在提出建立东盟经济共同体的同时，通过了实施东盟"单一窗口"计划建议书，确定把国际贸易"单一窗口"作为东盟通关便利化工作的方向。2005年12月，东盟成员国签署了《建设和实施东盟单一窗口协定》，明确了各国实施"单一窗口"的时间进度表。新加坡"单一窗口"建设从20世纪80年代开始——新加坡贸易网(Trade Net)是世界上第一个全国性的电子贸易通关系统，即世界第一个"单一窗口"系统，简化了进出口通关手续和单证要求，为新加坡节约了相当于其GDP 1%的成本。[①] 文莱、印度尼西亚、马来西亚、菲律宾、泰国等五国的"单一窗口"也都已在2008年投入使用，另外四个东盟国家在2012年完成各自的"单一窗口"建设。

就东盟各国而言，各国以区域内贸易便利化水平最高的新加坡为蓝本，采

---

① 参见韦万春：《贸易便利化带来新机遇》，载中国质量新闻网，https://m.cqn.com.cn/qt/content/2010-04/26/content_1019344.htm。

取了积极有效的措施促进进出口贸易的便利化进程。各国对于贸易便利化的推行主要体现在海关方面，包括简化通关程序、降低关税税率、运行海关电子系统、开启物流追踪等。东盟国家在促进贸易便利化方面均取得了一定的进步与成果，但区域内贸易便利化水平高低不齐，未来东盟贸易便利化的发展仍需要东盟各国间互利互惠合作以及国内海关及进出口各部门间的互相协调与促进。①

三、欧亚经济联盟

欧亚经济共同体最主要的任务是实现独联体地区的经济一体化，该组织成立初期就制定了实现经济一体化的路线图。② 2010 年 1 月 1 日，俄罗斯、白俄罗斯、哈萨克斯坦三国关税同盟开始启动。2010 年 7 月 1 日，三国《关税同盟海关法典》正式施行。自 2015 年 1 月 1 日起，由俄罗斯、白俄罗斯、哈萨克斯坦三国发起的“欧亚经济联盟”正式运行，吉尔吉斯斯坦和亚美尼亚积极跟进参与此组织。五国均是“一带一路”建设的重要合作伙伴。2018 年 1 月 12 日，欧亚经济联盟成员国均按时完成了《欧亚经济联盟海关法典》生效相关的国内审批程序，该法典自 2018 年 1 月 1 日起正式生效。同时，2010 年 7 月开始施行的《关税同盟海关法典》正式废止。近几年，为推进区域经济一体化，欧亚经济共同体采取了“四步走”战略。

第一步是在欧亚经济共同体的框架内建立关税同盟。2007 年 10 月，俄罗斯、白俄罗斯、哈萨克斯坦三国签署了《关税同盟条约》，成立了俄白哈关税同盟，并建立了关税同盟委员会作为唯一的常设监督机构。2009 年 11 月，俄罗斯、白俄罗斯、哈萨克斯坦三国元首签署了包括《关税同盟海关法典》在内的 9 个基础性文件。2010 年 1 月 1 日，俄白哈关税同盟正式运行。俄罗斯、白俄罗斯、哈萨克斯坦三国正式实行统一关税税率，关税配额实施机制、优惠关税和特惠关税体系，以及对第三国禁止或限制进出口的商品统一清单，并取消关税同

---

① 参见刘主光、艾雨婷：《东盟国家贸易便利化措施研究》，载《东南亚纵横》2015 年第 6 期。

② 参见王树春、万青松：《上海合作组织与欧亚经济共同体的关系探析》，载《世界经济与政治》2012 年第 3 期。

盟内的关税壁垒和非关税壁垒,实现关税同盟内商品的自由流动。2011 年 7 月,统一关税领域成立,这标志着关税同盟开始实际运行,一个拥有 1.7 亿人口、石油储量 900 亿桶、GDP 总量 2 万亿美元的次区域经济组织诞生。至此,俄罗斯主导的苏联地区"统一经济空间"已具雏形,随着吉尔吉斯斯坦、塔吉克斯坦、亚美尼亚加入关税同盟的谈判的积极展开,甚至已经签字,关税同盟即将扩大至整个欧亚经济共同体。

第二步是将关税同盟提升为统一经济空间。2010 年 12 月,俄罗斯、白俄罗斯、哈萨克斯坦三国元首在莫斯科发表共同宣言称,从 2012 年 1 月 1 日起统一经济空间将全面开始运作。统一经济空间以欧盟 1985 年的《申根协定》(*Schengen Agreement*)①为蓝本,在更大范围内实现政策、机制的协调。它与关税同盟的主要区别在于,三国不仅要实现商品、资本和人员的自由流动,实现贸易一体化,而且要实现生产一体化,将构建包括交通、通信等在内的统一的基础设施。为协调各成员国宏观和微观经济政策,还将建立超国家的协调机构,以建立统一中央银行,实行统一货币,建立共同能源市场。

第三步是在统一经济空间基础上进一步升级为欧亚经济联盟。2014 年 5 月 29 日,俄罗斯、白俄罗斯、哈萨克斯坦三国元首在哈萨克斯坦首都阿斯塔纳签署了《欧亚经济联盟条约》,该条约于 2015 年 1 月 1 日正式生效。依据该条约,欧亚经济联盟是区域一体化国际组织,拥有国际法主体地位,欢迎其他伙伴加入成为成员国。欧亚经济联盟与独联体并不矛盾,而是相互补充。欧亚经济联盟现阶段是区域性经济组织,是开放的,欢迎其他国家或经济体参与,尤其优先欢迎独联体内的国家和经济体参加。俄罗斯、白俄罗斯、哈萨克斯坦三国承诺将在 2025 年前实现商品、服务、资本和劳动力四大经济要素的自由流动,力争协同以能源、加工业、农业和交通运输业为代表的主要经济行业的政策,目标是建立类似于欧盟那样的经济性联盟,形成一个统一大市场。②

第四步是从欧亚经济联盟迈向全面的欧亚联盟,即经济、政治和外交全面一体化,这是该组织的最终目标。2010 年 12 月,欧亚经济共同体莫斯科元首峰

---

① 《申根协定》即《关于逐步取消共同边境检查协定》,因为签署于卢森堡边境小镇申根而得名,而发行在协定国之间互通的"申根签证"是其中的一项内容。

② 参见李建民:《丝绸之路经济带、欧亚经济联盟与中俄合作》,载《俄罗斯学刊》2014 年第 5 期。

会就如何在统一经济空间基础上建立欧亚联盟达成一致。俄罗斯在 2011 年 10 月 20 日的欧亚经济共同体跨国委员会和关税同盟高级机构会议期间,提出了建立“欧亚联盟”的设想。俄罗斯表示,欧亚联盟与欧亚经济联盟相比,其一体化水平更高,是一个超国家联合体,未来将成为世界格局中新的一极,并发挥它作为欧洲和亚太地区桥梁的作用。俄罗斯还提出,欧亚联盟是一个开放性的组织,遵循平等、主权和自愿原则,欢迎所有伙伴国加入欧亚联盟,特别是独联体成员国。①

(一)欧亚经济联盟海关管理体制

欧亚经济联盟包括欧亚最高经济理事会、欧亚政府间委员会、欧亚经济委员会、欧亚经济联盟法院四大机构。在欧亚经济联盟框架下,欧亚经济委员会权限大大扩大,将负责关税和非关税调节、动植物检验、对外贸易和内部贸易统计、宏观经济政策、服务贸易和投资等 20 个领域的政策。包括经济委员会、原材料资源委员会、经济和科技合作事务基金会、跨国金融工业集团和合资企业委员会、欧亚经济联盟国际投资银行、欧亚经济联盟国际仲裁法院、结算货币单位委员会、生态委员会在内的 8 个超国家机构将在欧亚经济联盟框架内成立。②其成员国也建立了成员国海关管理机构联合委员会,以协调海关管理机构的行动。该联合委员会由成员国海关管理机构的总干事组成,他们由委员会从其成员中选出的主席管理。联合委员会设有秘书处,提供组织、信息和技术支持,协调海关机构的行动,致力于海关事项共同管理环境的发展,并保证海关法律以及海关通关共同程序的持续应用,其同时加速联盟境内海关政策的实施。③

(二)《欧亚经济联盟海关法典》的框架内容

欧亚经济联盟的建立与发展有助于推进区域经济一体化,《欧亚经济联盟

① 参见郭晓琼:《竞争与合作:对欧亚联盟与上海合作组织关系的思考》,载《俄罗斯东欧中亚研究》2013 年第 3 期。

② 参见李建民:《丝绸之路经济带、欧亚经济联盟与中俄合作》,载《俄罗斯学刊》2014 年第 5 期。

③ Krotov Igor, *Customs Union between the Republic of Belarus, the Republic of Kazakhstan and the Russian Federation within the Framework of the Eurasian Economic Community*, World Customs Journal, Vol. 5:2, p. 129 – 131(2011).

海关法典》则是欧亚经济联盟十分重要的法典，其在欧亚经济联盟法律体系中的地位仅次于《欧亚经济联盟条约》。该法典旨在保障成员国实施统一海关法律法规，共有9编、61章、465条，对海关职能、海关制度、海关税费、海关监管、海关作业等进行了十分详细的规定，吸收了国际海关管理的先进理念和做法。该法典的施行，将进一步统一欧亚经济联盟成员国海关管理，为企业进出口贸易创造更为有利的条件，有利于更好地促进贸易发展。

较之现行联盟框架内有关协议，《欧亚经济联盟海关法典》的自由化程度更高，具体包括优化通关程序，实施电子报关和自动化、采用"单一窗口"、加强后续监管并建立"货物追溯系统"、铁路运输和空运免征强制税、税费缴纳可延期1个月及个人邮政包裹免税额度逐步降低等内容。

1. 实现海关报关全程电子化，提高通关效率

根据《欧亚经济联盟海关法典》，货物从入境到海关放行进入流通环节的全程实行电子化，采用"单一窗口"，在统一的信息系统中录入所有的进口申报文件，海关通过调整风险管理系统来监控进口申报货值的异常情况。如果进口申报时没有触发风险管理系统，则不需要提供证明文件，系统将会自动放行货物。货物放行时间从过去的一天减少至4小时。[①] "单一窗口"通关制度的执行，在加速欧亚经济联盟成员国一体化进程，提高通关便携性和高效性的同时，也将最大限度地减少人为干预机制。此外，法典最大限度地将海关监管置于货物放行之后并可以延期缴纳海关税费。如果在海关申报时难以准确确定货物海关价值，可以根据现有的单证和信息确定初步价值后征税放行。在确定商品准确价值后，再补缴有关税费；可以在货物放行后1个月内缴纳海关税费，但同时必须支付利息。在一些不可抗力情况下，可以延迟到6个月内缴纳海关税费等。

2. 给予"经认证的经营者"通关优惠便利措施

法典的一个新变化是提高AEO的地位。AEO制度是WCO倡导的通过海关对守法程度、信用状况和安全水平较高的企业进行认证，并给予企业优惠便利的一项制度。该类企业享受以下特权：先放行后报关，预报关，甚至货物在仓

---

① 根据《欧亚经济联盟海关法典》的规定，报关者在电子申报货物时，不需要提交货物申报所依据的单证；海关信息系统可自动放行货物而不必由海关工作人员经手；如果在报关时海关系统中有放行货物相关单证信息或者海关可从其他国家机关的系统中找到，则不必提供；海关一般在登记申报单时起直至放行货物的时间不可超过4小时，特殊情况下为1个工作日。

库即可完成全套的报关手续。经认证的经营者作为经海关认证的诚信企业有义务做到交易的透明化、合法化,而不能利用政策违规操作。

3. 逐步降低个人邮政包裹免税额度

欧亚经济委员会对邮政包裹免税额设定上限,法典生效一年后免税额开始逐步降低。据估计,2018 年可以购买 500 欧元的免税商品,超出限额将缴纳 30% 的税费,且每公斤不少于 4 欧元。生效两年后,可以购买 200 欧元的免税商品,超出限额缴纳的税费降低 15%,但每公斤不少于 2 欧元。

四、欧洲联盟

欧洲联盟,是一个集政治实体和经济实体于一身、在世界上具有重要影响的区域一体化组织,也是目前经济一体化程度最深、发展最为成功的一个。欧洲区域经济一体化的发展始自欧洲煤钢联营,此后经历了欧洲经济共同体、欧洲共同体阶段的准备,最终建立了欧洲联盟。欧盟所属机构在一系列法律框架下行使对共同贸易政策、共同农业政策、共同渔业政策、共同运输政策等领域的管辖权。作为世界最大的贸易集团,欧盟在迅速发展内部贸易的同时,与世界主要经济体建立了广泛深入的经济联系。2020 年,欧盟 27 国与中国货物贸易在疫情中逆势双向增长,中国首次取代美国成为欧盟最大贸易伙伴。双方在落实《中欧合作 2020 战略规划》基础上,双边关系不断发展,合作日益加强。①

(一)欧盟三部海关法典的更迭演进

欧盟内部市场的建成、国际贸易与投资壁垒的降低及保障欧盟贸易便利化环境的迫切需要,使海关逐渐转变角色并开始在供应链中发挥主导作用,在对进出口贸易进行监督和管理的过程中,贸易便利化水平已成为提升国家和企业竞争力的重要因素,因此,欧盟海关制度也根据现实经济情况重塑了海关职责和使命。欧盟的海关法典共有三部,即 1992 年《欧共体海关法典》②、2008 年

---

① 参见海关总署综合统计司编:《中国外贸进出口年度报告(2015)》,中国海关出版社 2015 年版,第 203 页。

② 《欧共体海关法典》即“规定欧盟海关法典的第 2913/92 号理事会条例”[Council Regulation (EEC) No. 2913/92 of 12 October 1992 establishing the Community Customs Code,CCC]。

《现代化海关法典》和2013年《欧盟海关法典》。

1992年10月,欧盟通过了其第一部完整全面的,包括各类海关制度在内的海关法典,即《欧共体海关法典》。《欧共体海关法典》共分为九编,对欧共体海关的基本权利义务、关税政策与税则、原产地、海关估价、海关债、各类海关程序作出详细的规定。

进入21世纪,1992年的《欧共体海关法典》的实施背景发生了重要变化。当时《京都公约》修改,共同体也通过了加入公约的2003/231/EC(4)号理事会决定;欧盟已步入了海关制度流程化的时代,电子申报和电子数据处理已是通行规则,而纸面的申报与处理已是例外。基于以上原因,必须对现行海关制度进行彻底的修订。因此,2008年,欧盟议会和理事会通过了欧盟《现代化海关法典》。《现代化海关法典》于2008年6月24日生效,但没有实施,需要待2013年6月24日《〈现代化海关法典〉实施细则》生效后才能实施。但在《现代化海关法典》即将全面实施之际,法典所规定的实施条件却并未具备,而《里斯本条约》生效后,《现代化海关法典》又面临着与《里斯本条约》保持一致的问题,所以其又面临着修改的提议。对于修改《现代化海关法典》的提案有两项:其一,欧盟议会和理事会关于制定《欧盟海关法典》的提案。① 该提案是考虑到欧盟无纸化海关与贸易环境的发展节奏,《里斯本条约》生效后与该条约的协调问题以及《现代化海关法典》本身的一些条文中存在问题,因此需要在该法典实施之前予以修订。其二,欧盟议会和理事会关于修改《现代化海关法典》实施期限的提案。② 该提案建议将《现代化海关法典》的实施日期延长至2013年11月1日,并将以《欧盟海关法典》替代《现代化海关法典》。在《现代化海关法典》延缓实施的最后期限即将到期之时,2013年10月9日欧盟通过了《欧盟海关法典》,并于2013年10月30日生效。《欧盟海关法典》从公布到全面实施有一个逐步完善和过渡的过程。整个新海关法的准备和实施过程从2013年10月法典颁布一直持续到2020年全面实施,包括2014年制定工作方案、2016年5月1

---

① Proposal for a Regulation of the European Parliament and of the Council Laying Down the Union Customs Code, COM/2012/064 final-2012/0027 (COD).

② Proposal for a Regulation of the European Parliament and of the Council Amending Regulation (EC) No. 450/2008 Laying Down the Community Customs Code (Modernised Customs Code) as Regards the Date of its Application, COM/2013/0193 final-2013/0104 (COD).

日法典实施、启动过渡措施，直到2020年海关法各部分全面实施。

（二）《欧盟海关法典》及其相关条例的主要内容

欧盟现行海关通关制度由欧洲议会和欧盟理事会于2013年修订的《欧盟海关法典》、授权由欧盟委员会于2015年颁布的《欧盟海关法授权条例》（以下简称《授权条例》）和《欧盟海关法实施条例》（以下简称《实施条例》）共同组成，这三个法律文件是规范不同关境区域间欧盟货物贸易的法律框架。其中，《授权条例》规定的内容是根据法典赋予欧盟委员会的授权对法典所作的补充性规定，而《实施条例》规定的是法典有关条款的程序性规则。

1.《欧盟海关法典》基本框架

《欧盟海关法典》共计9编，2288个条款。第一编“总则”包括三章内容，分别为海关立法的范围，海关的使命和定义；海关立法相关主体的权利和义务（包括信息的提供、海关业务代理、经认证的经营者、处罚、申诉等）；以及海关事务中所涉的货币转换和期限问题。第二编“货物贸易有关的进出口关税及其他措施适用所依据的因素”包括三章内容，分别对税则归类、原产地、海关估价等欧盟关税制度的基础内容作出规定。第三编“海关债与担保”包括四章内容，规定了海关债的产生；可能发生或已经发生的海关债的担保；进出口关税的征收、缴纳、退还及免征；海关债的消灭。第四编“运入欧盟关境的货物”包括进境概要申报和货物运抵两章内容。第五编是“货物监管性质、办理海关监管程序、审核、放行与处理的一般规则”，包括四章内容，分别为货物的监管性质；货物办理海关监管程序（包括一般规定、标准海关申报、简化海关申报、适用于所有海关申报的规定、其他简化措施）；审核与放行货物制度等。第六编“自由流通放行与进口关税免除”包括两章内容，第一章规定了放行进入自由流通；第二章就退运货物、海洋捕捞及从海洋获得的产品作出规定。第七编“特殊程序”共有五章内容，包括一般规定、转运、储存（包括保税仓库、自由区等）、特定用途货物（包括暂准进口和最终用途制度）、加工（包括进境加工、出境加工等）。第八编“运出欧盟关境的货物”分为六章内容，包括货物出境前手续、货物出境手续、出口和复出口、出境概要申报、复出口通知和出口关税的免除。第九编是“电子系统、简化措施、授权、委员会程序及附则”，针对电子系统的开发、海关法规适用的简化措施、授权与委员会程序、附则作出规定。

2. 欧盟海关通关制度

《欧盟海关法典》及其相关条例为欧盟全境的通关规则及程序提供了新的法律框架。欧盟以进出口环节的贸易安全为基础,在货物放行及清关、边境口岸部门合作、海关手续及单证方面明确了一系列便利化制度安排。

(1)实行经营者和代理人注册并统一编码

在欧盟关境内设立的经营者应当向其设立地区的主管海关进行注册。在特定情况下,未在欧盟关境内设立的经营者应当在其首次提交海关申报或申请决定所在地的主管海关进行注册。除另有规定外,经营者以外的主体无须向海关注册。为使经营者拥有独一无二的识别身份,注册登记时海关应当收集并存储该主体有关数据并形成 EORI 记录。

为了给商业活动提供便利,所有经营者应当继续有权委托代理人向海关办理业务,而且不再允许任一成员国在其法律中对该代理权利进行保留。此外,具有简化通关类经认证的经营者身份的海关业务代理人可以在注册地之外的其他成员国提供服务。作为一般规则,海关业务代理人应在欧盟关境内设立,如果海关业务代理人所代理的主体无须在欧盟关境内设立或者在其他合理情形下,此项义务应该被免除。

(2)实施 AEO 制度提供相应通关便利

在欧盟关境内设立的经营者可以申请 AEO 的身份,满足规定条件可被授予简化通关类 AEO 或安全类 AEO,或两者兼有。就"简化通关"的经营者身份而言,须达到与所从事活动直接有关的实际技术标准或专业资格;就"保障和安全"的经营者身份而言,须达到确保供应链安全的适当标准。① 根据授权的类型,AEO 可以最大限度地享受简化通关或安全相关的便利措施,并在海关监管

---

① 《欧盟海关法典》第 39 条对经认证的经营者身份的授予作出规定,明确授予经认证的经营者身份的标准如下:(a)无严重违反或多次违反海关法规和征税规定的行为,包括没有与申请人经济活动有关的严重刑事违法记录。(b)申请人利用关于商业记录及必要的运输记录的管理系统显示出其对业务和物流的高水平管控,该系统可供实施适当的海关监管措施。(c)财务偿付能力,在适当考虑有关商业活动类型特征的情况下,如果申请人具有良好的财务状况,能够履行承诺,则应视为已证明其财务偿付能力。(d)就第 38 条第 2 款第(a)项所述的授权,与从事的业务直接相关的实务能力标准或专业资格。(e)就第 38 条第 2 款第(b)项所述的授权,适当的安全标准。如果申请人显示其采用了适当措施以确保国际供应链的安全,包括在货物物理完整性与人员出入管理、物流流程与特类货物的处理、员工及商业伙伴的身份识别等方面,则应被视为满足适当的安全标准。

措施方面获得更多的优惠待遇，包括更少的实际监管和单证审核。在承认简化通关类 AEO 身份的基础之上，如果经营者满足某些简化通关手续的要求，海关应当授予经营者该类通关简化手续的优惠待遇，且不得重新审查在授予 AEO 身份时已经审查过的标准。

在 AEO 国际互认方面，只有安全类 AEO 和“二合一”AEO 适用于国际互认，且欧盟基于互惠原则授予欧盟境外经营者此种优惠待遇。《欧盟海关法典》明确规定，如果在欧盟关境外的国家和地区设立的主体满足并遵守该国和地区有关法律所规定的条件和义务，并且欧盟承认这些条件和义务与欧盟关境内设立的 AEO 的条件和义务相当，则海关应当授予这些主体经认证的经营者的优惠待遇。欧盟还制定特殊政策支持中小企业认证。为了使中小企业更容易获得核准经营地位，在核准经营权立法中采取了必要的灵活性，以尽量减少成本和负担，规定海关当局在审查 AEO 标准的履行情况时，应适当考虑经济经营者，特别是中小型公司的具体特征。

（3）实施一体化通关，便利企业申报

欧盟已在成员国间开展了联合边境控制计划，并对一体化通关基本规则作出规定。如果接受通关申报的海关与货物呈验的海关不属于同一海关管辖的，经申请，海关可授权简化通关类 AEO 向其设立地海关就其在另一海关呈验的货物提交海关申报。申请一体化通关一般应适用于自由流通放行、保税仓储、暂时进口、最终用途、进境加工、出境加工、出口、复出口。[①] 在一体化通关管理制度下，接受申报地海关应当对货物实施监管、进行海关申报审核及征收进出口关税。在合理情况下，接受申报地海关可要求货物呈验地海关采取相应监管措施，并相互交换审核海关申报和放行货物的必要信息及提供监管结果。

---

① 《授权条例》第 149 条明确了批准一体化通关授权的条件，即（1）申请一体化通关应适用于以下情况：①自由流通放行；②保税仓储；③暂时进口；④最终用途；⑤进境加工；⑥出境加工；⑦出口；⑧复出口；（2）申请授权涉及自由流通放行的，对下列情形不应授权：①货物同时办理自由流通及内销放行，依照 2006/112/EC 号指令第 138 条免缴增值税，且若需征消费税，根据 2008/118/EC 号指令享受增值税缓征；②复进口货物按自由流通及内销放行，依照 2006/112/EC 号指令第 138 条免缴增值税，且若需征消费税，根据 2008/118/EC 号指令享受增值税缓征。（3）申请授权涉及出口及复出口的，仅在下列条件同时满足时方可批准授权：①依照《欧盟海关法典》第 263 条第 2 款启运前申报义务已免除；②出口海关也同时是出境海关，或者出口海关与出境海关达成了货物离境时接受海关监管的安排。（4）申请授权涉及出口及复出口的，除非 2008/118/EC 号指令第 30 条适用，否则不允许出口应征收消费税的货物。

(4)实施风险管理统一风险标准

海关在实施监管措施时,有权查验货物、取样,审核申报或通知信息的准确性和完整性,以及文件的完备性、真实性、准确性和有效性,检查经营者账户和其他记录,检查运输工具,查验个人携带的行李和其他货物等。各成员国海关应在风险信息和风险分析结果的交换基础上,通过确立共同的风险标准、监管措施和重点监管领域,在统一的风险管理框架内实施海关监管措施。共同风险标准及监管措施应当包括风险描述、货物或经营者的风险要素或指标、海关所采取的海关监管措施的性质及实施期限。重点监管领域应当涵盖在一定时期内需要强化风险分析和海关监管措施的具体海关程序、货物类型、运输路线、运输方式或经营者。①

(5)加强边境机构合作推进"一站式"作业

为了给商业活动提供便利,在对进出欧盟关境的货物进行适当监管的同时,有必要在海关之间以及与涉及海关监管的其他口岸机构之间共享经营者提供的信息。为此,欧盟明确规定,如果海关以外的其他管理部门对同一货物实施了海关监管措施以外的其他监管措施,海关应当与该管理部门紧密合作,尽

---

① 《欧盟海关法典》第46条对风险管理与海关监管措施作出规定:(1)海关当局可实施任何认为有必要的海关监管措施。海关监管措施主要包括查验货物、取样,审核申报或通知信息的准确性和完整性,以及文件的完备性、真实性、准确性和有效性,检查经营者账户和其他记录,检查运输工具,查验个人携带的行李和其他货物,并实施查问及其他类似行为。(2)除随机抽查外,海关监管措施应当首先基于使用电子数据处理技术的风险分析,其目的在于在本国、欧盟以及可能的国际层面所制定的风险标准的基础上识别和评估风险,并制定必要的应对措施。(3)海关监管措施的实施应当在各国海关之间风险信息和风险分析结果的交换基础上,通过确立共同的风险标准以及监管措施和重点监管领域,在共同的风险管理框架内进行。(4)海关当局应当运用风险管理,区分有关处于海关监管或监督之下的货物的风险等级,并且决定是否要对货物采取特定的海关监管措施。如果需要,确定在何处实施。风险管理应当根据国际的、欧盟的以及成员国的信息来源和策略,开展以下活动:收集数据和信息、分析和评估风险、指定和采取行动、定期跟踪和回顾评估该风险管理过程及其结果。(5)有下列情形的海关当局应当交换风险信息和风险分析结果:①经海关当局评估后认为有重大风险,需要采取海关监管措施,而且监管结果认定引发风险的事件已发生;或者②监管结果未认定引发风险的事件已发生,但有关海关当局认为该威胁会在欧盟其他地区引发高风险。(6)为确立第3款所述的共同的风险标准、监管措施和重点监管领域,下列内容应予考虑:①与风险程度的相称性;②有必要实施监管措施的紧迫性;③对贸易往来、各成员国及监管资源的可能影响。(7)第3款所述的共同风险标准应当包括下列内容:①风险的描述;②为实施海关监管措施,选择货物或经营者的风险要素或指标;③海关当局所采取的海关监管措施的性质;④本款第(3)项所述海关监管措施的实施期限。(8)在不影响海关当局通常实施的其他监管措施的情况下,重点监管领域应当涵盖在一定时期内需要强化风险分析和海关监管措施的具体海关程序、货物类型、运输路线、运输方式或经营者。

可能在与海关监管措施相同的时间和地点实施统一的监管措施,即“一站式”作业。

为实现这一做法,各类监管措施应该相互协调,以使经营者只需提交一次信息,相关监管部门得以在同一时间、同一地点对货物实施监管。同时,出于风险最小化和打击瞒骗行为的考虑,海关与其他主管部门以及欧盟委员会之间应当相互交换所收到的在欧盟关境内外的国家或地区间货物(包括邮政运输货物)的进境、出境、转运、移动、储存以及最终用途的信息,以及非欧盟货物和按最终用途业务办理的货物在欧盟关境内移动的信息及任何监管结果的信息。

(6)积极推进贸易无纸化

促进贸易便利化和打击瞒骗行为需要简单、快速和标准化的海关程序及流程。因此,欧盟按照欧盟委员会 2003 年 7 月 24 日题为“为海关和贸易提供简单和无纸化的环境”的通信要求,简化海关立法,允许使用现代工具和技术,进一步促进海关法律的统一适用及海关监管的现代化,为实现高效简化的通关制度奠定基础。

欧盟在法典中确立了全部海关业务和交易使用电子方式处理的法律原则以及海关业务信息与通信系统在各个成员国向经营者提供同样服务的法律原则。为了保证海关及贸易的无纸化环境,欧盟要求使用共同的电子数据标准以实现信息交换和储存,在必要的电子系统尚未运行之前,可以使用电子数据处理技术之外的方式,尤其是作为过渡方式使用,但最晚不超过 2020 年 12 月 31 日。同时,信息通信技术的使用应该与各成员国海关监管措施的协调化和标准化实施同步进行,以确保欧盟关境内的海关监管具有同等水平。

为承接和落实欧盟经济发展战略,欧盟海关还颁布了《海关同盟演进战略》和《海关行动方案 2020 目标》,规划了具体实施措施。例如,《海关同盟演进战略》提出强化单一市场,提高竞争力和促进便利化,支持实现可持续发展目标,加强打击盗版与假冒行为的执法能力,建设服务知识型欧盟等发展战略。2014 年欧盟海关颁布了《海关行动方案 2020 目标》,提出继续推动海关在欧盟海关法和相关立法的一致实施等关键领域发挥主导作用;通过协作打击欺诈和提高海关行政能力,实现对欧盟财政和经济利益保护;支持海关之间和与其他有关方面的合作,促进成员国之间成功实践经验和业务知识的分享和交流;支持信息技术能力建设,建设成熟、可靠的电子化海关,提升海关保护安全和促进贸易便利的能力。

为保证欧盟的关税联盟和单一市场内部贸易的统一、协调，欧盟通过制定特征列表简化海关程序，促进贸易便利化。具体而言，任何欧盟成员国国内设立的贸易商应能够进行以下行为：①按照业务需要而不是行政约束完成所有海关手续。②在欧盟关税区内的任何地点，对于所有海关程序，仅与一个海关管理机构发生关系（业务涉及多个公司，并仅因商业理由选择分配海关运作的情况可例外，在该情况下，可以涉及一个以上管理机构）。③能够组织其生产、销售、分销、会计、售后和相关服务而不必担心成员国之间海关待遇的差异。④实施"单一窗口"，即仅提交一次相关数据就可符合所有管理要求（无须重新提交或更新相同的数据以达成不同的管理要求）。⑤无论商品或相关海关程序发生在何处，对其商品都预期能适用相同的规则和标准；对于违规惩罚、海关结算或其他在运营中可能产生的债务都能符合相同的制度。⑥对于海关以外的行政管理机构，预期其规则和手续能够以完全兼容和配合欧盟海关手续的方式进行，包括对商品的风险管理、物理检查等。⑦通过最新、透明而低成本的信息技术基础设施与所有胜任的边境管理机构互动。同时，保证无论在欧盟内的何处都能有完整的渠道获得所有涉及海关和相关程序的法律、规章、指导方针和建议。[①]

（三）欧盟海关税收制度

1. 欧盟商品分类目录与税则

1987 年 7 月 23 日第 2658/87 号关于税则和统计的商品分类目录和共同海关税则的理事会条例[②]是规定欧盟对外贸易关税税率与其他关税管理措施的基本规则之一。根据该条例，欧盟的共同海关税则由以下组成：

一是第 2658/87 号条例所规定合并商品分类目录（The Combined Nomenclature of Goods，CN）。该条例的附件 1 是关于分类目录的具体内容，欧盟对附件 1 中的具体内容定期予以调整和修改。欧盟是《协调制度公约》的成员方，其分类目

---

① Peter Wilmott, *A Review of the European Commission's Plan for An Electronic Customs Environment*, World Customs Journal, Vol. 1(1), p. 13(2007).

② Council Regulation (EEC) No. 2658/87 of 23 July 1987 on the tariff and statistical nomenclature and on the Common Customs Tariff.

录在 WCO 的《协调制度》基础上，共分为 21 类，97 章。

二是欧盟一体化税则（Integrated Tariff of EU，Taric）。一体化税则所包括的税率种类有：属于合并分类目录所适用范围货物的常规或正常的自主关税；欧盟与欧盟关境外特定国家或地区或者国家或地区集团之间签订的协议中所包含的优惠关税措施；由欧盟对欧盟关境外的特定国家或地区或者国家或地区集团单方面采取的优惠关税措施；对特定货物减征或免征关税作出规定的自主措施；由于货物的性质或最终用途而专门适用于特定货物的优惠的关税待遇；由农业或商业或欧盟其他立法所规定的其他关税措施等。

2. 欧盟原产地规则

欧盟的原产地规则分为非优惠性原产地规则和优惠性原产地规则。根据《欧盟海关法典》的规定，在非优惠性原产地规则体系下，在认定货物的原产地时，需要满足两个原则，即"完全获得"和"最后实质性改变"。在一个国家或地区完全获得的货物应当被认为具有该国家或地区的原产资格。在实践中，"完全获得"原则将限于大多数以其自然状态获得的产品以及源于完全获得产品的产品。如果货物的生产涉及两个或更多的国家，则由"最后实质性改变"原则来确定货物的原产地。一般而言，该原则表现为以下三种方式：一是税号改变标准，即要求在商品分类目录中发生税则的品目（子目）改变的规则；二是加工工序标准，即列举货物经过某些制作或加工工序即能够或不能够授予进行此类工序的国家为货物原产地的规则；三是增值标准，即由于装配操作和纳入了原产材料而产生的产品增值占到产品出厂价的一定程度。①

优惠性原产地规则源于优惠性安排。欧盟的优惠性原产地规则完全按照其自定优惠性安排的需要进行设置。各项优惠性安排授予来自特定国家或地区并符合特定标准的货物。为了获得优惠性原产地，这些特定标准一般要求货物属于完全获得的产品或经过特定制作或加工的产品。欧盟有单边（欧盟授予优惠而不要求互惠）和协定（建立自由贸易区的互惠协议）的优惠性安排两类。各项安排都有数项关于原产地规则的附件。附件含有为了所制造的产品获得原产地地位而要求在非原产材料上进行的制作或加工的列表，被称为特定制作或加工"规则列表"。

---

① 参见朱秋沅：《欧盟关税法及其壁垒性研究》，法律出版社 2017 年版，第 170—172 页。

3. 欧盟海关估价制度

由于欧盟是根据 WTO《海关估价协定》的规定制定的其区域层面的海关估价规则,故在《欧盟海关法典》中诸多条款都是与 WTO 规则相同或近似的。

欧盟确定货物完税价格的主要基础是成交价格,即将货物出口销售至欧盟关境的实付或应付的,并已在必要情况下调整后的价格。实付或应付的价格应当是买方向卖方,或者为使卖方获得利益买方向第三方,就进口货物已支付或将支付的全部款项,且包括作为进口货物销售条件的已支付或将支付的全部款项。《欧盟海关法典》第 71、72 条就成交价格的要素、不计入完税价格的要素等作出了具体规定。如果货物的海关估价不能够根据成交价格法予以确定,则应当按照以下方法的顺序予以确定:(1)相同或类似货物价格估价方法;(2)倒扣价格估价方法;(3)计算价格估价方法;(4)其他合理方法。其他合理方法,是指如果海关估价不能根据前三种方法确定,则应当在欧盟关境内可获得的数据基础上,使用 WTO《海关估价协定》、GATT 第 7 条、《欧盟海关法典》关于海关估价条款的原则及一般规定的合理方法确定。在根据合理方法进行海关估价时,成交价格法和海关估价的次要方法适用可以具有合理的灵活性。

Chapter 5 第五章

促进多边化发展的双边海关合作制度体系

伴随逆全球化浪潮，全球治理呈现碎片化趋势，多边和区域治理行为强制性削弱，在推进落实的有效性和适应形势变化的创新性上的不足更为凸显。鉴于此，世界各国或地区除通过 WCO、WTO 等多边机制、区域一体化及制度性安排开展国际合作之外，双边海关合作亦成为促进多边化发展的有益补充与促进，在全球海关治理中发挥“以点带面”的作用。

第一节　双边海关条约的主要类型

一、双边海关条约的含义

条约，是指国际法主体之间按照国际法所缔结的确定其相互间权利和义务关系的书面协议。按照缔结方的数目分类，条约可分为双边条约和多边条约。两个缔约方间签订的条约为双边条约，缔约当事方超过两个的条约称为多边条约。

条约通常有广义和狭义两种含义。广义的条约，是指符合条约定义的以各种名称出现的国际协议的总称。广义的条约的名称通常有公约、条约、协定、议定书、宪章、盟约、规约、换文、最后议定书、附加议定书等。此外,国际实践中还有联合公报、联合声明、合作计划等。狭义的条约,是指国际协议中以条约为名称的协议,是广义的条约中最正式的一种。一般而言,各种不同名称的国际协议只要在实质上符合条约的定义,对当事各方具有法律约束力,则它们都是国际条约。[①] 国际海关条约层面亦包含了各类协议、协定、备忘录、安排、换文、联合声明等双边法律文件。

根据国际条约法原理,国际条约分为造法性条约(立法性条约)和契约性条约。造法性条约是指缔约各方为创立新的行为规则或确认、改变现有行为规则而签订的条约。这类条约通常是多边的、开放性条约,如《维也纳条约法公约》。契约性条约是指缔约方之间为在某一具体事项上确立一种权利义务关系而缔结的条约,如有关边界、通商条约等。任何法律总是以权利义务的规定为其基本特征的,多边条约和双边条约并无实质差异,通常大多数条约兼具“立法性”和“契约性”,很难截然划分。正如许多学者所指出的,条约是意图通过规定缔约方间的权利义务关系来制定相互间行为规则的法律形式,而此类规则在缔约前是根本不存在的。[②] 如孔慈就认为“契约”型条约和“立法”型条约的真正区别,“不在第一种类型不创订法律规范,而第二种类型即创订之,真正之区别乃在前者仅创订个别及具体规范,而后者即创订一般与抽象规范。”[③]规范的一般性和抽象性只能表明法律的原始状态,而法律的发达则有赖于大量个别即具体规范的充实。从这个角度而言,双边海关条约通常是契约性条约。

二、双边海关条约的分类

海关双边合作根据国别和战略地位呈现分级、有序、重点突出的局面,为我国外交提供了不可或缺的重要成果,成为国家对外经贸合作的重要平台,成为企业扩大进出口贸易的助推器。同时,通过签署双边海关条约,从我方利益关注点出发寻找双方的利益汇合点,为中国海关提高现代化建设和管理水平服

---

① 参见江国青:《国际法与国际条约的几个问题》,载《外交学院学报》2000 年第 3 期。

② 参见李浩培:《条约法概论》(第 2 版),法律出版社 2003 年版,第 34 页。

③ 孔慈:《变动中之国际法》(上册),商务印书馆 1971 年版,第 269 页。转引自杨卫东、郭斌献:《双边条约与国际法渊源》,载《中国青年政治学院学报》2001 年第 2 期。

务，使中国海关在国际海关界拥有重要的影响力。

（一）专门性双边海关条约与涉海关事务双边条约

按照表现形式或载体的不同，双边海关条约可以分为专门性双边海关条约和涉海关事务双边条约。[①] 双边海关条约最主要的表现形式为专门性海关事务条约。此类双边海关条约的内容，有的是对双边海关事务的综合性约定，有的仅对海关某一类事务（如海关缉私、知识产权海关保护等事务）达成一致，这些都属于专门性双边海关条约。此外，由于海关事务与对外贸易、知识产权保护及整个对外经济都有密切的联系，因此为了双方的共同利益，发展对外经济时，在所缔结的国际经济条约中必然会涉及通关、优惠关税、知识产权海关保护等具体海关事务，或者在货物或两国国民所享有的概括性的优惠待遇或非歧视待遇时，涉及海关事务等国内的立法与执法，这些内容都成为整体条约的一部分。而这种涉海关事务双边条约也是双边海关条约的重要组成。

（二）政府间双边海关条约与政府部门间双边海关条约

在双边海关条约中，根据缔结名义的不同，可以分为政府间双边海关条约与政府部门间双边海关条约。以政府名义缔结的双边海关条约一般是关系综合性海关事务或海关行政互助与合作的重大或基础性问题，条约的内容较为原则。以政府部门名义缔结的双边海关条约，一般有以下三种情况：第一，需要具体实施政府间海关条约时，就需要缔结政府部门间双边海关条约予以具体化。第二，一些试验性的项目，需要政府部门间条约予以实践，成功后以更高层次的条约予以体现。第三，一些短期的涉及具体海关事项的合作计划。比如，《中华人民共和国海关总署与哈萨克斯坦共和国财政部海关委员会合作纲要（2009—2011）》《中华人民共和国海关总署缉私局和俄罗斯联邦海关署反走私总局2011—2012 年联合行动计划》即短期的具体合作计划。又如，《中华人民共和国政府和美利坚合众国政府关于海关互助的协定》（以下简称《中美海关协定》）这一政府间协议明确了海关行政互助的总体性内容。《中华人民共和国海关总署和美利坚合众国海关与边境保护局关于在有关港口加强海运集装箱安

---

① 参见何力主编：《海关国际法教程》，中国海关出版社 2011 年版，第 247—248 页。

全合作的原则声明》《中华人民共和国海关总署与美国国土安全部海关与边境保护局关于供应链安全与便利合作的谅解备忘录》等政府部门间双边海关协议则对双边之间海关合作的特定事项作出具体安排。

第二节　双边海关条约的具体内容

一、专门性双边海关条约

专门性的海关双边条约是指两个缔约方专门就双方的海关执法、合作等事务所签署的条约。这类条约一般以双方中央行政机构或者负责海关事务管理的部门名义进行磋商、谈判、议定约文,包括协定、议定书、原则声明、谅解、备忘录、换文等双边法律文件。

(一)综合性双边海关条约

综合性的双边海关条约以双方政府名义签署,包含海关合作的多项事务,如简化通关、信息交流、执法互助、能力建设等,以下分别以中国与欧盟、美国双边海关条约为例。中欧海关合作以《中华人民共和国政府与欧洲共同体关于海关事务的合作与行政互助协定》(以下简称《中欧海关协定》)为法律框架,以中欧联合海关合作委员会会议为沟通平台,从信息互换、监管互认、执法互助等角度建立促进经贸发展的中欧海关长效发展格局。《中欧海关协定》主要包括第一部分总则(定义、领土适用、协定未来拓展);第二部分协定范围(合作和互助的实施、其他协定所赋予的义务);第三部分海关合作(合作范围、在海关手续方面的合作、技术合作、在国际组织中的协调);第四部分行政互助(范围、请求的协助、主动协助、协助请求的形式和内容、请求的执行、信息传递的形式、提供协助义务的免除、信息交换与保密、专家和证人、协助费用)和第五部分最后条款(实施、联合海关合作委员会、生效和期限、作准文本)。其中,海关合作和行政互助部分条款对中欧海关开展行政互助协查的范围、内容、程序等作出规定。

中美海关合作是中美外交、对外经贸合作的重要组成部分。双方以签署的《中美海关协定》以及相关领域的双边合作文件为依据,积极参与中美战略与经济对话,并以该对话机制为平台推动中美海关事务的全面合作;建立中美海关署级定期会晤机制,并重点在供应链安全与便利、知识产权边境保护、打击走私、反商业瞒骗、反恐、缉毒以及能力建设等领域开展了务实的双边合作。《中美海关协定》主要包含定义,协定范围,情报交换,核查,关税计征,特别监视,调查,没收财产的处置,请求的形式和内容,请求的执行,情报、文件和其他资料的使用,保密,协助的免除等条款。

(二)专项类双边海关条约

专项类双边海关条约除包括海关能力建设类、海关信息交换类、供应链安全与便利类、知识产权海关保护类、海关缉私类这五类双边海关条约之外,还包括估价、人力资源开发、绿色海关等双边海关协议,不一一列举。

1. 海关能力建设类双边条约

海关能力建设是海关变革发展的重要动力,两个国家或地区之间通过签订海关业务培训方面的协定来学习其他海关的先进经验,提高各自海关关员的执法水平。如 2012 年 5 月,第四轮中美战略与经济对话期间,中美海关代表在北京签署了《中华人民共和国海关总署与美国国土安全部海关与边境保护局关于联合培训项目的意向书》,并于同年 8 月正式启动联合培训项目。2012 年 12 月,双方签署了《关于实施联合培训项目意向书的行动计划》,目前该行动计划框架下的 7 个合作项目全部顺利实施。双方在中国或在美国举办多期培训班,内容涉及国际空运、海运货物拦截培训、风险布控与管理,并开展了联合实地演练,美方多位专家赴中国讲学及组织联合演练,中国海关多名关员接受了培训。双方还建立了联合培训工作组机制,确保了项目的顺利实施。

2. 海关信息交换类双边条约

海关之间的信息互换是开展实质性合作的基础。对于进口地海关而言,通过与出口地海关信息互换能够使其更早更全面地掌握进入关境内的货物、物品和运输工具的基本情况,并提前进行风险分析和甄别,加速了通关效率,并为事后稽查提供依据。信息互换则有利于出口地海关了解货物真实情况,便捷守法企业的通关,同时增进两地海关互信,减少由于信息不对称而产生的贸易风险或导致损害守法企业的海关措施的发生。由于各海关之间关注的重点不尽相同，所以信息互换的需求也不一致，一般包括估价、归类、原产地等电子信息交换的海关执法需求、海关发挥统计预警监测作用方面的需求等。如中欧海关于2012年签署了《中欧贸易统计数据交换合作备忘录》，旨在加强双方数据互换，消除统计差异。

3. 供应链安全与便利类双边条约

海关保障国际贸易安全、促进国际贸易便利的职能是海关为积极应对经济全球化趋势，在保证国际供应链的整体性以及促进贸易便利化方面应尽的职责和应发挥的作用。中国海关高度重视贸易安全与便利，始终把简化海关手续、推进贸易便利化作为追求目标，通过国际合作努力寻求便利贸易与有效监管之间的平衡。比如，2006年9月，中欧双方海关领导人在中欧联合海关合作委员会第二次会议于比利时召开期间共同签署了《中华人民共和国海关总署与欧洲共同体海关当局关于加强供应链安全合作的联合声明》和《关于启动中欧贸易安全智能航线试点计划的联合共识》，标志着"安智贸"的正式启动。"安智贸"项目是实施WCO制定的《SAFE标准框架》的一项有建设性意义的尝试，是全球第一个全面落实WCO《SAFE标准框架》的示范性项目。"安智贸"项目于2007年11月19日在中国深圳、英国菲利克斯托和荷兰鹿特丹港之间的航线上正式实施，旨在促进中欧海运贸易航线全程供应链安全与便利。参与方海关进行数据交换、互认对方的监管结果，并且共同选定参与试点的AEO。在共同确定的风险分析规则以及智能集装箱（电子封志）的应用基础上，实现信息共享。[①] 又如，为服务和促进中国企业对美出口，自2008年起，中国海关同美国海关与边境保护局开展了"海关—商界反恐伙伴计划"联合验证合作。C-TPAT是"9·11"事件后，由CBP倡导实施的供应链安全计划。该计划鼓励供应链上各类企业采取措施提高反恐能力。CBP对自愿加入该计划的企业实施安全验证，验证通过的企业则作为"信得过"企业，享受输美货物适用较低查验率、优先通关等便利措施。近年来，CBP将安全验证范围延伸到美国企业的国外供应商和生产商，在欧洲、美洲和亚太等地区开展境外验证。

---

① 参见海关总署：《中欧安全智能贸易打造安全便利供应链》，载中华人民共和国政府网，http://www.gov.cn/gzdt/2009-11/25/content_1472581.htm。

4. 知识产权海关保护类双边条约

知识产权海关保护一直是发达国家或地区所强调的海关重要职能之一，除在全球与区域层面推行其知识产权海关制度的全球化外，还不遗余力地在双边层面提出知识产权海关保护的要求。比如，2009 年 1 月，中欧双方代表签署了《中欧海关知识产权执法合作行动计划》，成立了中欧海关知识产权工作组，为深化知识产权保护合作，开展侵权案件信息交换、联合执法行动，保护权利人和公众利益提供了行动指南。中美双方也建立了知识产权执法联络官机制，并签订《关于加强知识产权执法合作的备忘录》，根据该备忘录，中美海关在技术交流、人员往来、执法数据交换、通报案件信息和与商界合作方面开展了合作，共同打击中美双边贸易中存在的知识产权侵权行为。

5. 海关缉私类双边条约

缉私是海关长期的工作重点，由于走私行为日趋国际化与集团化，各国政府都注重在国际层面深化缉私合作。2012 年 10 月，中澳签署《中华人民共和国海关总署与澳大利亚联邦政府海关及边境保卫署战略伙伴计划》。近年来，中澳双方就推进实施中澳海关之间战略伙伴计划进行多次深入探讨，始终坚持双方应持续利用中国、澳大利亚、新西兰、中国香港“三国四地”合作机制打击毒品和易制毒化学品走私，加强情报信息共享与交流，并研究开展联合执法行动。在双边合作方面，自 2003 年中美政府间海关互助协定生效以来，中美双方在协定框架下积极开展情报交换、案件协查、技术培训和业务交流等方面的合作，特别是双方通过情报交换和单证核查等方式为各类案件的调查提供了重要的佐证，有力打击了中美双边贸易中的违法犯罪行为。同时，双方海关与其他执法部门在打击被盗汽车和毒品走私方面多次联合行动，取得了积极成果。2009、2010、2011 年，美国海关与中国海关在打击中国古化石走私方面开展了有效合作，美方多次向中方返还了查获的中国古化石。2011 年，《中美海关关于刑事执法合作的备忘录》的签署，加强了双方打击毒品走私、枪支弹药走私和商业瞒骗等合作的法律基础。

二、涉海关事务双边条约

涉海关事务双边条约也是双边海关条约的重要组成。以打击犯罪或其他违法行为的双边条约为例，对走私行为、危害边境安全行为的防范与打击也是双边合作的重点之一。因此，在打击违法行为的双边条约中，经常会出现与海关事务相关的条约内容。例如，2001 年 7 月 26 日在河内签订的《中华人民共和国政府和越南社会主义共和国政府关于打击犯罪和维护社会治安的合作协定》中明确，双方加强在打击犯罪和维护社会治安方面的合作，在相互尊重独立、主权、领土完整和平等互利的基础上，双方根据各自国家法律和有关国际条约，相互进行合作，打击犯罪，其中与海关事务相关的包括：(1)非法制造、买卖、运输枪支、弹药、爆炸物，非法买卖、运输核材料及其他放射性物品；(2)走私、贩卖、运输、制造麻醉药品和精神药物，走私、非法买卖易制毒化学品；(3)国际恐怖活动；(4)非法出入境，组织、运送他人偷越国境；(5)走私，生产和销售伪劣商品。又如，在知识产权类双边条约方面，中美两国在 20 世纪 90 年代进行了三次知识产权谈判，形成了三项双边知识产权协议。在这些协议中都包含了知识产权海关保护内容。例如，中美两国于 1992 年 1 月 17 日签订了第一个有关知识产权保护的协议，即《中华人民共和国政府与美利坚合众国政府关于保护知识产权的谅解备忘录》。这份中美知识产权谅解备忘录共有七个条文，其中有关知识产权海关保护执法的是第 5 条，这是在有关双边协定中，中国政府首次承诺在进口环节实施知识产权保护措施。该条原则规定了知识产权的执法，即两国政府将在各自境内及边境采取有效的措施和救济，以避免或制止对知识产权的侵犯，并遏制进一步的侵权。但在采取这些办法和救济时，两国政府应提供禁止滥用的保障，并应避免为合法的贸易制造障碍。①

第三节　中国与欧亚经济联盟海关合作

一、中国与欧亚经济联盟海关合作机制

2010 年 1 月 1 日，俄罗斯、白俄罗斯、哈萨克斯坦三国关税同盟开始启动。

---

① 参见朱秋沅：《国际海关法研究》，法律出版社 2011 年版，第 248—249 页。

2010 年 7 月，三国《关税同盟海关法典》正式施行。自 2015 年 1 月 1 日起，由俄罗斯、白俄罗斯、哈萨克斯坦三国发起的“欧亚经济联盟”正式运行，吉尔吉斯斯坦和亚美尼亚积极跟进参与此组织。欧亚经济联盟包括欧亚最高经济理事会、欧亚政府间委员会、欧亚经济委员会、欧亚经济联盟法院四大机构。在欧亚经济联盟框架下，欧亚经济委员会权限大大扩大，将负责关税和非关税调节、关税收入、对外贸易和内部贸易统计、宏观经济政策、服务贸易和投资、交通运输等 20 个领域的政策。包括经济委员会、原材料资源委员会、经济和科技合作事务基金会、跨国金融工业集团和合资企业委员会、欧亚经济联盟国际投资银行、欧亚经济联盟国际仲裁法院、结算货币单位委员会、生态委员会在内的 8 个超国家机构将在欧亚经济联盟框架内成立。① 其成员国也建立了成员国海关管理机构联合委员会（以下简称联合委员会），以协调海关管理机构的行动。联合委员会由成员国海关管理机构的总干事组成，他们由委员会从其成员中选出的主席管理。联合委员会设有秘书处，提供组织、信息和技术支持，协调海关机构的行动，致力于海关事项共同管理环境的发展，并保证海关法律以及海关通关共同程序的持续应用，其同时加速联盟境内海关政策的实施。② 欧亚经济联盟将通过协调每个成员国约 20 个机构以便向对外经济活动者提供“一站式”窗口服务，并于 2017 年年底前出台“一站式”窗口服务的具体标准和规范。

2015 年 5 月 8 日，中国和俄罗斯共同签署并发表了《关于丝绸之路经济带建设与欧亚经济联盟建设对接合作的联合声明》（以下简称《中俄联合声明》）。根据《中俄联合声明》，两国支持启动中国与欧亚经济联盟对接丝绸之路经济带建设与欧亚经济一体化的对话机制。2016 年 10 月，中国与欧亚经济联盟国家举行首轮谈判，之后历经了五轮谈判、三次工作组会议和两次部长级磋商，于 2018 年 5 月 17 日正式签署了《中华人民共和国与欧亚经济联盟经贸合作协定》。该合作协定是我国与欧亚经济联盟首次达成的经贸合作重要制度性安排，标志着中国与欧亚经济联盟进入了全面合作的新阶段。协定共 13 章，主要内容包括海关合作与贸易便利化、知识产权、部门合作以及政府采购等，而且还

---

① 参见李建民：《丝绸之路经济带、欧亚经济联盟与中俄合作》，载《俄罗斯学刊》2014 年第 5 期。

② Igor Krotov, *Customs Union between the Republic of Belarus, the Republic of Kazakhstan and the Russian Federation within the Framework of the Eurasian Economic Community*, World Customs Journal, Vol. 5(2), p. 132(2007).

包含了一些新的议题,如电子商务和竞争。协定旨在进一步减少非关税贸易壁垒,简化海关手续,提高贸易便利化水平,促进双边经贸关系良性发展,在未来相当一段时间内将成为中国与欧亚经济联盟深度合作的最重要的法律基础。协定在立法技术上也相对成熟,不仅建立了有效的工作机制即部长级联合委员会,[①]而且协定以 WTO 法律框架为依据,将 WTO《海关估价协定》《农业协定》《反倾销协定》等直接纳入其中,并规定如果协定与 WTO 相关法律出现分歧,则分歧部分要以 WTO 有关规定为准,不仅有效规避了法律之间的冲突问题,也促使缔约各方能顺利接受协定内容。[②] 双方还认识到海关信息交换有利于促进贸易发展,确保货物跨境运输安全,为此,《欧亚经济联盟与中国国际运输货物和交通工具信息交换协定》(以下简称《信息交换协定》)于 2019 年 6 月在圣彼得堡国际经济论坛期间签署。[③] 联盟成员国中央海关和中国海关总署将作为信息交换的授权实施单位。《信息交换协定》规定分阶段开展信息交换的实施办法,双方将签署专门议定书,明确具体执行条件。

在双边合作方面,中俄先后签署了《中华人民共和国政府和俄罗斯联邦政府海关合作与互助协定》《中国和俄罗斯海关互助与合作协定执行备忘录》《中华人民共和国海关总署和俄罗斯联邦海关署关于规范通关监管秩序的合作备忘录》。在中俄海关互助协定等法律文件框架和中俄总理定期会晤委员会机制下的中俄海关合作分委会框架下,中俄海关大力加强了对进出关境货物信息的预先互换,包括互换报关企业目录并通报变动情况、加强海关执法互助和加大海关贸易统计合作力度等措施。中俄通关环境的改善大大提高了通关效率,促进了中俄贸易的发展。

---

① 在《中华人民共和国与欧亚经济联盟经贸合作协定》的机制条款中提出,为了今后各方能更好地展开相关工作,建议成立部长级联合委员会,形成联委会工作制度,并就某些领域成立分委会或特别工作小组,其中包括成立海关合作和贸易便利化分委会、部门合作分委会和特设工作组。这项制度安排旨在明确各方海关机构相互协作的规程,推广电子文件信息交换的应用原则等,它为各缔约方推进贸易便利化奠定了基础。

② 参见孙长龙:《中国与欧亚经济联盟经贸合作的前景、阻碍与法律建议》,载《国际经贸探索》2019 年第 8 期。

③ 参见驻哈萨克斯坦共和国大使馆经济商务处:《〈欧亚经济联盟与中国海关信息交换协定〉正式生效》,载中华人民共和国商务部网 2020 年 11 月 25 日,http://kz.mofcom.gov.cn/article/jmxw/202011/20201103018185.shtml。

二、中国与欧亚经济联盟的合作方向

虽然《中华人民共和国与欧亚经济联盟经贸合作协定》为双边经贸合作的进一步发展奠定了坚实的基础，但中国与欧亚经济联盟要想实现更为广泛的合作还需要作出更多的努力。在现有基础上，中国与欧亚经济联盟可通过加强互联互通、建立产业预警机制、建设自由贸易区深化合作。

（一）加强互联互通

中国发改委、外交部、商务部于2015年3月28日联合发布了《推动共建丝绸之路经济带和21世纪海上丝绸之路的愿景与行动》（以下简称《一带一路愿景与行动》）。交通基础设施"互联互通"作为"一带一路"倡议的先行工作，在《一带一路愿景与行动》中得到充分体现。《一带一路愿景与行动》认为，基础设施互联互通是"一带一路"建设的优先领域。沿线国家宜加强基础设施建设规划、技术标准体系的对接，共同推进国际骨干通道建设，逐步形成连接亚洲各次区域以及亚欧非之间的基础设施网络。强化基础设施绿色低碳化建设和运营管理。绿色低碳的交通设施即高铁，故高铁建设在"一带一路"交通设施互联互通中具有重要意义。在《中俄联合声明》中也提到，要实施大型投资合作项目，共同打造产业园区和跨境经济合作区；在物流、交通基础设施、多式联运等领域加强互联互通，实施基础设施共同开发项目，以扩大并优化区域生产网络等。

由铁路运输组织1996年提出的亚欧铁路通道规划也在按计划推进。该规划包括13条亚欧铁路通道，主要有中国—哈萨克斯坦—俄罗斯—欧洲、中国—蒙古国—俄罗斯—欧洲、俄罗斯远东—欧洲、欧洲—俄罗斯—高加索地区等方向。这些通道都需利用既有基础设施，通过统一技术标准，实现基础设施的一体化。在亚欧铁路通道上，近年来欧洲和独联体国家多条铁路正在改造。2014年7月8日，俄罗斯西伯利亚大铁路贝加尔—阿穆尔（贝阿铁路）支线的现代化改造工程启动。未来以亚洲铁路网、独联体铁路网和欧洲铁路网为主体结构，通过西伯利亚大铁路、新亚欧大陆桥等亚欧铁路通道连接，亚欧大陆一体化铁路网有望形成，这与丝绸之路经济带建设中的道路连通思想不谋而合。[①] 此外，中亚国家是丝绸之路通向欧洲的必经之路，中国与其之间的铁路运营合作也非常重要。目前，中国铁路总公司已开通十几条中亚班列，直接通往中亚国家。而中欧班列、中亚班列现实中主要存在铁路标准不统一、贸易制度不统一、通关手续尚未简化等问题，据此，丝绸之路经济带项目应与欧亚经济联盟在连通领域开展双边或多边等多个层面的合作，使中欧班列、中亚班列的运行实现常态化和密集化。

（二）建立产业预警机制

产业预警机制，是指通过对货物贸易、技术贸易和国际服务贸易中的异常情况进行连续性监测，分析和评估其对国内产业的影响，为政府、产业和企业适时采取必要措施提供决策依据。虽然中国在部分产业领域初步建立了产业预警机制，[②]但与发达国家相比，仍然存在监管主体不明确、信息滞后等诸多不足。随着《中俄联合声明》的签署，中国与欧亚经济联盟之间经贸往来将更为密切，故应建立有效的贸易对话机制，使各方明确了解彼此之间的贸易政策，并通过建立、完善产业预警机制，加强对能源等重点领域的监管。

商务部门应会同海关职能部门、行业协会共同收集欧亚经济联盟国家的贸易信息，如联盟各国进口商品税率在实现关税同盟前后的调整幅度，并按照种类和目标进行分类，由此建立相互联系的产业预警体系。选择收集信息时也应有一定的针对性，有关重点产品或者具有竞争力的产品的信息对企业来说更有实用性。不仅要收集商品信息，还要收集有关竞争对手的信息，以及欧亚经济联盟各国关于“两反一保”法律的具体规定、市场状况等动态信息，按照预警机制提供的信息规划贸易发展战略与投资方向。

（三）建设自由贸易区

加快与欧亚经济联盟自贸区建设，是中国全面深化改革、构建开放型经济新体制的必然要求，是中国顺应全球经济治理新趋势的客观需求，也是中国积

---

① 参见李建民：《丝绸之路经济带、欧亚经济联盟与中俄合作》，载《俄罗斯学刊》2014 年第 5 期。

② 参见甘红云：《完善中国对外贸易摩擦预警机制的思路探讨》，载《当代经济》2011 年第 24 期。

极筹划对外关系、实现外贸战略目标的重要手段。与此同时，中国“一带一路”倡议的基本思路，就是通过双边或多边贸易协定与沿线国家建立更加紧密的经济联系。以《中俄联合声明》和《中华人民共和国与欧亚经济联盟经贸合作协定》为契机，中国应努力通过与欧亚经济联盟建立贸易便利化的制度安排，最终与其建立自由贸易区。

在欧亚经济联盟成立后，随着中亚地区经济一体化对中国向西对外经贸关系产生的影响及中国逐步从贸易大国转型为贸易强国，建设自由贸易区的基本条件已具备。在自贸区建设过程中，应着手从以下两个方面推进：首先，从双边自由贸易合作拓展至中亚国家区域贸易合作。根据中国对中亚国家进出口贸易数据的收集和研究，先行与区域内条件成熟的地区或国家建立共识、开展合作，通过设立稳定高效的组织机构、制定统一有效的运行机制，从而有助于落实经贸合作的具体方案。其次，为实现自贸区的各种功能，应进一步将相关贸易投资内容制度化、体系化，形成事前、事中、事后协调、救济的具体制度。如发达国家或地区已形成了较为成熟的争端解决机制，应借鉴先进经验，根据地区经济发展水平和不同类型的行业，在自贸区内建立个性化的争端解决机制。除了争端解决机制，还须制定宏观经济运行协商机制，更好地实现自贸区的价值和目标。与此同时，根据现实情况不断修改、完善或制定新的法律，以法律为基础，促进区域经济一体化程度的不断提高。[①]

第四节　中国与欧盟海关合作

一、中欧海关合作机制

中欧海关合作是我国海关与欧委会税收与海关同盟总司以及各欧盟成员国海关当局的双边合作，也是中欧经贸合作的重要组成部分。中欧海关合作以

① 参见李福川：《俄、白、哈关税同盟及对上海合作组织的影响》，载《俄罗斯中亚东欧市场》2011 年第 7 期。

《中欧海关协定》为法律框架，以中欧联合海关合作委员会会议为沟通平台，从信息互换、监管互认、执法互助等角度建立促进经贸发展的中欧海关长效发展格局。我国积极参与中欧领导人会晤、中欧经贸高层对话以及中欧联合海关合作委员会等高层对话机制，以推进贸易便利化及营造有序、高效通关环境为主要目标，深入开展对欧盟及其主要成员国海关的双边合作。

近年来，中欧海关合作成果主要体现在以下四个方面：一是完善对欧合作法律框架。签署了中欧、中捷（前捷克和斯洛伐克）、中南（前南联盟）、中匈、中罗（罗马尼亚）五个政府间（或部门间）海关行政互助协定，建立了以《中欧海关协定》为基础，覆盖欧盟28个成员国的中欧海关合作法律框架。二是健全双边对话交流机制。中欧海关合作机制架构分为三层：第一层为中欧海关部级对话机制，即中欧联合海关合作委员会；第二层为指导小组，由双方海关国际司主要负责人担任执行主席，负责协调推进中欧海关各合作项目；第三层为六个工作组，包括知识产权工作组、“安智贸”工作组、AEO互认工作组、打击瞒骗工作组、贸易统计工作组和废物监管合作工作组。三是强化与欧盟成员国双边关系。我国与欧委会税收与海关同盟总司以及27个欧盟成员国海关（塞浦路斯除外）建立了双边合作关系，其中与欧委会以及英国、德国、法国、意大利、荷兰、比利时、瑞典、芬兰、罗马尼亚、波兰等成员国海关建立并发展了较为密切的合作关系。德国、法国、意大利、英国、荷兰、比利时、北欧五国联盟以及欧盟反瞒骗办公室（OLAF）等均在华派驻了海关或海关/警务联络官。四是推动重点合作项目开展。我国与欧盟海关实施了“安智贸”试点项目；达成中欧海关AEO互认安排；签署《中欧海关知识产权保护合作行动计划》；落实《中欧海关协定》并开展了打击商业瞒骗的“蛇行动”、固体废物监管的“大地女神行动”等多次执法合作；签署《中欧贸易统计数据交换合作备忘录》，加强双方数据互换和比对，并拓展海关估价、归类、原产地合作。

二、中欧海关合作重点项目

其中，“安智贸”、中欧班列通关便利合作是中欧海关合作的重点项目，具有借鉴意义。自2007年11月19日起，我国与欧盟正式启动了“安智贸”试点项目。作为全球范围内第一个全面实施《SAFE标准框架》的国际海关供应链安全合作项目,通过数据交换、监管结果互认、最低监管标准、电子封志、统一的风险规则等实现海关对中欧特定海运航线进出境货物的全程有效监管,并促进贸易便利。目前已有包括中华人民共和国海关总署、中国香港特别行政区海关、欧盟委员会海关与税务同盟总司及多个欧洲国家海关全面参与或以观察员身份参与"安智贸",基本覆盖了中欧主要贸易航线。此外,中欧班列通关便利海关合作自 2011 年以来已成为贯通中欧陆路贸易通道的重要运输干线。我国海关搭建了与沿线国家海关的合作平台,推动与俄罗斯、哈萨克斯坦、白俄罗斯、波兰、德国等沿线国家海关签署合作文件,全面简化中欧货运班列监管流程和通关手续,促进海关间实现"三互"。未来,中欧海关将在三个方面加强合作:一是选取德国杜伊斯堡、波兰马拉舍维奇和罗兹,以及中国乌鲁木齐、成都等口岸海关探讨建立关际合作机制,为口岸通关提供便利通关环境;二是推动沿线国家海关采取简化相关单证、统一运单格式、协调口岸管理部门等措施,提高货物过境通关效率;三是探索以货物基本数据、扫描图像为基础,进行通关数据的交换。

在执法互助方面,中欧海关合作的内容主要包括:(1)情报交换,包括涉嫌走私、贩毒、洗钱等情报线索;(2)单证核查,包括报关单证真伪、申报价格等报关单数据核查、原产地证明等随附报关单证核查等;(3)案件协查,包括特别监视、在对方境内参与行政程序、协助调查等;(4)以加强海关执法为目的的数据交换,如 X 光扫描图像交换等;(5)知识产权海关保护合作,包括在《中欧海关知识产权执法合作行动计划》框架下,开展侵权案件数据交换、联合风险分析、培训、研讨等多项合作;(6)针对特定时期、特定商品、特定运输路线和案件开展联合执法行动;(7)针对特定时期、特定商品、特定运输路线联合制定风险标准与风险识别规则,定期开展联合风险分析,就风险发展趋势进行联合研究与预测;(8)原产地核查,包括原产地核查合作机制的建立以及中欧海关互助协定中涉及原产地内容的修订等工作。

Chapter 6 第六章

全球治理视域下海关国际合作实践挑战与发展构想

进入21世纪,中国积极推动全球经济治理体系变革,在此过程中应当理性认识全球化对传统秩序的影响以及传统的交流对全球经济治理体系变革的促进,服从服务于实现“两个一百年”奋斗目标、实现中华民族伟大复兴的中国梦。应当抓住中国参与全球海关治理体系变革的契机,努力抓住机遇,妥善应对挑战,统筹国内国际两个大局,通过深化海关国际合作推动全球海关治理体制向着更加公正合理的方向发展,促进构建符合全人类利益的国际海关秩序。

第一节 海关国际合作实践挑战与影响因素

虽然我国在推进海关国际合作工作中已取得一些进展,然而,我国海关与国外海关在采用有关国际标准以及加入多边公约等方面还有差距,且现行合作模式趋于扁平、分散,合作机制缺乏具体的战略规划,无法解决多层次与多元化合作的不平衡问题,也无法充分参与现有的各种多双边及区域合作机制。

一、各国难以形成共同的认知,缺乏统一的法律框架

目前,WTO、WCO分别出台了《贸易便利化协定》《SAFE标准框架》等国际性文件,但是这些文件只对贸易安全与便利的最低标准作出规定,实践中由于各国或地区海关职能不尽相同且存在各自的政治经济利益,因此保障供应链安全与便利的标准也存在一定程度的差异,难以形成共同的认知。另外,各国经济发展水平差异较大,既包括了经济发达的部分西欧国家,也包括中国在内的亚洲的发展中国家。经济发展水平的不同不仅将导致国家对贸易便利化认识存在差异,影响其贸易便利化合作积极性,也会在基础设施质量、技术标准等方面欠缺统一性。在铁路方面,中国和欧洲采用的是标准轨距,俄罗斯、乌兹别克斯坦、哈萨克斯坦等国采用的是宽轨标准,而东南亚国家采用的是窄轨标准,不利于铁路对接,换装成本较高且存在诸多不便。①

在国际法层面,海关国际合作缺乏具体的实施纲领、行动计划,相关政策文件对参与方约束力较差。此外,多双边及区域海关行政互助机制虽已建立,但在具体实施中仍存在问题。由于中国和外国国情、法律体制不同,在海关、刑事、行政等领域的法律规定并不一致,使各国或地区在开展信息互换、监管互认和执法互助过程中面临挑战。比如,各国在保护濒危动植物方面的法律存在较大区别,有些在我国境内禁止捕猎、交易的野生动植物,在外国域内并不受保护,一定程度上增加了管理难度。在国内法层面,口岸管理缺乏调整各边境部门关系的综合性的法律规范,分散式立法无法在供应链整合中发挥有效的顶层设计作用。与域外发达国家相比,我国口岸管理涉及的海关、港务、海事等部门有各自的管理体制、法律体系和职能需求,而且经过长时间形成并且相对固化,难以在短时间内完全改变和趋同,破除部门藩篱,这对于对外合作不可避免会造成一定影响。比如"安智贸"项目,尽管中国与欧盟等国家海关对AEO给予了互认的便利通关优惠,但部分货物还是会由于相关管理规定而在口岸接受查验,从而影响通关效率。

---

① 参见杜晓英:《推进丝绸之路经济带国家贸易便利化合作的措施研究》,载《青海社会科学》2016年第3期。

二、信息互换合作协议规定较为原则，信息系统无法兼容对接

国际贸易供应链条以及管理链上的信息管理系统无法兼容、技术标准不统一使不同国家的信息无法直接通过自动化形式交换，各环节信息不能全面有效共享。

在海关行政互助合作协议的法律框架下，各国海关之间开展了"三互"领域的双边合作，其中，信息互换是合作的重要前提和基础。我国海关与其他国家或地区开展各类信息交换互动频繁，项目丰富。目前，海关总署已开展的对外数据交换项目主要包括3种模式：第一，中澳海关数据交换，中方提供包括商品项号、商品编码（HS8位数）、商品名称（HS8位数商品名称）等在内的14个数据项目；第二，"安智贸"数据交换试点项目，中欧双方在互认AEO企业的基础上，实时交换23个数据项；第三，中俄海关数据交换，交换包括提运单编号、航次号、出境地海关代码等在内的15项数据。此外，我国与十余个国家、国际组织开展贸易统计数据交换，有效深化了海关国际合作，极大便利了企业快速通关。然而，我国海关开展信息交换还存在一些困难和挑战。一方面，缺乏关于对外信息交换的统一、明确的法律依据。在国家法律层面，我国尚没有开展国际信息交换的相关法律规定。虽然近年来，我国加强了对企业商业秘密、个人隐私的保护力度，但这些规定仅散见于《中华人民共和国反不正当竞争法》《中华人民共和国数据安全法》《中华人民共和国个人信息保护法》等各种立法，政府在信息获取、使用、交换中具有何种权力，承担何种义务都未予以详细规定。比如，海关是否有权决定把工作中收集到的信息向国外海关提供？是否需要经过申报的企业或其他主管部门同意？美国、欧盟则对此作出了明确规定，有利于保障海关依法开展信息交换即可。在海关互助协议层面，信息交换的规定较为宽泛，缺乏一定操作性。一般而言，合作协议仅对情报交换的项目、请求的形式和内容、保密、经验交流等内容作出原则性规定，在执行过程中具体交换内容、交换方式等都缺乏明确依据。如中哈政府间海关合作与互助协定规定，双方海关应在各自的职权和能力范围内，在尽可能短的时间内相互提供所掌握的下列情报，包括在其正常活动中获得并有充分理由确信有严重违反海关法规行为将在对方境内发生的情报，以及有助于查处违法行为的情报。其中，应当如

何理解“有助于查处违法行为的情报”，交换的范围、频率、禁止交换的保密事项等均未给出具体操作规范，在执行中容易发生争议，也可能产生法律风险。另一方面，各国信息格式不统一，无法实现自动化交换。国际贸易供应链条以及管理链上的信息管理系统无法兼容、技术标准不统一使不同国家的信息无法直接通过自动化形式交换，各环节信息不能全面有效共享，必须通过人工方式进行交换或者对数据项目和格式进行对接、转换。如在“安智贸”项目中，我国与欧洲国家海关之间的管理信息系统并不相通，对于参与“安智贸”项目的企业通关情况，仅由项目指定联系人收集并向对方海关予以反馈；以 RFID、[①]卫星追踪等为主要内容的智能集装箱技术没有建立统一的技术标准，不同厂家生产的系统不能互相兼容，弱化了国际贸易物流的风险管理和安全保障。

三、监管互认程序烦琐冗长，各国欠缺有效立法协调

监管互认，即合作双方海关相互认可监管结果，监管结果包括对进出口货物、进出境旅客行李物品以及相关企业进行监管的结果。监管互认以减少重复性查验等监管环节、提高通关效率为着眼点，以双方海关统一执法标准和作业程序为基本前提，属于海关合作中层次较高的一种形式，为 WTO、WCO 等国际组织所广泛倡导。然而，通常监管互认需要双方海关具有较为成熟的合作基础，故具有一定的难度和挑战性。目前，监管互认主要形式有 AEO 互认、跨境“单一窗口”电子签名互认等。

在 AEO 互认方面，由于各国 AEO 制度关于企业的适用范围、优惠措施等存在差异，使国际互认程序较为烦冗，时间较长。两国海关如要实施 AEO 互认，需要对两国国内相关法律规范和政策标准进行详细比对，评估两国海关是否具有对等的控制能力和安全水平、海关之间实施 AEO 制度互认时信息数据是否可以及时交换等。比如，欧盟基于互惠原则授予欧盟境外经营者此种优惠待遇。《欧盟海关法典》明确，如果在欧盟关境外的国家和地区设立的主体满足并遵守该国和地区有关法律所规定的条件和义务，并且欧盟承认这些条件和义

① RFID 技术又称无线射频识别，是一种通信技术，可通过无线电讯号识别特定目标并读写相关数据，而无须识别系统与特定目标之间建立机械或光学接触。

务与欧盟关境内设立的 AEO 的条件和义务相当，则海关应当授予这些主体 AEO 的优惠待遇。由此可见，我国企业如要享受欧盟通关便利优惠，则需在满足我国 AEO 标准基础上符合欧盟的要求，否则，AEO 制度带来的安全、便利等优惠措施都无法被充分享受。而且，由于 AEO 互认主要是由各国对本国境内的进出口企业进行认证，再通过各国海关间相互承认对方认证结果来实现物流全过程的监管，各国海关认证能力和管理范围的限制以及企业管理水平的差异，必然会出现各国之间相互承认的实际认证企业规模的不对等。世界范围内如欧盟成员国等经济较发达国家管理水平高、认证能力强、企业规模大，其得到认证的企业数量必然会大大超过其他国家，这些国家的企业所享受到的好处也就自然更多。

国际海关领域的监管互认有时还涉及各国国内私法规范的协调。各国在电子签名方面不尽相同的法律法规事实上对建立跨境“单一窗口”电子签名互认形成了障碍。如我国和英国都制定了关于电子签名使用和接受的法律规范，且尽管两国均有关于电子签名的技术中立的法律，但事实上存在双重内涵，一是立法禁止电子签名因为其电子形式而无效，二是立法向规定特征的某些技术(数字签名)提供更为有利的法律推定。此外，关于认证服务提供商，英国采用了自愿许可制度，我国采用强制许可制度，并提供关于认证服务提供商设立的明确标准。因此，即使各国国内存在用于认证服务提供商和数字签名的制度，但要实现数字签名的国际承认依然步履艰难。在缺乏相互承认数字签名和认证服务提供商的条约义务的情况下，认证服务提供商的跨境认可将是一个不能克服的困难。

四、执法互助规定缺乏可操作性，各国法律差异容易产生执法壁垒

执法互助主要包括情报交换、案件协查和联合行动等合作方式，作为各国海关之间互助协议的重要组成部分，在打击违反海关法以及跨境有组织犯罪等方面发挥了积极作用。我国海关通过与其他国家和地区开展执法互助，打击商业瞒骗，案值巨大，取得了较为突出的成果。如与阿联酋、印度等海关开展专项行动，查获多起人体藏毒案件，有力打击了西非走私集团对华走私活动；与亚太地区成员合作，发起打击消耗臭氧层物质及危险废物走私的“补天专项行动”，

赢得了世界环境事务中的最高奖项——执法实施奖。就中欧海关协查合作而言，部分欧盟海关在我国派驻海关专员及中文助理，如欧盟反瞒骗办公室、德国、法国、荷兰驻华海关专员长期以来与我国海关就协查事宜通过电话或会面定期沟通，有助于增进互信，但囿于人力资源等限制，部分国家和地区海关无法直接与我国海关对接，需间接通过驻华使馆或我国驻外使馆进行联系，降低了合作的时效性和有效性。

根据各国海关行政互助协议，各国对执法请求的基本事项、执行程序等作出基本规定，但在实践中仍存在不少问题。执法互助的形式和内容较为广泛，包括情报交换、案件协查、知识产权海关保护合作、原产地与单证核查等，各种形式下开展合作的范围、主体、对象都有所不同，对此需要通过各级规范逐一明确。然而，目前互助协议都较为原则、概括，无法针对某一执法事项规定具体内容。通常来说，任何依照请求所提供的协助都不应违背被请求方国内的现行法律规定，而各国国内法律体系和内容千差万别，被请求方很有可能基于维护其国内企业利益考量而不给予请求方协助，较易产生执法壁垒。互助协议一般会规定，如一方海关当局认为，对方提出的请求侵犯该国主权、危及该国安全和其他利益，或损害任何公私企业的合法商业利益，或将妨碍被请求方境内正在进行的某一程序，则该海关当局可以免除协助义务。此外，请求方所获得的情报和证明材料的使用也会受到提供方所规定的条件的限制，规定这些情报、文件及其他材料不应被用于其他目的，包括在司法或行政程序中被作为证据使用。

第二节　海关国际合作发展战略构想

面对新时期世界经济贸易变化和我国对外经贸发展所面临的新情况、新趋势，我国海关应当制定新的发展战略，并在提高我国开放型经济水平和质量的过程中发挥更有效的作用。我国海关应充分对接国家整体发展战略，以国内自贸试验区为试点，围绕“三智”理念，加强与沿线重要贸易国家和地区海关国际交流与合作，优化海关运行机制，促进供应链高效与安全。

一、以“三智”理念为核心，加强海关合作顶层设计

在海关国际合作中，以“三智”理念为核心，建立统一的“1+3”对外合作模式，即“一个法律机制”和“三个重点领域”。“一个法律机制”是指以双方或多方签署的自贸协定或海关互助合作协定为基础，形成一套海关间开展合作的法律体系。“三个重点领域”是指各海关应围绕“三智”三个领域，按照统一、规范的原则、程序和标准进行合作。具体而言，“智慧海关”聚焦基础设施、行政管理和海关监管智能化；“智能边境”聚焦边境监管手段、边境协同监管和边境跨境合作智能；“智享联通”聚焦海关网络智能互联、海关治理智能对接和全球供应链智能合作。三者体现智能化水平和应用范围逐步提升的过程，相互之间呈现分阶段发展的递进关系，智慧海关是基础，智能边境是延伸，智享联通是愿景，三者构成点、线、面的合作格局。

法律机制是确保海关合作有效运行的重要保障，只有各方接受和实施共同规则，寻求整合、互通、开放的共同发展方向，才能确保和促进货物在安全的国际贸易供应链中顺畅流动。国际上，WTO《贸易便利化协定》、WCO《SAFE 标准框架》是获得大多数国家海关和商界认可的保障全球安全和便利的共同规则。在国际合作中，我国海关亦应结合海关管理实际情况，将国际规则中的先进理念和制度标准纳入海关互助合作协定的基础法律框架中，明确海关在供应链监管中的具体职能和责任，并在互助协定下根据成员国现实需求与核心利益制定重要环节的特别议定书，如《上海合作组织成员国海关能源监管信息交换议定书》《中华人民共和国海关总署与哈萨克斯坦共和国财政部关于对外贸易海关统计方法和信息合作议定书》等。在寻求合作伙伴时，应着眼于区域各国不同贸易互补优势，针对不同国家、不同商品，建立以商品为单元、以国别为辅助的差别化、特色化监管制度。如针对从西亚地区进口的石油等能源产品、东南亚进口的橡胶和水果等农产品、中亚地区进口的畜牧产品等，通过提供不同程度的海关通关便利、简化海关监管手续等措施，鼓励进出口企业与“一带一路”沿线国家企业搭建产业合作平台，帮助沿线发展中国家实现产业发展和产业升级的需要，促进产业链对接整合，推动区域经济深度融合。在订立合作协议时，应当坚持统筹兼顾、试点先行的原则。对于协调难度小、成熟快的合作项

目，应尽早全面推开；对于分歧较大又有重要意义的项目，则可以选择自贸试验区等试点区域开展。

与此同时，将国际法框架内所确立的规则加以细化纳入国内法体系，以便具体执行落实。此外，为确保海关合作法律机制的实施，海关之间应当建立长期稳定的工作保障机制，包括海关总署国际合作领导小组机制、外事工作会议机制、国际合作评估机制等，为更好地推动海关国际合作工作的开展提供服务。

二、建立信息交换法律体系，推进沿线国家信息网络共享化

当前，推进供应链安全、自由、便利成为全球贸易的共同需求，也成为国际组织的共识，而国际海关之间开展信息交换的合作就是其中极具实质意义的一项合作，能够改善进出口国家和地区之前信息的不对称性，有助于提升海关执法能力、促进企业快速通关。

海关间进行信息与数据互换合作旨在确保海关程序及其执行具有确定性、一致性及透明性。首先，应当建立一套规范完整的信息交换法律体系。一是通过修正《中华人民共和国海关法》，授予海关开展国际对外信息交换的权限，并参照 WTO、WCO 有关规定明确信息交换范围、交换形式、保密措施等基础事项，确保海关国际合作依法开展；二是在签订行政互助协议时根据合作需求细化双方权利义务，对双方行使权利与履行义务的范围、条件、期限、义务免除等内容作出进一步规定，保证协议的执行效果。海关总署作为国务院的直属机构，是国家进出境监督管理机关，承担国际海关合作职责，根据国际条约法有权以部门名义与其他国家海关签订条约。我国开展信息交换合作应当对接“一带一路”倡议，结合我国实际情况确定重点合作国家，并按照不同合作需求建立几个主要的信息交换标准法律框架，确立差异化合作模式。建议对交换的“信息”进行大致分类，比如可能涉及商业秘密的信息和其他不涉密信息，以及其他对我国海关执法更有利的信息等。目前，域外对我国信息交换需求远远大于我国，因此，我国应把握信息交换的主动权，主动引导规则制定，从而影响国际标准的制定。其次，着眼于建立贸易信息互通机制，推进各国信息网络共享化。一是推进国际贸易“单一窗口”建设，加强海关与税务、市场监管等国内口岸各部门的联系沟通。建立各国跨部门协调委员会，整合各部门在推进国际合作中

的权责信息,搭建不同部门资源共享的公共信息平台。研究制定各关区间统一的数据标准,建立信息互换共享清单,推动实现海关企业注册情况、企业信用信息、因不符合检验检疫规定而退运的货物信息,检验检疫信用等级、行政处罚等信息的共享共用、互连互通。二是依托国内公共信息平台建设,推动搭建各国信息互通平台。在各国海关政策协调和沟通机制及互助协议法律框架基础上,构建海关信息共享机制,加强各国海关关于企业资信状况、贸易统计、外贸政策调整状况等信息共享,为海关执法提供信息参考。

三、科学规划监管互认战略,实现协调边境管理

AEO 制度包含了海关与海关之间合作、海关与企业的合作等方面的内容,在提高海关管理效能、加强企业受惠程度方面还有很大的挖掘空间。虽然世界范围内已有一些国家和地区实施了 AEO 制度,但各国海关因为各自企业的利益,要实现 AEO 认证的相互承认,就必须科学规划我国 AEO 国际互认整体战略。为促进我国企业"走出去",在综合考虑地缘政治、受益程度和可操作性等因素后,优先发展以下几类互认合作:一是我国受益多的互认合作,如欧盟等,是我国主要的出口贸易伙伴,且我国为贸易顺差方,互认合作使我国受益更大;二是单方承认我国 AEO 资格的主要贸易伙伴,如俄罗斯,此类国家虽未建立 AEO 制度,但承认我国 AEO 企业资格并给予便利措施;三是操作性强的周边国家和地区,如韩国、日本、印度、哈萨克斯坦等,此类国家和地区均在我国周边,与我国贸易往来密切,互认合作可扩大我国影响。

一般而言,达成 AEO 的相互承认通常有"相互承认协议"和"相互承认安排"(以海关合作备忘录形式呈现,不具有强制力)两种法律形式,对 AEO 相互承认的评估、监管、实施、互惠利益等作出具体规定。而在签订互认正式文件前,海关之间必须对双方海关立法和政策执行开展详细比较和分析,开展实地联合评估增进互信,并就 AEO 互认机制构建一套完整的法律体系。为了使我国的 AEO 互认机制能够有效运行,必须对现行的 AEO 制度进行完善。首先,借鉴欧盟等成熟实践经验,完善 AEO 制度法律法规,不断提高海关法体系实施 AEO 制度的适应性。积极践行 WCO 关于海关与商界伙伴关系建立的基本要求,落实以企业为单元的风险管理理念,提高企业管理水平,同时建立一个覆盖

海关各个监管环节的风险管理信息平台。此外,海关应积极参与社会信用体系的建设,拓宽企业信用管理信息的来源,使AEO企业信用管理逐步融入国家社会信用体系建设,在海关与公安、税务、银行、市场监管等有关部门之间健全完善信息共享机制。

作为监管互认的一种理想形式,国际上强调通过边境合作以实现协调边境管理。如WTO在《贸易便利化协定》中明确,各成员应确保其负责边境管制和货物进口、出口及过境程序的主管机关和机构相互合作并协调行动。成员应在可能和可行的范围内,与拥有共同边界的其他成员根据共同议定的条款进行合作,以期协调跨境程序,便利跨境贸易。此类合作和协调可包括:工作日和工作时间的协调;程序和手续的协调;共用设施的建设与共享;联合监管;"一站式"边境监管站的设立。其中,"一站式"边境监管站是便利跨境贸易的有效工具。"一站式"边境监管站的成员通常包括几个相邻国家,由海关、移民局等几个不同的口岸管理机构组成。以瑞士和法国为例,卡车司机在位于瑞士领土的边境站向法国海关递交出口申报和相关文件,结束出口清关程序后,司机可步行到位于同一幢大楼的瑞士海关办公室办理进口手续。当需要查验的时候,通常只由进口国海关实施。

与此同时,海关合作中往往还涉及各国私法规范的协调,如跨境"单一窗口"建设需要各国电子签名法律的融合统一。为在跨境"单一窗口"系统内部实现协调一致的电子签名监管框架,应当深化国际合作,逐步将各国电子签名法律统一起来,实现跨境"单一窗口"在各国的认证与国际相互承认,确保其他国家认证服务提供商发放的数字签名在本国的法律可采性,从而提高跨境贸易的可靠性和可预测性。

四、明确执法互助规定,建立海关间常态化合作机制

执法互助包括案件协查、知识产权海关保护合作、原产地与单证核查等,各种形式项下开展合作的范围、主体、对象都有所不同,故应当对各领域的执法合作进行专门规定。

为促进执法信息交流,共同推动货物估价、归类、原产地资料交换、核查等工作,海关之间应建立原产地技术、税则归类小组合作机制。一是在合作机制

框架内建立贸易动态管理数据库,共同开展贸易监控分析,针对重点领域、环节和商品进行执法配合;二是组织专家小组定期交流原产地及税则归类管理中存在的问题,并对产品原产地认定等方面的疑难案例和纠纷等进行讨论和商定;三是加强货物估价、归类、原产地数据交换及协查配合,并为对方开展的原产地核查提供支持。

此外,由于各国的法律制度不尽相同,在走私罪的定义、定罪标准、具体罪名和量刑等方面也存在一定差异,且各国海关承担的基本职能和价值目标有所不同,因此,在刑事司法合作中较易产生法律冲突。为此,应当建立各国海关常态化执法互助机制,以自贸试验区海关为试点,开展缉私执法合作。首先,应在双方海关缉私部门间建立起联系沟通渠道,相互了解对方海关走私相关法律制度,协调走私法律冲突。同时,为有效地搜集传递和分析情报,建立走私犯罪信息网络中心,共建情报信息交流平台并探索建立类似于申根信息系统(SIS)的情报交流平台。其次,在互助合作协议框架内订立海关间共同打击犯罪及司法互助的协议,内容包括管辖权归属、调查取证、协助对方追缴犯罪收益、缉捕遣送走私嫌犯、案卷及证据材料的移交规则和程序等。走私犯罪案件的突发性和时效性强,除在协议的基础上开展常规性司法协作之外,还必须建立起突发性重大走私案件协作应急处置机制,通过联络机构或联络员,完成快速高效处置。在协议框架内构建缉私部门间“控制下交付”①的合作机制。控制下交付,是对走私犯罪在内的各种犯罪活动实施精确打击的有效手段,对于打击国家或地区间走私犯罪具有独特的功效。加强进出境及过境货物的严格监管,建议试点开展打击农产品、冻品、毒品、濒危动植物等重点商品走私及偷逃税走私的联合专项行动,待合作成熟后再逐渐扩大运用于执法合作的其他领域。

---

① 控制下交付是指侦查机关发现了犯罪,可以不当场抓获,而是对其加以充分的监控,让其在监控下继续实施犯罪,当犯罪行为又触及其他有关犯罪嫌疑人时,再将其捕获的侦查方法。这种侦查方法在侦查毒品、走私案中经常被使用。

Chapter 7 第七章

新发展格局下推动全球海关治理的中国方案

良好的全球治理依赖于良好的国家治理。全球治理的中国方案鼓励各国在自己历史和国情基础上探索更好的国家治理体系,为全球治理奠定更好的国家治理基础。“治不必同,期于利民。”从实践来看,强行对外推广某种制度体系的治理方案,非但没有带来国家治理的改善,反而制造出不少乱局,进而给全球治理带来负面影响。中国方案不以改变别国国内治理体系为目的,而是尊重各国人民自主选择发展道路的权利,维护国际公平正义。[①] 进入21世纪以后,国际格局进一步发生变化,当今世界正经历百年未有之大变局,逆全球化思潮抬头、新冠肺炎疫情突如其来等增加了全球局势的不确定性,与此同时,新技术层出不穷,新业态风起云涌,新模式激荡澎湃。在此时代背景下,中国应审时度势,积极维护多边贸易体制,反对贸易保护主义,努力构建具有中国特色的海关法治体系,主动参与并引领国际海关规则的制定,不断提升中国在全球海关治理中的地位与话语权。以下将以新冠肺炎疫情应对措施对跨境货物贸易的影响及中国对策、海关税收担保主体制度的国际比较与创新探索、跨境电子商务规则的

---

① 参见苏长和:《为世界和平与发展作出新的重大贡献》,载《人民日报》2017年11月5日,第8版。

国际协调三个主题为例进行研究,探索新发展格局下推动全球海关治理的中国方案。

第一节 新冠肺炎疫情应对措施对跨境货物贸易的影响及中国对策

2020 年 1 月 31 日,世界卫生组织根据《国际卫生条例(2005)》的相关规定,正式宣布新冠肺炎疫情符合“国际关注的突发公共卫生事件”(PHEIC)。[①] 在以往 WHO 宣布的五起 PHEIC 中,WHO 通常建议各国不要采取诸如停发签证、进口禁令、关闭边境、取消航班等边境措施。如在 2009 年甲型 H1N1 流感期间,尽管 WHO 和 WTO 都强调,该病毒不会通过猪肉制品传播,但仍有 40 多个国家禁止从受该病毒影响的国家进口猪肉。在 2020 年新冠肺炎疫情下,WHO 仍不建议其他国家采取旅游及贸易方面的限制措施,但继各国入境管制和对中国船舶加强停靠限制之后,一些国家也陆续采取了其他跨境贸易限制措施,印度大幅上调关税,印度尼西亚、约旦、俄罗斯暂停进口部分中国商品,越南发出暂缓货物清关提醒等,对于我国外贸经济产生了一定影响。对此,我国应通过对跨境货物贸易相关国际规则进行分析,以期提出消减疫情影响、促进外贸稳定的应对之策。随着疫情常态化,为防止疫情回流,亦应履行国际法框架内的相应义务,避免构成贸易壁垒的“过度措施”。

一、新冠肺炎疫情应对措施对我国跨境货物贸易的影响

2002 年发生的 SARS 疫情严重阻碍了中国外贸的发展,疫区的交通中断,

① PHEIC 是指世界范围内所出现的传播疾病会导致其他国家产生公共卫生风险,并需要通过协调一致统一应对的不同寻常事件。在认定 PHEIC 的同时,WHO 突发事件委员会应当提出应对该事件的“临时建议”,即为减少疫情扩散而采取的相关卫生措施,并由总干事对成员国和其他国家发布。这些建议可以针对人员和货物,措施力度可以从“不必采取特定的卫生措施”,到对来自受染地区的人员“限制出境”,以及货物“不准离境或入境”。

导致旅游业受挫、消费信心降低；疫情比较严重的北京、广州等地完全停止了外贸活动；我国商品订单数量减少或转移滞后，外商投资延缓或减少，一些外商投资项目推迟。2003 年 5 月，我国共实现 76.95 亿美元的合同外资金额，与前四个月相比增速下降 32%。其中损失最大的出口产品为食品、土畜产品，受限的企业数量达到了近 90%。①

本次新冠肺炎疫情下各国的应对措施同样对跨境货物贸易产生了一定负面影响，对于农产品和食品贸易所造成的冲击将更为明显。对货物进口国而言，为了避免本国遭受疫病侵害，保障公民健康，进口国所采取的管控措施通常都比较严格，相关产品贸易被迫中止或中断，严重阻碍货物贸易的正常进行。世界上很多国家，尤其是发达国家在管控动物疫病方面采取了“零风险”的态度，如果一国出现了动物疫病疫情，进口国则会对疫情国肉类产品乃至全部动物产品采取停止进口的措施。当实施进口禁令之后，为了尽可能保护本国畜禽养殖产业的发展，维护国内政治经济形势的稳定，一些动物产品进口国会借他国出现动物疫情，以维护本国公民生命健康、保障公共安全等为由，针对动物疫情制定较为严苛的技术标准和法规、执行更高标准的质量认证制度和检验检疫程序，使疫情发生国相关产品的进口难度增加，进而形成严重的贸易壁垒。疫情的发生以及所采取的各种管控措施也将重构世界贸易格局，产生明显的贸易转移效应。如由于亚洲、欧洲国家先后发生大规模的高致病性禽流感疫情，美国和巴西借此机会扩大了禽肉的生产和出口。而从主要禽肉进口国日本的禽肉进口调整不难发现，禽肉领域产生了较为显著的贸易转移效应。

动物疫病疫情的频繁发生，引起了社会各界的高度关注，专门针对动物疫病控制管理进行指导的国际组织应运而生。动物疫病会影响政治稳定、贸易安全以及食品安全等多个方面，因此动物疫病及其管理控制已成为世界各国政府、民众以及国际组织所关注的焦点问题。发达国家凭借较高的科学技术水平以及经济优势，制定并实施了严格的动物疫病检验检疫措施和合格标准，以管控动物疫病为由对本国相关产品的生产和销售进行保护。2009 年甲型 H1N1

---

① 参见邵柏、魏珊、刘明杰：《国际突发公共卫生事件应对措施对国际贸易的影响及对策研究》，载《口岸卫生控制》2019 年第 4 期。

流感疫情暴发时,鉴于某些国家发生禽流感的情况,一些国家即选择禁止进口一切禽类产品,其中也包括非疫情发生国出口的产品。针对该病所采取的过于严格和苛刻的疫病管制措施严重违反了关于自由贸易的根本原则,与WHO《国际卫生条例》、WTO《SPS协定》、WTO《贸易便利化协定》等对疫病管理控制和国际货物贸易的基本规定不符,且缺乏科学的依据,是贸易保护主义的做法。

二、国际法框架内跨境货物贸易限制的合理限度

各个国家面对疫情施加旅行和贸易限制措施的动机各不相同。对许多发展中国家来说,公共卫生基础薄弱,担忧疫情流入后无力监测、应对,以及可能面临的经济影响,是作出决定的主要原因。但是,对另一些国家来说,采取旅行和贸易限制措施的动机则要复杂得多,即追求绝对安全,甚至以疫情为借口实行贸易保护主义,都可能成为其行动的根据。因此,在国际法框架内针对国外限制我国出口货物的合理限度进行分析具有重要意义。

(一)WHO《国际卫生条例》合理卫生措施的认定

《国际卫生条例》是具有普遍约束力的国际卫生公约,涵盖了联合国所有成员国和全球95%以上的国家,已成为全球公认的应对国际关注突发公共卫生事件的国际章程。[①]《国际卫生条例》要求成员国承担两个基本义务,一是最大限度地防止疫情在全球范围传播,并为此提供必要的安全保障措施;二是各成员国不能采取超过必要限度的防控措施,避免对全球交通、国际贸易造成不必要的影响。[②]

2020年1月31日,WHO将新冠肺炎疫情认定为PHEIC以后,总干事针对中国、所有成员国以及国际社会分别公布了"临时建议"。其中,对所有成员国的建议主要涉及"控制疫情的准备,包括主动监测、早期发现、隔离和病例管理、接触者追踪和防止新型冠状病毒感染的进一步传播,并与WHO共享全部数

---

① Allyn Lise Taylor, *Making the World Health Organization Work: A Legal Framework for Universal Access to the Conditions for Health*, American Journal of Law and Medicine, Vol. 18, p. 320(1992).

② 参见何宇平:《论新修订的〈国际卫生条例〉对国家义务的设定》,载《中国国境卫生检疫杂志》2004年第4期。

据”。但同时明确,“根据现有信息,委员会不建议任何旅行或贸易限制”,以及“各国必须按照《国际卫生条例》的要求向 WHO 通报所采取的任何旅行措施,并不要采取可能助长侮辱或歧视的行动”。从国际社会来看,“临时建议”要求成员国在采取阻碍国际交通的额外卫生措施后 48 小时内及时上报 WHO 并说明公共卫生依据与理由。额外卫生措施,是指拒绝国际旅行者、行李、货物、集装箱、交通工具、物品等入境或出境或延误入境或出境 24 小时以上。《国际卫生条例》对成员国的额外卫生措施提出明确要求,即应符合科学原则,基于威胁人类健康的证据,以及 WHO 和其他相关国际机构的指导或建议。WHO 将依据前述标准审查这些理由,并可能要求有关国家重新考虑其措施,而成员国则应当考虑 WHO 的意见,在 3 个月内对这种措施进行复查。

自 1851 年以来,各国际公共卫生条约的主要目标在于通过协调各国边境检疫措施阻止疫病进入国内,但也要避免违背传染病学原理或针对交通工具和旅行者所采取的“过度措施”。然而,即使各项国际公共卫生条约经过多次修订,依然无法保证各国在疫情发生时采取统一的边境检疫措施。[①] 总体而言,《国际卫生条例》以尊重国家主权为基础,允许各国在国际法框架内依据本国法律规定采取相应的卫生措施以有效应对公共卫生事件,及时抵御各类风险。但同时明确该卫生措施所提供的健康保护水平必须等于或高于 WHO 所建议的水平,并应当符合科学合理原则以及对人员旅游和贸易构成最小限制。《国际卫生条例》赋予了成员国基于 PHEIC 采取额外卫生处理措施的权利,对象包括出入境人员、交通工具、集装箱、货物、物品、行李、邮包等,卫生措施包括除污、灭鼠、消毒、除虫、隔离或检疫、查封或销毁、退货等,但对该权利作出限制,以保障交通工具及其经营者的权利。《国际卫生条例》明确当成员国在未有充分证据证明交通工具受染,或有科学理由采取额外卫生措施的情况下,不得以公共卫生为由拒绝交通工具停靠入境口岸;不得无理由拒绝授予交通工具“无疫通行”,尤其是不应阻止交通工具离境入境、上下乘客、装卸货物等。因此,在应对国际突发公共卫生风险时,各成员国应当充分考量各种因素、权衡利弊,对他国所采取的卫生处理措施应当具有科学依据,同时体现本国获益最大、对方受损

---

① 参见龚向前:《传染病控制与当代国际法变革的新趋势——以〈国际卫生条例〉(2005)为例》,载《法学评论》2011 年第 1 期。

最小的原则。

(二)WTO《SPS 协定》SPS 壁垒的评判标准

在经济全球化背景下,商品和人员等各生产要素的跨国、跨地区流动大幅增加,有害动植物和生物疫病输入等问题也随之加剧。《SPS 协定》明确规定了食品安全和动植物健康领域的 SPS 措施,是一套旨在促进农产品和食品贸易发展的国际贸易规则。与此同时,随着贸易自由化的持续发展,贸易壁垒逐渐从关税壁垒向非关税壁垒转变,不少国家开始通过动植物检验检疫措施影响国际贸易。本次新冠肺炎疫情期间,一些国家限制进口我国商品或大幅上调部分商品关税的行为亦应受到《SPS 协定》规制以防止贸易壁垒。《SPS 协定》力求在 WTO 各成员国维护国家主权和开放式贸易体制利益之间达成平衡,[①]并确立了以下评判原则和标准。

第一,基于科学依据和科学风险评估且为保护人类、动植物生命或健康所必需。《SPS 协定》强调成员方的 SPS 措施必须有实验数据、研究成果等充分的科学依据,而且应为保护食品安全、动植物生命及环境所必须采取的措施,而不是产业或贸易保护目的。此外,《SPS 协定》指出,当成员方不具备科学证据时,有权利采取临时卫生检疫措施,同时就该临时措施的适用明确两个前提条件:一是相关科学证据不充分;二是依据现有可获信息,包括来自有关国际组织以及其他成员实施的 SPS 措施的额外信息。在采取临时措施时,该成员应当获取额外补充信息进行客观风险评估,并据此在合理时间内对该措施进行审议。当一成员认为另一成员采取的临时措施正在限制或者可能限制其产品的出口时,该成员有权要求采取临时措施的成员说明采取或维持临时措施的理由。

第二,符合国际标准或采用比其可能达到的保护水平更高的措施。《SPS 协定》强调,成员方的 SPS 措施应该建立在国际标准、指南和建议的基础上,如果成员方的保护水平高于国际标准,必须提供科学依据和科学风险评估。国际标准包括:经《SPS 协定》指定,由食品法典委员会制定的食品安全标准;国际兽疫局制定的动物健康标准;国际植物保护公约制定的植物健康标准;以及经 SPS 委员会认可由其他国际组织制定的标准。这一标准实际强调了 SPS 措施

---

① 参见董银果:《SPS 壁垒的评判标准探讨》,载《国际商务研究》2009 年第 1 期。

可以基于适度风险水平上的保护，但必须符合科学依据。

第三，与其他可替代措施相比对贸易的消极影响最小。即使成员方确立的卫生与植物卫生保护水平与WHO存在差异，其所采取的措施亦应最大限度降低贸易所造成的消极影响。只有当不存在其他可选择措施、其他措施无法达到必要的保护水平或不能构成对贸易最小损害的情况下，该SPS措施才能视为合法。[①] 反之，如果存在其他可选措施能够提供有效保护、对贸易所造成的影响更小，并符合技术和经济可行性时，则该成员所采取的SPS措施违反了《SPS协定》。对于贸易限制是否超过必须程度以及存在可替代措施往往由举证方提供，这就为壁垒的认定增加了障碍。

第四，遵循非歧视性和透明度原则的要求。《SPS协定》规定成员方所采用的标准不得针对外国企业制定或执行与国内企业同类产品不同的歧视性标准，否则外国企业有权获得相应救济。这一规定旨在保证SPS措施对所有进口商品适用，最大限度避免针对某一国家的贸易歧视行为。与此同时，《SPS协定》要求各成员方检验认证方法透明并对所有进口商信息均等。各成员方必须在设立或调整SPS措施时为其他国家留出60日评议期，同时设立咨询点回答成员方关于新措施或已有措施的提问和质疑，这些都是透明度原则的要求。

(三)WTO《贸易便利化协定》非歧视性及透明度义务的厘清

《贸易便利化协定》于2017年2月22日正式生效，是WTO成立以来达成的首个多边货物贸易协定，其所包含的12项条款中，90%与海关直接相关。在当前逆全球化、贸易保护主义抬头的背景下，《贸易便利化协定》的生效和实施有助于增强贸易透明度、完善边境管理和实现程序现代化，并有效促进货物过境自由和便利；同时，对于提升我国在全球价值链中的地位，推动我国经贸稳定健康发展具有积极而深远的意义。新冠肺炎疫情暴发以来，一些国家片面采取禁限措施或提升其他贸易壁垒的行为影响了我国货物出口，或违反《贸易便利化协定》项下关于非歧视性及透明度的义务。

第一，增强公正性、非歧视性及透明度的措施。协定设专门条款对“增强公

① 参见戴宇欣：《采用国际标准及其例外看WTO有关协定的不公平性》，载《国际贸易》2007年第10期。

正性、非歧视性及透明度的其他措施”作出规定,提出基于风险发布通知及为涉及食品、饮料或饲料的边境监管措施提供指南等,旨在保护人类及动植物的生命与健康,并且当作出通知或指令的情形不复存在或情形变化后如有可替代的、较低的贸易限制措施,则各成员应尽快终止或中止该通知或指令。协定还为进口货物提供第二次检验的机会,规定进出口人、收发货人或其代理人可在进出口货物样品检验不利的情况下提出复检,成员方应以非歧视和易获取的方式公布进行检验的实验室的信息,且可行的复检结果应当被海关接受。其中提及的通知或指南可理解为对 SPS 临时性措施中额外信息的补充要求。此外,该条也明确了边境监管环节较小贸易限制的原则,与《SPS 协定》相关条款的基本精神相符。

第二,货物放行与结关中的风险管理。风险管理是通过对进出口企业和货物风险的识别、衡量和控制而以最小的成本使风险所致损失达到最低限度的管理过程。全球范围内关税同盟、自由贸易协定的签订使关税收入的重要性下降,海关管理的重点逐渐向反恐、知识产权保护和维护贸易安全与便利等非传统职能转变,海关在国家经济安全体系中发挥更加重要的作用。一般而言,海关风险包括潜在的不遵守海关法律的行为,如逃避税款、走私毒品及其他禁限物品等。相应地,《SPS 协定》所规定的风险评估可以视为《贸易便利化协定》风险管理中的特别条款,两者具有相互依存、补充适用的关系。与 SPS 措施相同,《贸易便利化协定》要求成员在设计和运用风险管理时应避免任意、不合理的歧视或采取对国际贸易变相限制的方式进行。

第三,过境自由。由于过境自由运输与过境国的国家主权和安全相关联,GATT 和《贸易便利化协定》都没有也无法完全禁止限制过境自由的国内措施。因此,WTO 成员方有权制定并实施限制过境自由的法律法规,但这种制定规范的自主权也应受到一定限制,即相关法律措施应当最大限度地尊重过境自由原则。[①] 根据协定的要求,成员方实施与过境运输有关的法规或程序不得以对过境运输构成变相限制的方式适用,并且如果导致其采用该法规或程序的情形不复存在或发生变化时,则应当使用其他合理的、较少贸易限制的方

① 参见海关总署国际合作司编著:《WTO〈贸易便利化协定〉解读》,中国海关出版社 2017 年版,第 182 页。

式加以解决，原有过境运输相关法规和手续不得维持。此外，协定还规定各成员不得对过境货物适用 WTO《TBT 协定》范围内的技术法规和合格评定程序。由此可见，过境自由条款以简化过境手续为宗旨，并对最低贸易限制原则予以明确。

三、国际法框架内中国的应对策略

近年来，新发现与复发传染病的传播对人类生存及全球安全构成严重威胁。WHO《国际卫生条例》、WTO《SPS 协定》和 WTO《贸易便利化协定》等国际条约虽具有不同的价值目标，但在应对传染病控制等全球性问题中呈现基本一致的原则和标准，互相联系、互为补充，在应对国际社会面临的各种挑战中不断获得新的发展。这些国际法明确的行为准则在加强传染病控制的同时进一步推动多双边合作的开展，由此实现最大限度地防范疾病和危险因素跨境传播的目的。尽管国际法在一定程度上受制于国际政治，但国际法也会对国际政治施加影响。即使奉行单边主义的美国也无法完全背离国际法采取行动。旅行人员迁移、食品贸易与危险物流动等都将对传染病流行产生影响，而一旦出现全球或跨境问题，世界各国只有在确保统一公共卫生行动的基础上才能有效维护本国安全。国际法不仅明确规定了各国参与国际合作的权利义务，还实现了在传染病控制领域的跨国家、跨地区共同行动、利益与资源配置。面对新冠肺炎疫情对我国跨境货物贸易所造成的影响，我国应当认真研究相关国际条约规范并积极寻求应对之策。

（一）WHO《国际卫生条例》

《国际卫生条例》要求各国基于 PHEIC 所采取的卫生措施必须公正、透明，并以客观的态度和科学的方法开展卫生处理工作，不能主观随意地对交通运输、货物贸易等造成不必要的限制。虽然额外的卫生措施是在保障人身健康基础上对于人员旅行及贸易构成最小限制的措施，但其仍会在一定程度上影响国际运输和人员流动，导致其他成员国利益受损。因此，对我国采取货物贸易限制等额外卫生措施的国家应当根据《国际卫生条例》的规定，在采取措施后 48

小时内向 WHO 报告公共卫生依据和理由,并考虑 WHO 意见在 3 个月内对该措施进行复查。不可否认,在防止国家针对 PHEIC 采取过度反应措施的问题上,WHO 依然缺少足够强大的政策工具。WHO 是联合国下属的一个专门机构,主要从事国际公共卫生合作,尽管 WHO 组织法赋予其推动健康权领域的诸多职能,但是长期以来 WHO 主要致力于在全球设置规范性的卫生标准和对成员国提供技术建议和帮助,在加强公共健康制度方面所确定的义务是非常模糊的,《国际卫生条例》并未明确成员国之间的合作机制。[①] 实际上,《国际卫生条例》仅承认各成员国将传染病御于国门之外的权力,并未赋予 WHO 为管控传染病采取主动措施的权力。从纯法律技术层面而言,传染病控制国际法并未明确"自由的国家体系"中的法治秩序是造成目前情况的主要原因,故缺乏有效协调成员国之间应急检疫措施的规则。

在新冠肺炎疫情期间,我国应当密切关注其他国家对国际及我国突发公共卫生事件采取的应对措施,客观分析他国所采取措施的主要目的与根本影响。如果发现存在直接影响我国外贸发展的禁限措施,应当及时查证、核实信息,并针对国内可能因此受到影响或损失的产品、产业及出口市场等展开全面评估,做出外贸影响的程度分析结论,并依据实际情况进行分级预警通报。为避免产生争端,WHO 明确规定采取额外卫生措施的当事国应赋有与遭受影响的成员国进行协商的义务,由此构建起成员国之间的协商机制,有助于成员国就额外卫生措施的科学信息和公共卫生依据进行讨论并达成协议。如协商未果发生争端时,成员国可按照《国际卫生条例》争端解决的规定解决争端。WHO 总干事将作出争端解决的最终处理建议,但该建议是否具有约束力取决于两个方面:一是在审查委员会作出审查之前,以书面形式通知委员会愿意接受建议;二是以书面形式宣布接受常设仲裁法庭的强制性仲裁裁决。[②] 因此,我国应当积极与采取过度卫生措施的国家进行协商,以寻求共同方案,尽可能减少消极影响。如协商未能达成一致的,我国有权与该国商定将争端提交 WHO 总干事或接受强制性仲裁,该仲裁具有终局性和约束力。在甲型 H1N1 流感大流行期

---

① Claude-Henri Vignes & Hans J. Schlenzka, *World Health Organization*, in Rudolf Bernhardt, ed. Encyclopedia of Public International Law, North-Holland Publishing Company, 1983, p. 408.

② David P. Fidler, *International Law and Infectious Diseases*, Oxford University Press, 1999, p. 89.

间,墨西哥与北美是猪肉出口禁令被主要针对的国家和地区。美国、加拿大与墨西哥还曾联合发表声明,要求取消禁令,并表示“将采取任何恰当的行动以防止不公正的措施”。[①]

(二)WTO《SPS 协定》

现行的国际规则强调科学依据是各国设立 SPS 措施的重要理由,这将有助于降低国际贸易对于食品安全、动植物健康安全等领域所造成的负面影响,确保国际贸易持续健康发展。面对疫情下我国跨境货物贸易遭受的影响,我国应当以《SPS 协定》所确立的 SPS 措施原则与标准为依据,积极识别国际贸易中的 SPS 壁垒。如前所述,各国的 SPS 措施应当:第一,基于科学依据和科学风险评估且为保护消费者、动植物生命安全所必需;第二,符合国际标准或采用比其可能达到的保护水平更高的措施;第三,与其他可替代措施相比对贸易的消极影响最小;第四,遵循非歧视性和透明度原则的要求。

鉴于此,首先,我国有权根据《SPS 协定》积极采取谈判和法律手段解决,要求不合理提高货物进口壁垒的成员提交证据并说明理由,证明其在实施该措施时已考虑前述标准和原则。与此同时,我国应当有效利用 WTO 争端解决机制清除歧视性壁垒,全面收集有关禁限贸易行为的证据,如通过谈判未能达到预期效果则可向 WTO 争端解决机构提起诉讼,并实施贸易报复措施。虽然从整体上来看发达国家占据主导地位,但从争端解决机构对于有关公共卫生案件的裁决来看,发展中国家成员只要掌握了相关协定的原则,合理地利用上诉和应诉措施,是可以通过它来维护自己的正当权益的。其次,我国应进一步加强动植物检疫的双边或区域协商与合作。《SPS 协定》仅对各国动植物检疫协作作出原则性规定,实际执行需要通过各国之间签订具体的合作协定来明确动植物检疫要求、检疫方法、证书要求等。国外动植物检疫体制在严格程度及执行情况上各不相同,这就需要我国分别与各国、各地区开展谈判,签订符合各方利益的执行协定,这也有利于进一步提高各国 SPS 规定和措施的透明度,消除隐形

---

① 参见汤蓓:《“国际关注的突发公共卫生事件”不是过度反应的借口》,载《光明日报》2020 年 2 月 8 日,第 6 版。

贸易壁垒。最后,无论有无贸易歧视行为,过于单一的出口商市场都会扩大遵从成本,增加贸易损失。近年来,由于国内农产品贸易对美国、日本等发达国家市场过于依赖,受到其 SPS 措施的影响很大。因此,实现出口市场多元化尤为重要,我国可尝试开辟发展中国家、新兴国家市场,以此降低疫情期间和结束之后 SPS 措施所带来的负面影响。

(三)WTO《贸易便利化协定》

《贸易便利化协定》在“加强监管或检查的通知”“检验程序”“风险管理”条款中关于保护人类、动物或植物的生命健康的内容均涉及《SPS 协定》的调整范围,如《贸易便利化协定》规定的通知制度对于 SPS 临时性措施的规定进行了补充。实践中贸易便利化措施和《SPS 协定》的有关控制措施可能对某一进口货物同时适用,因此,必须平衡贸易便利与安全的价值目标,在加快货物流动速度的同时确保公共健康安全。各国出于疫情防控目的所采取的边境管理措施有助于确保国家公共安全,但在强调国门安全的同时,《SPS 协定》和《贸易便利化协定》都明确规定在通关环节不得施加不必要的障碍或变相的限制贸易的措施。

对此,各国应在加强我国出口货物检验检疫的基础之上作出妥善决定,避免“一刀切”的武断做法。此外,《贸易便利化协定》要求各成员方相关法律措施应遵循过境自由原则,最大限度降低贸易限制,简化过境手续。鉴于此,我国可通过与 WTO 成员方积极磋商以寻求解决方案,如无法达成一致,争端解决除诉诸 WHO 之外,也可根据 WTO 争端解决机制处理双方争议。值得注意的是,随着全球价值链合作的持续深入发展,全球价值链因素势必直接影响各国的争端解决。结合执行 WTO 裁决受全球价值链影响的实际情况,我国可采取以下措施予以应对:第一,同 WTO 成员保持对话和沟通,在掌握对方相关价值链企业现状基础之上,充分了解企业对于两国贸易政策的期望,结合我国相关产业利益诉求,借助磋商手段有效解决贸易争端。第二,构建并完善国内贸易报复机制,通过施行贸易报复措施,充分提升回应威胁的便捷度与可信度,扩大全球价值链上下游企业对国家贸易政策的影响力,促使一些国家主动放弃贸易保护主义措施。第三,对企业转型升级予以支持和鼓励,引导其转变经济发展方式,推动国内产业向价值链上游不断迈进。只有推动产业转型升级和生产环节迈入价值链高端,方能提高我国在全球价值链体系中的地位与影响,避免受到其他国家贸易保护主义的威胁。

随着新冠肺炎疫情在全球蔓延,为防止疫情回流,我国亦应履行国际法框架内的相应义务,即在风险评估和科学依据基础之上采取适度边境管控措施,避免构成贸易壁垒的"过度措施"。总而言之,在公共卫生全球化持续推进的同时,各国也更加重视和关注传染病引发的诸多威胁。WHO、WTO 等国际组织与机制需采取多种合作与协调方式,确保合作关系的稳定性、长期性。除通过合作协定建立合作关系外,各国际组织还可利用高端的组织间联合项目形式提升整个网络的合作和协调能力,从而有效应对传染病所引发的诸多挑战,促进国际法在处理公共卫生事务领域的持续发展。

第二节　海关税收担保主体制度的国际比较与创新探索

海关对进出境货物和物品实施税收监管是国家税收的重要环节。随着世界经济发展和国际交往的需要,海关除履行依法征收税款,保障对外贸易安全的职责外,还承担了促进贸易便利化的职责。在 WTO、WCO 等国际组织的倡导下,各国海关先后推出了一系列便利通关措施,其中就包括海关税收担保制度。

海关税收担保是以管理相对人依法应当向海关缴纳的关税或海关代征税为担保责任范围的担保,是海关事务担保中使用频率最高的担保。海关税收担保一般是在申请提前放行货物、办理特定海关业务时提供。海关税收担保主体,是指符合国家法律规定的具体条件,具有税收担保主体资格的组织或个人。为满足海关管理相对人对贸易畅通与通关便利的需要,同时优化海关税收征管服务水平,在市场经济高度发达的今天,创设新型的担保模式与增加新的担保主体将是海关税收担保制度的重要研究方向。

一、海关税收担保主体[①]制度的国际镜鉴

(一)国际组织规定

1. 世界海关组织

(1)《经修订的京都公约》

《经修订的京都公约》为简化与协调各项海关制度奠定了国际法基础。为了充分利用新的信息技术和现代化报关通关技术设备,加快货物、人员以及运输工具的进出境过程,WCO 对公约进行了修订,修订后的公约文本于 1999 年 6 月在海关合作理事会上通过,并于 2006 年 2 月 3 日生效。

《经修订的京都公约》总附约对海关担保制度作出规定。总附约第五章"担保"引言中指出:"海关通常要求提供担保或担保物,用来确保申报人履行向海关承担的义务。担保的首要目的是确保税费的支付。鉴于海关业务制度、做法或要求,担保也会在其他情况下被要求用来确保申报人或经营者承担义务的履行。因此,国家立法应规定海关在适当的制度或实践中采用担保。"[②]《经修订的京都公约》总附约要求缔约方通过国内立法就海关担保的适用范围以及担保的形式作出明确规定,并授权缔约方海关对担保的数额的决定权,但该数额不应超过其可能被要求支付的数额。当海关担保所担保的义务已经得到履行时,海关应当及时解除该担保。由此可见,虽然各缔约方就海关担保具有一定的立法自由,但是,海关的自由裁量权却是有限的。具体表现为担保的适用范围与形式必须在其国内法规定范畴之内;担保的数额以所担保义务的价值为限,不可任意扩大;担保的期限必须以最初设定担保所欲保证义务的履行为限。此外,第五章还授予相关方以选择担保形式的权利,以及一定条件下选择使用总担保的权利,使海关担保制度具有了一定的弹性。

在《经修订的京都公约》专项附约中,也有一些涉及海关担保的规定,其侧

---

① 由于国际上对于担保主体如担保人的具体表述不同,故关于担保主体的称谓依据各国法律规定。

② 参见海关总署国际司编译:《关于简化和协调海关制度的国际公约(京都公约) 总附约和专项附约指南》,中国海关出版社 2003 年版,第 58 页。

重于适用海关担保情形的具体要求,但根本目的都旨在促进海关通关程序的便利化,从而推动国际贸易发展。

总体而言,《经修订的京都公约》虽针对海关担保制度作出一些限制性规定,但关于担保主体的资格、范围并未加以规定,缔约方据此可根据各自国内情况作出安排。

(2)《SAFE 标准框架》

WCO《SAFE 标准框架》在 2005 年 WCO 理事会年会上获得通过。更新版的文件着眼于三大支柱,即海关与海关的合作、海关与商界的伙伴关系,以及海关与其他政府机构的合作。其最显著的意义在于:在尽可能少地影响贸易便利化的前提之下,通过深化各方面合作保障贸易安全。

《SAFE 标准框架》包含四个核心要素:第一,统一了对进口、出口和转运货物提前递交货物电子信息的要求;第二,加入《SAFE 标准框架》的成员承诺采用一致的风险管理方法来应对安全方面的威胁;第三,《SAFE 标准框架》要求,基于可比的风险识别方法,根据进口国的合理请求,出口国海关应对高风险的出口集装箱和货物进行查验,并提倡使用非侵入式检测设备,如大型 X 光机和放射性物质探测仪;第四,《SAFE 标准框架》规定了成员海关要向达到最基本的供应链安全标准并采纳最佳做法的企业提供相应的便利。可见,国际贸易安全是海关担保制度实施的前提与背景。《SAFE 标准框架》并未对海关担保作出明确规定,但是其所确定的核心要素对于各国制定相关规则提供了有益的价值指引。

2. 世界贸易组织

(1)GATT 1994

GATT 1994 第 7 条明确了成员对入境货物的海关估价的基本原则,而《海关估价协定》则具体规定了成员海关为执行关税政策和对外贸易政策的需要,根据法定的价格标准和程序,对进出口货物确定完税价格的方法和程序。根据《海关估价协定》第 13 条的规定,在确定进口货物海关估价的过程中,如成员海关认为需要延迟作出估价决定的,进口方可以申请放行货物,但该进口方应以保证、保证金或其他合适的方式提供足够的担保,以确保缴付进口该货物所应承担的关税。成员方应对此种情形制定法律进行规制。

据此,成员可通过设定海关担保而提前放行货物。然而,该文件对于担保的主体、种类、范围、法律责任等海关担保制度未作出详细规定。为保证海关担保的顺利实施,成员可制定国内法,对担保的形式、金额、设定程序等予以规定,以保证海关担保制度得以有效实施。

(2)《贸易便利化协定》

《贸易便利化协定》被认为是 WTO 第九届部长级会议的主要成果,该协定于 2017 年 2 月 22 日正式生效。协定旨在通过提高透明度和改善海关流程而使所有 WTO 成员之间的进出口更为高效且成本更低。

该协定第 7 条"货物放行与结关"中第 3 款"将货物放行与关税、国内税、规费及费用的最终确定相分离"对海关担保进行了规范。根据该款规定,每一成员应采用或设立程序,规定如关税、国内税、规费及费用的最终确定不在货物抵达前或抵达时作出或不能在货物抵达后尽可能快地作出,则可在最终确定作出前放行货物,条件是所有其他管理要求均符合。作为此种放行的条件,一成员可要求:支付在货物抵达前或抵达时确定的关税、国内税、规费及费用,对尚未确定的任何数额以保证金、押金等形式或其法律法规规定的另一适当形式提供担保。此类担保不得高于该成员所要求的担保所涵盖货物最终应支付的关税、国内税、规费及费用的金额。如已发现应予以货币处罚或处以罚金的违法行为,则可要求对可能实施的处罚和罚金提供担保。前述所列担保应在不再需要时予以退还。

由此可见,《贸易便利化协定》也仅对海关担保的适用条件、担保范围、退还等作出原则性规定,在此基础上各成员可自行制定法律规则确定担保主体的资格授予、限制、免除等事项。

(二)发达国家(地区)经验

1. 美国

美国海关担保制度的法律渊源主要包括《美国法典》第 19 卷第 1623 条和《联邦政府法规汇编》第 19 卷第 113 部分。美国就担保人的资格授予、资格限制、除名的实体与程序规则作了详细规定。

对于担保人而言,美国海关担保制度规定了个人担保人和公司担保人两种类型。个人担任担保人时,除口岸海关关长有理由相信一个个人担保人足以保证税款的征收,否则人数必须为两人。而且,每一个个人担保人应具有美国公民身份,在美国拥有居所,并在批准该海关担保的口岸海关辖区内拥有足够的财产。一旦口岸海关关长接受了个人担保,其提供的财产价值应等于或高于两倍的担保数额。公司担保人,通常由已经取得美国财政部授权的担保公司担任。担保公司的授权委托书应向海关提交,委托关系一旦建立,被担保人与担保人之间承担连带责任。如果被担保人在规定期限内未能履行其相应义务,海关可在担保范围内直接向担保人追究责任。

根据美国法规定,如果获得担保主体资格的个人或公司在担任纳税义务人时发生了违约行为,将不得成为担保主体。此外,无论是个人担保人还是公司担保人,因故意或过失未能承担担保义务,则海关可拒绝接受其所提供的担保,如担保公司不能提供正当理由,海关也可将其除名。

2. 欧盟

《欧盟海关法典》第 94 条规定:"作出保证承诺的保证人应当是在联盟关境内成立的第三人。除非保证人是一个根据有效的联盟规定在联盟内合格的信用机构、金融机构或保险企业,担保人必须得到要求担保的海关的批准。保证人应以书面的形式承诺支付保证的金额,该金额包括与海关债(Customs Debt)①相应的进口或出口关税和其他费用。如果不能确定在规定的期限内与海关债相应的进口或出口关税和其他费用能够得到支付,海关可以拒绝批准保证人或所提议的担保种类。"②

欧盟海关对担保主体的衡量主要是基于其能否保证海关债项下应履行的税费金额,只要能履行,海关就可以批准其成为担保人。如果是经欧盟现行法律认可的信贷机构、金融机构或保险公司则不用经过批准。

3. 日本

日本海关担保分为物的担保和人的担保。保证人的保证可以保证书形式出具。日本《税法》规定,提供担保的种类包括国债、地方债;税务机关认为可靠的公司债及其他有价证券;土地;建筑物、树木,已登记且已交付保险的船舶、飞机、汽车、建筑机械等;铁道财团、工厂财团等;税务机关认为可靠的保证人的保

---

① 《欧共体海关法典》第Ⅰ章第 4 款第 9 项提出了"海关债"的概念,即某人履行依照共同体现行规定对某一具体货物应征的进口关税(进口环节海关债)或出口关税(出口环节海关债)的义务。

② 参见朱秋沅:《欧盟关税法及其壁垒性研究》,法律出版社 2017 年版,第 156 页。

证;金钱等。就法律规定而言,日本对于海关担保的主体并没有明确的规定,仅表述为"税务机关认为可靠的保证人",由此可认为在日本,保证人从事海关担保,需要经过海关的认可才能进行。日本对担保主体并未作出细化规定,主要是因为日本海关担保的担保主体是比照民事担保的规定进行的。日本的海关担保被认为是民法担保的派生部分,是特殊性和普遍性的关系。如果日本的海关担保有特殊规定的,适用专门的规定;如果海关担保没有明确规定的,可以援引日本民法中的担保规定对海关担保予以规定。①

除美国、欧盟、日本外,《欧亚经济联盟海关法典》第3章、第12章也规定,关税担保人包括申报人、报关代理人、海关承运人、临时储存仓库占有人、海关仓库占有人、免税贸易商店占有人、经授权的经营者等纳税义务人以及在转运制度下可代替纳税义务人担保缴纳关税、进口环节税的其他人。② 由此可见,欧亚经济联盟也承认报关企业的担保主体地位。

二、我国海关税收担保主体制度及其实践

(一)我国海关税收担保主体的政策规范

《中华人民共和国海关法》第67条规定:"具有履行海关事务担保能力的法人、其他组织或者公民,可以成为担保人。法律规定不得为担保人的除外。"故从《中华人民共和国海关法》的立法角度上来看并没有给出明确的主体条件限定,法人、其他组织或者公民只要具备履行海关事务担保能力,就可以参与海关事务担保。但在实际担保流程中,针对各类税收担保业务,海关都相应通过颁布公告或制定操作规程的形式,对担保主体条件予以明确。

同样,在《中华人民共和国海关事务担保条例》与《中华人民共和国海关进出口货物征税管理办法》中,对于担保主体也未有明确界定,仅规定"当事人"或"纳税义务人"为担保事务的参与主体,明确了可以适用海关税收担保的各类情形。

---

① 参见何力:《日本海关法原理与制度》,法律出版社2010年版,第128—129页。

② 参见刘奇超、苏铁、曹明星等:《关税担保制度的国际比较与中国关税法立法》,载《经济研究参考》2017年第67期。

（二）我国海关税收担保主体的实践现状

1. 常规海关税收担保主体

依据我国《海关法》第68条的规定，担保主体可以提供人民币（可自由兑换货币）、汇票、保函及海关依法认可的其他财产、权利作为税收担保的标的物。故常规海关税收担保主体主要分为以下两类：

（1）纳税义务人

进口货物的收货人、出口货物的发货人、进出境物品的所有人，作为直接参与海关进出口业务的纳税义务人，在进出口货物的商品归类、完税价格、原产地等征税要素尚未确定或办理特定海关业务时，最为普遍的是以其自身作为担保主体、缴纳足额保证金的形式向海关申请税收担保。

（2）商业银行

为了节省通关成本，降低自身资金占用压力，部分纳税义务人会选择具有良好资信和较大资产规模且无滞压延迟税款入库情事的商业银行作为海关税收担保主体，凭借其出具的银行保函向海关申请担保。

2. 已试点准许的海关税收担保主体[①]

（1）企业集团财务公司

为进一步优化口岸营商环境，降低企业通关成本，海关总署自2017年9月起，在部分海关关区启动了企业集团财务公司担保试点。企业集团财务公司担保是指企业集团内进出口公司由集团财务公司提供税收保函，向海关申请办理担保通关手续。通过该试点模式，企业集团资金得以集中管理的同时，企业集团资金使用效率也大幅提升，促使企业内部管理更为顺畅。2022年7月5日，海关总署发布公告，决定推广企业集团财务公司担保。

（2）保险公司

为落实中央财经领导小组第十六次会议精神，解决中小微企业"融资难、融资贵"等问题，加强对中小微企业的扶持，海关相继推出"银关保"增信担保、关税保证保险[②]等税收担保改革试点，通过以保险公司作为担保主体，中小微企业

---

① 参见《关税司关于推进多元化税收担保改革创新工作安排的通知》（税管函〔2017〕121号）、《关税司关于同意广州海关开展同业联合担保改革试点的复函》（税管函〔2017〕80号）。

② 关税保证保险是一种全新的关税税款担保模式，以进出口货物收发货人作为投保人，海关作为被保险人，企业向参加试点的保险公司购买关税保证保险后，凭借保险公司出具的《关税保证保险单》向海关办理税款类担保手续，即可实现"先放行后缴税"。

仅需支付相对低廉的保费,即可享受足额的担保额度。

(3)行业内具备较高银行授信的平台企业或金融服务企业(同业联合担保)

同样出于对中小微企业的扶持,由其所在行业内具备较高银行授信的企业作为第三方,向金融机构申请保函,以海关作为唯一受益人,中小微企业作为保函的被担保人,凭该保函申请办理海关担保手续。该试点做法将金融机构保函的申请人与被担保人分离,有利于降低中小微企业的资金成本,进而激发行业整体活力,促进行业整体发展。

三、我国海关税收担保主体制度实施的现实困境

在我国实践中,采用纳税义务人支付保证金方式,虽然可以在一定程度上确保缴纳货物应纳税费,但保证金制度挤占了企业的资金流,并未真正使企业减负增效。就银行保函而言,除出具保函所需支付的手续费用,真正掣肘企业的在于银行开具保函的高门槛。受制于央行的限制,国内商业银行提供保函仍主要针对具有一定规模且资产实力较强的企业,并以其在本银行开设的等额存款账户作为前提或对冲保证。相较而言,由于中小微企业自由资产有限且信用等级相对不高,较难获得银行保函。即使是资质较好的大型民企,商业银行态度也十分谨慎,一般会收取与关税等额的保证金、抵押物或采用第三方担保及其他担保方式。①

2018 年海关开展了关税保证保险的试点。关税保证保险的推出,大幅压缩了通关时效,降低了企业的资金成本,是一项重大的利好政策,但是这一险种在推行过程中凸显了一些问题。一是保险公司承担的风险较大。保险公司作为保险人,对于被保险人进出口业务并不了解,如果企业没有缴纳税款引起保险责任,由保险公司予以赔付,因为没有相应的保证金,此时企业信用只相当于一张白纸,保险公司难以获得必要的资金安全和保障。对于保险公司而言,市场风险的加大与保险公司作为市场经营主体的本质相互冲突,因此快速发展此险种的意愿也不高。二是中小微企业办理此业务的意向较低。办理关税保证保

① 杨光、郭炜:《关税保证保险与海关税收担保制度创新》,载《中国保险》2018 年第 10 期。

险手续烦琐，[①]如果发生一些突发性需要缴纳保证金的情况，如进出口货物的商品归类、完税价格、原产地尚未确定的，企业本身急于完成清关，此种情况下就不会选择向保险公司申请保单。同样，由于保险公司能够获得的申请企业的信息完全来自企业提交的文件，所以对文件信息的审核要求较严，很多中小微企业会有即使申请也不一定能获批的畏难心理，担心浪费了时间和精力却没有收获，这也导致企业办理此业务的意向不强。由行业内具备较高银行授信的平台企业或金融服务企业作为税收担保主体同样存在这些问题。此外，保费的多寡也是企业不选择办理保证保险业务的重要因素。

由于现行各类担保主体在实施过程中在不同程度上存在"瓶颈"，许多企业会选择汇总征税[②]而非采取担保的形式缴纳税款。海关税收担保实际上是一种平衡"安全"和"便利"两种需求的制度，其规则设置的初衷在于更好地服务广大进出口企业，然而在现有模式下企业未能充分享受便利优惠，担保的资金融通和商品流通作用没有发挥出来。因此，应当进一步扩大海关税收担保主体的范围，试点将报关企业纳入税收担保主体，在确保海关税收安全的同时，也有利于拓展新兴市场领域，激发市场主体活力，提高企业参与海关税收担保的能力与意愿，从而达到优化口岸营商环境的目的。

四、优化口岸营商环境视阈下我国海关税收担保主体制度的创新探索

（一）理念转变：从公权至上到简政放权，彰显市场化价值，兼顾公共利益与个人利益

从经济学视角而言，推进创新企业多元化海关税收担保改革，拓展海关税

---

① 企业一般需要向保险公司提供投保单、投保人承诺函正本；营业执照复印件、投保人法定代表人身份证复印件；投保前 12 个月的投保人每月缴纳海关税款金额汇总表（企业盖章确认）及拟保项目的相关信息；企业金融信用信息查询报送授权书（可查询企业在人民银行征信中心、其他依法设立的征信机构以及企业金融信用信息基础数据库）；保证函；企业连续 3 年经审计的财务报表（成立未满 3 年的企业，须提供 2 年），如为银行授信客户，可提供银行客户信用评级通知书、银行授信批复通知书和授信发起报告代替等资料。

② 汇总征税是近年海关推出的创新征税方式，即企业在提供有效的担保情况下"先放后税"，次月 5 日之前缴纳税费，担保额度可在全国范围内循环使用，改变了以往"一单一交"的传统方式，基本是"一月一交"。

收担保主体的范围将起到促进自由贸易发展的作用。相对于贸易保护主义,自由贸易主张商品在国际市场上充分竞争,减少国家对贸易行为的干涉,充分发挥市场的作用。

从管理学视角而言,海关税收担保主体的扩大使当事人与海关有协商的权利,实现了通过私法手段来解决行政执法问题,在保障公共利益、规范权力行使的同时,更加关注当事人的多元化诉求,注重合法利益的保护,成为新公共治理理论的具体实践,这也是在经济全球化的环境中,依法创立的实现公共利益最大化的新型管理模式。

从法学视角而言,海关税收担保制度建立的初衷就是将通关秩序与管理相对人的合理诉求有机结合,寻求秩序与正义的最优化状态。扩大海关税收担保主体的范围,改变过去法律实践中权力本位的主导思想,突破海关管理中重国家利益、片面强调严密监管、忽视管理相对人权利的传统做法,使相关当事人的意思自治得到保护,体现了控权理念,兼顾公共利益与个人利益,进一步解决了有效监管与快速通关、降低企业成本的矛盾,力争在提高通关效率与严密监管中达成平衡。与此同时,我国应借鉴美国、欧盟等发达国家或地区经验,在拓展担保主体范围的同时对主体资格及其法律责任等予以限定,不仅可以保证债权安全,而且可以实现海关执法理念的转变与治理能力的提升。

(二)立法调整:修订《海关法》《海关事务担保条例》等规定,配套完善公告、操作规程等下位规范

我国《海关法》《海关事务担保条例》《海关进出口货物征税管理办法》是海关税收担保制度确立的基本依据。依据我国规定,具有履行海关事务担保能力的法人、其他组织或者公民可以成为担保人,除非法律另有规定。但在实际担保流程中,海关都通过颁布公告或制定操作规程的形式,对税收担保主体条件予以明确。目前,海关税收担保的主体包括纳税义务人、商业银行以及已试点准许的保险公司和行业内具备较高银行授信的平台企业或金融服务企业以及企业集团财务公司,由此可见,实践中的担保主体范围明显比上位法律规定要窄,故建议持续深化海关税收担保主体制度改革。

进一步拓展担保主体的范围,试点纳入报关企业作为海关税收担保主体符合简政放权、转变政府职能理念,并且不会突破现有规定。根据我国《海关法》

第 68 条的规定，担保人可以以下列财产、权利提供担保：(1)人民币、可自由兑换货币；(2)汇票、本票、支票、债券、存单；(3)银行或者非银行金融机构的保函；(4)海关依法认可的其他财产、权利。据此，法律并未限制海关承认报关企业做信用担保的权力。另外，海关作为信用体系建设部际联席成员单位之一，正在深度融入国家信用体系建设，在制度制定、系统建设、信息共享、联合奖惩措施等方面继续深化落实，实现“一处失信，处处受限”。因此，纳入报关企业作为信用担保主体也符合国家战略，能够有效防控风险。报关企业作为担保主体时，由纳税义务人(进出口货物收发货人、进出境物品的所有人)委托报关企业作为代理人对海关税款进行担保，纳税义务人与报关企业内部形成委托代理关系，委托代理的最终法律后果由被代理人即纳税义务人承受，故并不会扩大纳税义务人的范畴。在海关税收担保关系中，如果被担保人即纳税义务人在规定的期限内未履行税款支付义务的，可参考借鉴《海关事务担保条例》第 18 条第 1 款[①]的规定，报关企业作为担保人应当承担连带责任，且担保人履行担保责任的，不免除被担保人办理有关海关手续的义务。海关应当及时为被担保人办理有关海关手续。相较而言，美国法律规定，只要取得美国财政部许可，公司即可以成为担保主体，经许可作为担保主体的公司与被担保主体之间形成委托关系，两者承担连带责任。当该公司丧失税收支付能力时担保主体身份会被取消。与美国强调担保主体是否具有担保能力相类似，欧盟也承认金融机构之外的第三方作为税收担保主体，只要其能履行税收支付义务，海关就可以批准其成为担保人。日本税法中规定“税务机关认为可靠的保证人”能够从事海关担保，且如果海关担保没有明确规定的，可以援引日本民法中的担保规定。日本民法中的担保遵循意思自治原则，对于担保主体并未有具体限制。此外，以俄罗斯为主导的欧亚经济联盟在其立法中明确将报关企业等主体列为关税担保人。由此可见，这一实践将有利于降低民营企业、中小企业的资金成本，激发市场主体活力，符合《海关全面深化改革总体方案》要求，也充分适应了 WTO、WCO 关于贸易“安全”与“便利”的要求，并与美国、欧盟、日本等发达国家或地

---

① 《海关事务担保条例》第 18 条第 1 款规定：“被担保人在规定的期限内未履行有关法律义务的，海关可以依法从担保财产、权利中抵缴。当事人以保函提供担保的，海关可以直接要求承担连带责任的担保人履行担保责任。”

区以及“一带一路”沿线国家相关规定保持一致。因此，建议修订《海关法》《海关事务担保条例》等规定，配套完善公告、操作规程等下位规范，将报关企业纳入税收担保主体，使税收征管有统一、充分的规范依据，降低因执法依据不足而引发纳税争议的风险。

（三）创新探索：明确报关企业作为海关税收担保主体的基本条件，建立纳税义务人信用评估体系

就海关税收担保而言，担保主体的担保能力至关重要，只要担保主体确实具有履行海关税收担保的能力，担保风险也可控制，就可以接受其提供担保。因此，应当明确报关企业作为海关税收担保主体的基本条件，并建立纳税义务人信用评估体系。

一是设定试点担保主体准入和退出机制。对于担保主体，海关应设置严格的准入机制。具体而言，可明确报关企业作为担保主体需满足以下条件：（1）属于 AEO 高级认证企业；（2）实缴注册资本在 1000 万元人民币以上；（3）只能担保自身提供报关服务的企业；（4）在担保期限内允许担保的金额上限为实缴注册资本的 1/3 或 1/2。同时，对担保主体也需要建立退出机制。如符合以下条款中任意一项，海关就可以通过公告的方式告知其被取消担保资格，不能再从事该项业务：（1）因疏忽或拒绝支付一笔有效款项或未能承兑其担保义务；（2）AEO 高级认证资质被取消；（3）实缴注册资本发生变更并低于 1000 万元人民币；（4）其他海关认为需要立即取消担保资格的事项。高资信报关企业和保险公司不同，其是为自己服务的企业提供纳税担保，对于自己所服务的企业较为了解，能够进行有效管控。另外，出于吸引客户、扩大市场占有份额的目的，高资信报关企业也愿意为自己所服务的企业提供担保。两者需求有效结合，既为中小企业解决了资金的“瓶颈”，又为第三方报关企业拓宽了前景。此外，如果能推动 AEO 高级认证报关企业作为担保主体，这些企业也能切实享受到 AEO 给予的优惠待遇。

二是报关企业应建立纳税义务人信用评估体系。报关企业作为担保主体，必须做好对于纳税义务人的信用评估以及自身的风险评估。对于被担保的纳税义务人资格要求为 AEO 高级认证企业或常规企业，且单次担保金额最高不超过 50 万元人民币。同时海关也可与市场监管、外汇等部门建立信息互通机制，实

现海关税收担保中担保主体信用信息共享，定期向社会公开信用资料，使海关税收担保信用成为社会信用体系的一个有机组成部分。更为重要的是，通过这种互通机制，使海关税收担保信用成为担保人、被担保人的一种"无形资产"，让诚信担保人、被担保人在享受海关提供的便利服务时能够得到更优惠的待遇。

在此试点基础之上，为进一步发挥企业市场主体的优势地位，今后还可尝试将企业法人、中介组织、行业协会等其他经海关评估确实具有履行海关税收担保能力的主体列入担保主体范围，补充银行和非银行金融机构提供的保函，为海关管理相对人提供更为广阔的担保方式，实现口岸营商环境的优化。

第三节　跨境电子商务规则的国际协调

党的十九大提出推动形成全面开放新格局，强调拓展对外贸易，培育贸易新业态新模式，推进贸易强国建设。近年来，我国跨境电子商务进口快速增长，"海淘""海代"等是目前较为流行的购物方式。由此可见，跨境电子商务已经成为国际贸易的新方式，有效运用电子商务将进一步提升中国企业在全球市场中的竞争力。为此，2013 年 12 月 7 日，全国人大常委会正式启动了《电子商务法》的立法进程，并于 2019 年 1 月 1 日正式施行。

然而，电子商务的发展是不平衡的，发达国家与发展中国家有很大差距，尽管一些电子商务已经迅猛发展的国家呼吁要建立一个最低限度的国内、国际规则体系，但在各国(地区)电子商务发展不平衡的大环境下，很难达成共识。因此，WTO 暂时把电子商务国际立法的问题搁置起来。不过，因为乌拉圭回合的最后文件以及之后的其他协议中包含了大量调整和促进电子商务的规则，所以它们的达成还是极大地促进了电子商务规则的发展。但在跨境电子商务方面，各个国家(地区)仍然存在不尽相同的制度规范，比如，各国(地区)法律对于电子汇兑记录的识别和认证存在争议，因而难以展开司法协助。跨境电子商务国际规则的不协调使全球范围内电子商务贸易合作产生了困境。要促进跨境电子商务的发展，就必须进一步整合国际、国内立法，协调并完善跨境电商国际规则。

一、国际法领域跨境电子商务的困境与政策分析

国际贸易规则的主要目的是避免或降低由国家法律引起的贸易壁垒。一般而言,贸易壁垒由关税和相应费用产生,但非关税贸易壁垒同样扮演了重要角色。随着关税的降低,这些妨碍的重要性提升了。由于电子贸易离不开必要的物理追踪,使征收关税变得困难,非关税壁垒的意义因而更为重大。① WTO 是最重要的解决国际贸易纠纷的组织,因此,过去 20 年,实施促进电子贸易的规则主要在 WTO 的法律框架范围内进行。此外,其他国际组织,如联合国国际贸易法委员会(United Nations Commission on International Trade Law, UNCITRAL)、OECD 等也发布了旨在提升跨境电子贸易的指导方针和政策建议。

(一)WTO 框架内跨境电子商务规则适用的争议

WTO 层面已经明确对跨境电子商务作出界定,电子商务工作组在其文件中将跨境电子商务阐述为"贸易的一个新领域,涉及产品以电子方式跨越边境的问题。广泛地讲,就是通过电信网络进行产品的生产、广告、销售和分销。"各个成员国都是以这个定义作为基础和平台进行商事交易的。②

跨境电子商务提供了一个新的商业交易模式,对开展商事贸易的方式有根本影响。为此,WTO 制定了一系列与电子商务有关的文件,如 1997 年《服务贸易总协定》(General Agreement on Trade in Services, GATS)第四议定书电信附件、《信息技术协议》(ITA)、1998 年《全球电子商务宣言》等。WTO 通过对电子商务进行研究,发现跨境电子商务这一新型商业媒介面临交易安全性、隐私性、司法管辖争议等诸多挑战,希望整合现有贸易规则,统一协调国际范围内的电子商务交易。此外,WTO 还特别关注发展中国家通过运用电子商务提高在国际商品和服务贸易中的参与度的方法,缩小发达国家和发展中国家间在经济

---

① Heinz Hauser, Sacha Wunsch-Vincent, *A Call for a WTO E-Commerce Initiative*, International Journal of Communications Law and Policy, Issue 6, p. 1 – 30(2001).

② 参见世界贸易组织秘书处编:《贸易走向未来——世界贸易组织(WTO)概要》,张江波、索必成译,法律出版社 1999 年版,第 93 页。

和技术上的差距。[①] 由于电子贸易在乌拉圭回合谈判时并未被知晓，而且几乎没有关联性，其并未在谈判中扮演重要角色。但在此之后，WTO 开始意识到电子商务的重要性。1998 年 5 月，WTO 成员在日内瓦部长级会议上发布了一份关于电子商务的声明。9 月 25 日，总理事会正式通过了一份《电子商务工作计划》。最初，谈判似乎取得了进展，然而随着时间的流逝，其热情由于 WTO 对于一般问题谈判的僵持而消失了。在准备西雅图部长级会议时，WTO 秘书处提交了多份工作文件。但是，在制定建议时，总理事会无法就其规则适用达成共识，关键问题在于：跨境电子商务应适用何种规则？[②] GATT 项下适用的协调系统和 GATS 项下适用的服务行业分类列表均未为电子交易提供任何适当的解决方案。实践中倾向于将在电子商务中交易的商品区分为数字化商品和以电子传输为媒介的非数字化商品两类。

2003 年 WTO 争端解决机构关于因特网博彩案的裁决明确了跨境电子商务数字化商品中的数字化服务可以适用 GATS。该案涉及跨境电子交付，安提瓜网络博彩运营商在其境内通过互联网向美国消费者提供博彩服务，WTO 专家组及上诉机构通过裁决确认 GATS 规则及美国承诺表中作出的具体承诺可以适用于电子交付服务。这一决定如果被推广，将有着极为重要的现实意义，它意味着 GATS 规则以及现有的或修改后的 GATS 具体承诺可以完全适用于跨境数字化服务。也就是说，随着新型贸易模式的出现，GATS 项下现有承诺的适用范围进一步扩大，能够包容通过因特网提供的跨境数字化服务。[③] 这就在很大程度上消除了 WTO 规则与跨境电子商务关联的不确定性。有学者认为，这表明技术进步会改变 GATS 最初承诺的范围，会使 WTO 成员负担本未预料到的义务。从法律角度看，它意味着最初承诺的用语是开放式的，具有包容性，足以适应技术进步所带来的变化。[④] 但这恰恰是一柄“双刃剑”，跨境数字

---

① Committee on Trade and Development, WT/COMTD/W/38 (Mar. 3, 1998), http://www.wto.org/.

② Bashar H. Malkawi, *E-Commerce in Light of International Trade Agreements: The WTO and the United States-Jordan Free Trade Agreement*, International Journal of Law and Information Technology, Vol. 15:2, p. 170(2007).

③ See WTO Agreement and Electronic Commerce, WTO Doc. WT/GC/W /90, 14 July 1998.

④ Sacha Wunsch-Vincent, *The Internet Cross-border Trade in Services and the GATS: Lessons from S-Gambling*, World Trade Review, Vol. 5:3, p. 324(2006).

化服务适用于现有 GATS 承诺,不可避免会对一些 WTO 成员的国际贸易形成冲击。由于未经多边磋商一致即扩大适用的贸易管制方式存在不周延性,电子商务的国际规则实则仍未在各成员间达成共识,故美国、欧盟等出于利益考虑通过自由贸易协定、国内立法等其他形式将各自对于电子商务的不同利益诉求表达出来,体现为促进电子商务发展提供国际规则的愿望。此外,如果要作出新的 GATS 承诺,WTO 成员就必须谨慎考虑有关承诺将延伸适用于跨境电子商务数字化服务领域这一事实。不仅如此,技术进步还可能使其在管理方面面临新的挑战。

如前所述,数字化商品中的数字化服务如在线订票服务、数据库检索、法律咨询等无疑应该适用 GATS,但分歧仍存在于数字化商品中数字化交付信息产品以及非数字化商品上。一方面,在于对于数字化商品定性的困难,如果一项数字化商品没有物理属性,那在 GATT 中就没有可适用的分类,仅以承载媒介指示其属性;另一方面,数字化商品并不总是符合服务分类列表。目前,已经有越来越多的国家表明自己的立场是支持这样一种归类方式的:通过物理形式运输的商品仍旧适用 GATT,但是电子形式传输的商品应该适用 GATS。对于非数字化商品,这种分类原则是恰当的,也就是说,对于在因特网上订立合同但以实物形式交付的商品仍应受到 GATT 规制。此外,与电子商务技术手段及基础设施有关的建设产业也应适用 GATT。①

确定非数字化商品的规则适用后,进一步需要明确的问题是数字化商品中的数字化交付信息产品,即以前通过实物形式进行买卖而现在只需从因特网上下载的信息内容应受 GATT 还是 GATS 管辖。由于目标是使电子贸易自由化,采用 GATT 似乎是一个完美的选择。GATT 是基于"负面清单"的方式,(1)促使 WTO 成员从最惠国和国民待遇义务中排除某些商品;(2)自动涵盖日常生活中开发的新商品。但从本质上来看,采用 GATT 并不恰当。在 WTO 讨论过程中,WTO 的成员国将其归类于服务,主要基于:(1)GATS 是技术中立的;(2)传送和交换的是信息而不是制造品;(3)电子传输是个性化的,并不是标准化的产品;(4)数字化的信息并不依赖于物理或是有形的形式。与 GATT 不同,GATS

① 参见黄存真:《论 WTO 框架内电子商务规则现状与发展及我国相应对策》,载《武大国际法评论》2004 年第 1 期。

并未保证自由市场进入权,GATS 的一个重要特征是各 WTO 成员在其“准许进口清单”中声明了已接受的承担特定义务的范围,服务和服务供应商进入市场的权利取决于各 WTO 成员在计划中所作承诺的范围。成员必须在他们的计划中写明遵守自由化的服务领域和供应模式,即应为外国服务和服务供应商定义准确的市场进入标准及其所享有的权利待遇。该监管模式可以被称为“自下而上”的自由化方式,WTO 成员也可在多个经济领域进行协商调整权利义务的范围。数字化交付信息产品适用 GATS 框架对于包括我国在内的发展中国家无疑也是更为有利的,因为它提供了发展中国家可以要求获得某些领域的承诺作为接受服务自由化的条件,以及有权谋求就其利益而言更好的市场准入条件的机制。

(二)UNCITRAL 关于跨境电子商务“单一窗口”构建的尝试

1996 年,由 UNCITRAL 起草的《电子商务示范法》获得正式通过。该示范法适用于采用数据电文形式开展的商事交易,它系统规定了电子商务的一般原则、数据电文交换规则等内容,①并集中对数据电文的效力、传递(如发送与接收数据电文的时间和地点)、归属及法律承认等一系列重要问题进行了规范。该示范法是 UNCITRAL 向各国(地区)推荐采用的示范性法律文本,试图通过明确国家(地区)间关于电子商务立法的基本原则和关键问题来协调各国(地区)立法。虽然该示范法本身不具有强制约束力,但其对各国(地区)电子商务立法与实践具有借鉴意义,该示范法的某些条款已在多个国家(地区)正式通过。为明确电子商务中有关电子签名、数据电文效力等具体标准,UNCITRAL 还先后于 2001 年和 2005 年颁布了《电子签名示范法》和《国际合同使用电子通信公约》。②《电子签名示范法》以 UNCITRAL 有关电子商务的所有规则的共同基本原则为基础确立了电子签名的基本法律框架,即不歧视、技术中性和功能等同原则,从而明确了电子签名的法律地位,促进了国际范围内电子签名的

---

① 参见邵景春:《〈联合国国际贸易法委员会电子商务示范法〉评析——兼论中国电子商务法制建设》,载《法学》2000 年第 12 期。

② 澳大利亚议会于 2011 年通过了《电子交易法》,该法是明确遵循《国际合同使用电子通信公约》起草的。此外,澳大利亚连同其他 40 多个国家正参照联合国国际贸易法委员会起草的包括《电子商务示范法》在内的一系列法律文件在更大的电子商务领域内更新国内法律。

使用。《国际合同使用电子通信公约》旨在“通过保证以电子交换进行通信设立的合同与传统纸质合同具有同等效力和可执行性来加速国际贸易中电子通信的使用。”[①]该公约使各国(地区)依据国际最新做法修正、更新示范法中的条款,以期加强国际电子商务规则的统一。目前,受到该公约影响的不仅是签约国,东南亚国家联盟也已选择使用该公约作为协调10个成员国电子商务法律的工具。

前述立法为国际范围内跨境电子商务规则的协调作出贡献,并为国际贸易中“单一窗口”的构建奠定法制基础。近年来,UNCITRAL积极与世界海关组织及联合国贸易便利化和电子商务中心(UN/CEFACT)密切合作,参与涉及跨境“单一窗口”设施实施的法律问题研究,以制定关于创建和管理“单一窗口”的法律方面的国际参考文件。WCO和UNCITRAL建立了国际“单一窗口”的协同边境管理联合法律特别小组(以下简称联合法律特别小组)。[②] 联合法律特别小组第一届会议于2008年11月在布鲁塞尔WCO处举行,多个政府、区域经济一体化组织和行业代表参加了该会议。该会议明确了UNCITRAL和国际海关组织工作方式,强调确保UNCITRAL关于电子商务立法所包含的原理的重要性将会在未来起草任何法律文本的过程中被充分纳入考量,并应在政策咨询过程中囊括所有国家而无论其经济、技术发展水平如何,从而使它们的需求和观点得以充分表达。该会议的主要目标就是尽可能构建适用于企业之间交易的“单一窗口”的协调法律框架。贸易便利化使WCO及其下属机构将目标定得更远,大量相关法律问题在初步讨论中被确定。

跨境“单一窗口”设施也是诸如APEC和东盟等地区内部政府组织的工作目标。此外,UNCITRAL秘书处受邀参与于2009年3月在曼谷举行的联合国亚太经社委员会(United Nations Economic and Social Commission for Asia and the Pacific,UNESCAP)和联合国欧洲经济委员会关于建立地区无纸化贸易能力的高级座谈会。该座谈会的主要成果之一是发布了亚洲及太平洋无纸贸易联合国专家网络,尤其是开展了关于“单一窗口”规章建制的工作。联合法律特别

---

① Model Law on Electronic Commerce Adopted by the United Nations Commission on International Trade Law, art 5, GA Res 51/162, UN Doc. A/RES/51/162 (Jan. 30, 1997).

② Official Records of the General Assembly, Sixty-third Session, Supplement No. 17 (A/63/17), para. 338.

小组还将致力于电子纠纷争议解决、进出口商品贸易的电子海关流程、关税征收、物流监管等与"单一窗口"系统框架的建立密切相关事项的执行。这些主题也在 UNESCAP、UNECE、东盟等多个组织的工作文本中出现。

与大多数规制电子商务的法律不同,"单一窗口"项目要想获得成功,将需要在国家(地区)间协调大量的实质规则,包括原产地证明、卸货、放行、第三方声明及其他海关合规事项。因此,不仅需要制定电子信息转移的明确规则,为了能够生效,还必须有在国际上形成统一、协调的规则。而且,与许多现有的调整电子商务的法律规则不同,这是一个"仅在有统一数据传输技术方面标准以确保兼容性的情况下才有可能达到工作结果"的领域。① 而这正是大多数电子商务法律都故意规避的领域。由于该工作处于初级阶段,基于前述国际协调的现实困境,UNCITRAL 任重道远,未来仍将继续协调 WCO 的工作进程,评估涉及国际贸易"单一窗口"发展的一般电子商务问题,包括可转移性权利的法律标准以及提货单、信用证、保险和其他商品运输过程中需要相互衔接的共同标准等,逐步促进跨境电子商务国际规则的协调一致。

(三)OECD 促进跨境电子商务各方主体协作的实践

电子商务的成长和潜力引起了许多 OECD 成员国的关注。鉴于电子商务广泛的经济和社会影响,OECD 已声明:必须制定新的交易规则,并对与传统商业实践相关的政策进行重新评价。电子商务固有的全球属性挑战着国家、政府自行解决这些问题的能力。因为不协调、不一致的国家电子商务政策将比完全没有作为更糟,OECD 认为必须有一种国际协作方法。OECD 已召集了一系列的会议以解决电子商务领域的政策问题。OECD 会议专注于以下目标:第一,识别出主要政策问题、潜在解决方案以及能够发展和实施这些方案的组织;第二,确保政府间法案的一致性和有效协调;第三,试图在企业和政府间就一些将构成电子商务政策框架的指导原则达成一致。由于电子商务仍处于发展期,OECD 促请其成员国不要因对于电子商务过于严厉的管理而扼杀技术的创新和市场的发展。作为对 WTO 关注的回应,OECD 注意到:如果第三世界国家缺

---

① Henry Gabriel, *Uniform Law of Electronic Commerce in Private International Law: Where Have We Been and Where are We Going?*, International Trade & Business Law Review, Vol. 14, p. 400 (2011).

乏相应技术而使用电子商务基础设施,则其可能遭受损害。很多 OECD 成员国拥有限制进入市场的监管计划,这使问题复杂化了。[①] OECD 担心这些管理结构可能是欠发达国家(地区)扩展基础设施能力的抑制因素。电子商务的发展很大程度上取决于贸易市场充分竞争的存在。因此,目前受到市场进入限制的国家可能永远无法在技术或经济上赶上世界其他国家,从而将进一步扩大国家或地区间的不平衡。

OECD 早在 1998 年 10 月的渥太华部长级会议后即向其成员国发布了一些建议。会议达成的最重要的结论之一是促进政府、消费者、企业和公共机构之间的协作,其建议之一是鼓励就政策制定进行社会对话,以促进全球电子商务在所有国家(地区)的发展,且所有制度应尽可能地与国际规则兼容。此外,OECD 建议政府提升竞争环境,致力于降低不必要的贸易壁垒,并建议政府为发展电子商务制定的政策应为适当、透明、一致、可预测和技术上为中立的。[②]

然而,OECD 在其发布的文件中未就跨境电子商务交易的关税征收等关键问题作出规定,在实践中缺乏一定可操作性。由于电子商务交易的全过程都是通过互联网完成的,外国企业无须在本国设立经营场所,只要通过本国服务器上的网址即可与国内企业开展在线交易,并没有实体上的贸易地点,因而传统界定纳税主体的方法就无法明确,这样也就不能确定交易主体的国籍并判断该交易是否属于国际贸易。在无法确定是否属于国际贸易的情况下,关税的征收也就无从谈起。

二、跨境电子商务规则的结构体系——以美国和欧盟为例

(一)美国的规则体系

美国是电子商务萌芽时间最早,也是发展最迅速的国家之一,它通过制定一系列法律规范促进国内电子商务法的统一性。

---

① Adrienne J. Breslin, *Electronic Commerce: Will It Ever Truly Realize Its Global Potential?*, Penn State International Law Review, Vol. 20:1, p. 285 – 286(2001).

② OECD Ministerial Conference, A Borderless World: Realizing the Potential of Global Electronic Commerce, SG/EC(98)14 final at 4.

美国于1997年7月颁布了《全球电子商务纲要》,这是世界范围内第一个官方正式发布的关于电子商务立场的文件。该纲要体现的主要原则包括政府参与政策制定时应致力于支持和维护一个可预测的、介入程度低的、持续的、简单的商业法律环境;政府应认同互联网的发展趋势,并根据其特性在国际化基础上推进电子商务立法,以增强消费者在线从事交易的信心。以该纲要规定的原则为基础,美国分别与韩国、日本、澳大利亚等国签署了《电子商务联合宣言》。《全球电子商务纲要》正在成为各国电子商务政策的准则。

伴随互联网的发展,美国统一州法全国委员会制定了两部标准法案《统一计算机信息交易法》[①]和《统一电子交易法》。[②] 两部法案均属于示范法性质,《统一计算机信息交易法》对电子合同的设立、效力、解释、履行、法律责任等问题作出了规定,引入电子代理人这一重要概念,并明确要求计算机信息提供者对其所提供的计算机信息负有担保义务,但该法过于注重商业组织利益,缺乏对消费者权益的有效保护。只有两个州正式通过了《统一计算机信息交易法》,这可能是由于统一法案自1999年首次提出以来已经修订了两次(2000年、2002年)。1999年《统一电子交易法》是一项涉及面更广的法律,专注于所有类型的电子交易。作为示范法,该法沿袭了UNCITRAL《电子商务示范法》的立法原则与核心观点,承认了电子记录和电子签名的法律地位,遵循技术中性、功能等同原则,进一步明确了数据电文发送、接收的时间和地点、电子代理人的行为效力等具体内容。

2000年,国会通过《全球和国家商务电子签名法》。与示范法性质不同,它是在美国范围内生效的联邦正式法律。该法在采纳《统一电子交易法》重要原则的基础上,对数据电文的效力、证明力、消费者保护、经营者的信息披露义务等方面进行了规定。这些法律的制定均旨在明确对于以数据电文为载体的电子合同或电子签名不得以其电子形式而否认其法律效力;任何关于书面文件保存的要求都适用于以电子形式保存的记录或合同。为加强电子商务环节消费者隐私权和数据安全保护,美国加利福尼亚州于2018年颁布了《加州消费者隐私法案》(CCPA),这是美国迄今"最严厉、最全面"的个人数

---

① See Uniform Computer Information Transaction Act (2002).

② See Uniform Electronic Transaction Act (1999).

据隐私保护法案。美国在进行电子商务立法时,考虑到电子商务的国际性特征,在电子商务的国际管辖、国际协助方面作出了灵活性规定,使之能与电子商务全球化趋势相融合。

(二)欧盟的规则体系

欧盟渴望塑造全球电子商务法律,并通过一致的法律和管理框架扫除欧洲内部市场功能的障碍,为此,欧盟为电子商务制定了一系列规章制度。欧盟电子商务法律制度由统一化立法、成员国立法、综合立法和专项立法共同构成。

欧盟于1997年制定《欧洲电子商务行动方案》,与美国以经济理性为出发点的立法原则不同,欧盟法律注重消费者保护和市场内部协调。具体而言,欧盟旨在通过立法实现以下目标:(1)通过完善立法,保障电子商务在成员国共同构成的统一市场中自由运行;(2)保护公共利益,建立起消费者和企业对电子商务的信心。2000年,欧盟颁布《电子商务指令》,就电子合同订立、商业通信、中间服务提供者的责任、成员国之间的合作等内容作出适用于全体成员国的统一规定。该指令特别强调跨国民事司法合作,通过采取措施加强政策交流和调查取证方面的合作,促进民商事案件裁决的承认和执行,有利于确保成员国有关法律冲突和管辖权规则的一致性。① 《欧洲电子商务行动方案》和《电子商务指令》是欧盟的重要框架性政策。

为协调各成员国有关远程电子合同订立中的消费者权益保护,《关于远距离合同订立过程中对消费者保护的指令》于1997年颁布。该指令规范的远距离合同就企业和消费者之间通过远程销售网络或借助远程传播手段(包括电话、广播、可视图文、电子邮件、产品目录、促销印刷品、含有订货券的报刊广告等)而订立的买卖或服务合同作出规定,内容涵盖消费者知情权、撤销权、企业法律责任等。1998年,欧盟颁布《关于信息社会服务的透明度机制的指令》,在其中确立了政策透明原则,要求成员国在其网络服务立法正式通过前须提交欧盟和其他成员国审议,并且规定了冻结期以便于听取欧盟及成员国建议,以此加强电子商务市场规范的统一性。为规范电子签名的法律认证,《关于建立有

① See Directive 2000/31/EC of the European Parliament and of the Council of 8 June 2000 on Certain Legal Aspects of Information Society Services, in Particular Electronic Commerce, in the Internal Market.

关电子签名共同法律框架的指令》于 1999 年通过。该指令的核心在于通过对法律认证服务进行规定,使电子签名的效力获得法律上的承认,从而为电子签名的广泛运用营造统一的法律环境。在电子商务消费者隐私权保护方面,欧盟于 2002 年颁布《关于在电子通信领域个人数据处理及保护隐私权的指令》,其中包含一系列专门针对互联网环境下消费者个人信息处理及消费者隐私权保护的特别规范。此后,欧盟议会于 2016 年通过了《通用数据保护条例》(General Data Protection Regulation,GDPR)并于 2018 年 5 月 25 日正式实施,GDPR 成为欧盟隐私和数据保护的法律框架,这是全球近 20 年在数据隐私保护领域最重大的变化,GDPR 的适用企业必须遵守其严格的数据管理规定。

就电子商务的司法制度而言,2001 年《关于民商案件的管辖权以及判决的承认与执行规则》就消费合同规定了关于判决标准形式的证明条款,它得利于承认和执行的“快速跟踪”程序。此外,欧盟于 2004 年采纳了《关于执行合作的公约》,目的在于创设一个欧盟范围内的国家执行机构网络,通过要求各成员国建立公共执行机构并加入相互援助网络,以深化合作制裁跨越国界的商事行为。[①]

总体而言,欧盟和美国电子商务立法背后的基本原理是相似的,它们都通过确认电子合同创造了法律确定性。鉴于电子商务的全球性特点,欧盟在立法上兼顾内部立法、国际条约和行业自律规范的制定。除制定、完善统一化立法,作为法律规范的重要补充,欧盟一方面鼓励企业、行业协会及消费者组织共同制定行业行为自律准则,另一方面积极参与国际领域电子商务规则的制定。为此,欧盟数年来参与了一系列国际组织框架内的立法工作,尤其是 WTO 和 OECD 领导下的电子商务规则制定。与美国一样,欧盟还通过加强同其他国家立法的协调以达成适用全球电子商务市场的最低规范体系,维护电子商务的贸易自由化。然而,出于自身利益考量,欧盟与美国关于 WTO 框架内电子商务规则的观点存在严重利益分歧,最为突出的就表现在关于数字化交付信息产品的规则适用方面。

---

① 参见刘益灯、谭泽林:《论欧盟电子商务法中的消费者重大利益保护问题》,载《消费经济》2009 年第 3 期。

三、跨境电子商务规则中的利益冲突——美国和欧盟的立场分析

(一)美国的政策:最大限度的贸易自由化

美国是全球电子商务的领先者,美国在知识经济和信息技术领域的绝对优势是推动其完善立法、维护经济霸权的根本所在。为确保本国经济贸易利益的最大化,稳固市场经济霸权,美国积极致力于电子商务自由化以及有利于其电子商务发展的国际规则构建。因为电子商务的国际立法不仅关乎发达国家与发展中国家之间的利益分配,还决定了美国对于其他发达国家的竞争优势。因此,跨境电子商务国际立法在各国利益博弈中进展艰难。以下以美国关于跨境电子商务在 WTO 框架内规则适用的观点及立场来分析国际立法中隐含的利益冲突。

在 WTO 多边谈判中,为最大限度地促进电子商务自由化,避免出现新的贸易壁垒,美国坚持主张跨境电子商务中数字化交付信息产品应适用 GATT,这是美国与欧盟、WTO 的主要分歧。因此,在国际层面达成跨境电子商务法律框架的协议十分困难。另外,这个技术性的法律适用问题还与许多 WTO 成员对视听服务自由化的拒绝有关,即文化例外要求,说明这个决策在很大程度上是政治性的。美国支持以 GATT 规范数字信息产品的理由在于:

(1)数字化交付信息产品与服务具有的关键特性不同,服务的提供是与服务的消费同时发生,而信息产品在实现消费功能以前就已经被生产出来了。美国认为,许多信息产品在被实际消费以前可以多次改变物质承载媒介,如一个应用程序软件可能先被开发企业制作成光盘,然后通过因特网将程序内容向消费者发布,消费者随后再保存到硬盘驱动器。这一例证说明数字化交付信息产品具有持久性及与实体媒介的不可分离性。①

(2)在 GATT 项下,信息产品几乎不受关税及进口配额的限制,因而数字贸易中的信息产品也将更加自由化。由于 GATS 开放给各成员国市场准入的承

① COMTD,Comunication from the US,Work Program on Electronic Commerce,WT/COMTD/17(12 February 1999).

诺,同样的信息产品依据 GATS 甚至可能无法进入国内市场,因而也无法享受优惠的贸易待遇。

(3)如果信息产品因其交易时载体不同而适用不同规则是违背 WTO 协议的技术中性原则的。美国主张,对于音乐光盘或软件磁碟,无论是从商店购买还是从网络上下载,两者都应当属于相似产品,均应适用 GATT。由此可见,美国在 WTO 中对数字化交付信息产品的归类实际上遵循一个清晰的立场,即在于营造和维护电子商务全球自由贸易的环境。美国尤其在努力避免这种新的贸易形式遭遇与传统信息交付技术如广播、电影等同样的贸易壁垒。①

(二)欧盟的政策:产业扶持与文化多样性保护

如前所述,美国在 WTO 中关于信息产品的贸易待遇采取的立场是支持适用 GATT,而欧盟主张信息产品交付属于 GATS 管辖范围的服务。与美国相对,欧盟支持适用 GATS 的理由在于:

(1)信息产品的物理形态决定其与传统货物存在区别。因为产品的物理形态通常是区分货物与服务的依据,即使数字信息载体可能发生多次改变,但也不能将其与实物产品视为相似物。

(2)GATT 的关税减让中并未包括任何通过网络跨境传送的数字信息。此外,GATT 也不涉及有关某些服务行业市场准入非常重要的其他管制因素。而 GATS 规则经过一定时间后,也将会在透明度、国内规则和补贴方面取得进一步的发展。从这点来看,GATT 并不一定绝对比 GATS 更能促进贸易自由化。②

(3)WTO 框架内,GATT 和 GATS 都不存在要求对货物和服务给予同样待遇的技术中性原则,因此,以实物载体形式出口的信息与数字化交付信息产品的产品相似性也并不当然必须给予同样的贸易待遇。③

欧盟持有这一立场源于对其成员国信息产品产业的扶持政策,该政策有经

① Sacha Wunsch-Vincent, *the WTO, the Internet and Trade in Digital Products: EC-US Perspectives*, Hart Publishing, 2006, p. 103.

② Sacha Wunsch-Vincent, *the WTO, the Internet and Trade in Digital Products: EC-US Perspectives*, Hart Publishing, 2006, p. 59.

③ 参见郭鹏:《电子商务立法:全球趋同化中存在利益分歧——美国与欧盟的立场分析》,载《中国社会科学院研究生院学报》2010 年第 2 期。

济和文化两个目标:一是力求推进欧盟版权信息产品产业的竞争力;二是保留各成员语言和文化的多样性。在 GATS 立场下,欧盟进一步将数字化交付信息产品归类为文化和视听服务。由于 WTO 贸易谈判中并未对视听服务中的各个分服务部门实行差别待遇,采用无差别的方式就不要求与信息产品有关的分服务部门作出各项具体承诺,从而所有分服务部门都获得豁免,这将是在最大限度上保护多样性的国家措施。

在欧盟立场启发之下,包括澳大利亚、加拿大在内的其他一些 WTO 成员也实施了对于信息产品产业的扶持措施,也以保护文化多样性为由将数字化交付的信息产品归类于没有做出具体承诺的 GATS 项下的视听服务部门。

四、美国政策的国际拓展及对中国的启示

由于在电子商务的原则性问题上存在严重分歧,WTO 框架内的多边贸易谈判陷入僵局,故美国开始在 WTO 框架外积极开展双边和区域自由贸易谈判,努力尝试构建电子商务国际规则,可以说,订立自由贸易协定已经成为美国优先使用以增进其海外利益的工具。美国已与多个国家和地区达成了自由贸易协定,不仅有双边贸易协定,也有区域贸易协定。这些自由贸易协定在 WTO 框架内订立,但比 WTO 规则更为全面。美国的区域和双边自由贸易协定数量正在不断扩大,逐渐形成一个由自由贸易协定组成的网络。美国在自由贸易协定中专设“电子商务”一章,并采用限制性清单方法,旨在为数字化交付信息产品贸易提供较大程度的自由化。自由贸易协定的主要内容包括:信息产品的界定、GATS 对于电子传输服务的可适用性、海关估价、国民待遇、最惠国待遇、不相符的措施以及相互合作等内容。此外,还在一些协定中明确了电子认证、透明度原则、在线消费者保护等规定。① 美国区别于货物和服务,为数字化交付信息产品专设“电子商务”一章,却又似乎刻意避免对信息产品的性质进行明确界定,使之相较于 WTO 规则具有更多不确定性。而且,即使实现了市场自由准入的承诺,但自由贸易协定仍未明确 WTO 框架内的管理措施和贸易待遇是否适

① 参见《美国与中美洲五国自由贸易协定》《美国与澳大利亚自由贸易协定》《美国与韩国自由贸易协定》。

用于信息产品。

这里有几个关键问题需要明确。首先是 GATS 对于电子传输服务的可适用性规定。美国的自由贸易协定确认对于影响以电子方式传输或执行所提供服务的任何措施,受跨境服务贸易、投资以及金融服务等相关条款的支配,也适用相关例外条款和不相符措施的规定。服务贸易中关于计算机、电信、视听、文化或娱乐服务的相关规定也优先于"电子商务"章中的相关规定。[①] 其次是关税征收和海关估价。电子商务虚拟的交易环境对传统关税管辖权提出了挑战,而关税减让始终是 WTO 各成员谈判的中心议题。美国秉承了电子商务贸易免税的宗旨,在与澳大利亚(第 16.3 条)、韩国(第 15.3.1 条)、新加坡(第 14.3.1 条)等国家的自由贸易协定中均规定了免除对方信息产品的进出口关税及相关费用的义务。关税征收条款还特别指出,为确定关税的具体适用,各方应当根据信息产品载体的成本或价值单独确定信息产品载体进口的完税价格,不应当考虑载体所存储的信息产品的成本或价格。信息产品载体的价值与信息产品本身比较,其价值几乎可以忽略不计。在信息产品的进出口中,真正具有贸易价值的是信息产品本身,而不是其载体。[②] 然而,鉴于电子商务的特殊性,在自由贸易协定中各方同意在电子商务贸易的待遇方面,可以援引投资、服务贸易和金融服务等方面的例外规定,如政府采购、政府补贴例外等。

美国通过双边和区域自由贸易协定,与缔约国共同制定交易安全、电子签名、数据隐私、知识产权等与电子商务有关的贸易规则,协定内容体现了美国《全球电子商务纲要》等电子商务的基本方针内容,进一步深化了国际合作。这一做法无疑使美国电子商务政策的影响力向其他国家拓展,也有助于使美国的观点和立场得到更大范围的诠释和支持。美国在 WTO 框架内谈判无果的情况下通过自由贸易协定将其国内电子商务政策向国外拓展的做法尽管值得商榷,但却在一定程度上成为未来 WTO 多边谈判就跨境电子商务规则进一步讨论和协调的推动力,美国模式无疑对我国有所启示。在对跨境服务贸易市场准入方面限制性列表的采用及修改后提交的在文化和视听服务方面的具体承诺,各成

---

① 参见何其生:《美国自由贸易协定中数字产品贸易的规制研究》,载《河南财经政法大学学报》2012 年第 5 期。

② 参见王立武、杨柳:《美国自由贸易协定的电子商务条款探析》,载《亚太经济》2013 年第 6 期。

员国出于更广泛和深远的利益考虑可能会在创新中妥协，逐渐形成趋同化的国际贸易规则。

就我国跨境电子商务立法而言，国内立法者和学者大多主张与国际接轨，通过借鉴国际规则充分融入全球市场，但我国在融入世界市场的同时也应求同存异，积极将自己的利益诉求和政策影响力向国外输出，力争使其成为国际社会共同的价值观念。我国在 WTO 谈判中参与电子商务相关谈判的积极程度较低，因此，在电子商务迅速发展的背景下，我国应从自身产业现实情况出发，积极参与电子商务国际谈判，反映我国电子商务企业的利益诉求，为我国电子商务贸易创造良好的法律环境，从而有利于提升国内经济和文化软实力。目前我国正在积极推行的“一带一路”倡议即是我国力求掌握区域经济贸易主导权的有益尝试，不仅能对冲掉美国主导的试图绕开并孤立中国而推进的《跨大西洋贸易与投资伙伴关系协定》(TTIP)等谈判，还有机会在“一带一路”实施中抢占全球贸易新规则制定权。

在我国电子商务法律制定及国家大力推动电子商务发展背景下，我国应进一步参与到 UNCITRAL 和 WCO 的“单一窗口”联合工作计划中，与各方积极开展合作，协调包括原产地证明、海关估价和征税、电子信息转移等大量实质规则及可行的技术标准。为此，需要明确电子可转让权利转移的国际规则和标准，包括电子提单和仓单、本票的电子等价物等，以此实现设立更广泛且更包容的、超越传统纸质单据的可转移记录国际规则的设想。为真正实现跨境电子商务规则的融合，电子签名的跨境认可和在线争端解决机制也是未来需要在国际层面努力的方向，应制定相应的技术标准和法律规则。诚然，就电子商务中数字化交付信息产品归类在 WTO 框架内谈判的艰难可以发现，要达成一种国际上统一的、稳定的法律框架的解决方案极为困难。从本质上来说，电子商务发展对各个国家个体利益产生影响的同时将呈现“零和博弈”的状态，然而，在世界范围内实现一种可接受的、最低标准的国际规则是可能的。这就需要在国际合作基础上，尝试协调各国国内与电子商务交易相关的私法条款，建立稳定的、在商业活动中提高可预测性和确定性的法律框架。未来，我国应借鉴国际及发达国家经验，遵循为国际所认可的基本法律原则，如功能等同、技术中立等，健全完善发展跨境电子商务的基础法律制度，以期确立中国在全球电子商务市场的领先地位。

参考文献

一、英文类

（一）书籍

1. David A. Gantz, *Regional Trade Agreements*（*Law*, *Policy and Practice*）, Carolina Academic Press, 2008.

2. Sacha Wunsch-Vincent, *The WTO*, *the Internet and Trade in Digital Products*: *EC-US Perspectives*, Hart Publishing, 2006.

3. Jeffrey L. Dunoff & Mark A. Pllack, *Interdisciplinary Perspectives on International Law and International Relations*, Cambridge University Press, 2012.

4. Commission for Global Governance, *Our Global Neighborhood*, Oxford University Press, 1995.

5. Michael Byers, *The Role of Law in International Politics*: *Essays in International Relations and International Law*, Oxford University Press, 2000.

6. Jeffrey L. Dunoff et al., *International Law Norms*, *Actors*, *Process*（*Second Edition*）, Aspen Law and Business Publishers, 2006.

7. John H. Jackson, *The Jurisprudence of GATT and the WTO*, Cambridge University Press, 2000.

8. Kenneth A. Oye ed., *Cooperation Under Anarchy*, Princeton University Press, 1986.

9. Robert Keohane ed., *Neorealism and Its Critics*, Columbia University Press, 1986.

10. Zhao Yun, *International Governance and the Rule of Law in China under the Belt and Road Initiative*, Cambridge University Press, 2018.

11. Robert Axelrod, *The Evolution of Cooperation*, Basic Books, 1984.

12. Rudolf Bernhardt, *Encyclopedia of Public International Law*, North-Holland Publishing Company, 1983.

13. James Pamment & Karin Gwinn Wilkins, *Communicating National Image through Development and Diplomacy*, Routledge, 2018.

14. David P. Fidler, *International Law and Infectious Diseases*, Oxford University Press, 1999.

15. Ronnie R. F. Yearwood, *The Interaction between World Trade Organization Law (WTO) and External International Law*, Routledge, 2012.

(二)论文

1. Lain Sandford & Ian Temby, *Customs in the Regional Trade Agreements of Australia and New Zealand: Efforts to Improve Customs Instruments and Develop Trade*, Global Trade and Customs Journal, 2010, 5(11/12).

2. Jean-Christophe Maur, *Regionalism and Trade Facilitation: A Primer*, Journal of World Trade, 2008, 42(6).

3. Erich Kieck, *Coordinated Border Management: Unlocking Trade Opportunities through One Stop Border Posts*, World Customs Journal, 2010, 4(1).

4. Yong-Shik Lee, *The Eagle Meets the Dragon-Two Superpowers, Two Mega RTAs, and So Many in Between: Reflections on TPP and RCEP*, Journal of World Trade, 2016, 50(3).

5. Heinz Hauser & Sacha Wunsch-Vincent, *A Call for a WTO E-Commerce Initiative*, International Journal of Communications Law and Policy, 2001, (6).

6. Sacha Wunsch-Vincent, *The Internet Cross-border Trade in Services and the*

GATS: Lessons from S-Gambling, World Trade Review, 2006, 5(3).

7. Bashar H. Malkawi, *E-Commerce in Light of International Trade Agreements: The WTO and the United States-Jordan Free Trade Agreement*, International Journal of Law and Information Technology, 2007, 15(2).

8. Henry Gabriel, *Uniform Law of Electronic Commerce in Private International Law: Where Have We Been and Where are We Going?*, International Trade and Business Law Review, 2011, (14).

9. Adrienne J. Breslin, *Electronic Commerce: Will It Ever Truly Realize Its Global Potential?*, Penn State International Law Review, 2001, 20(1).

10. Kenneth W. Abbott & Duncan Snidal, *Hard and Soft Law in International Governance*, International Organization, 2000, 54(3).

11. Anne-Marie Slaughter, *Sovereignty and Power in a Networked World Order*, Stanford Journal of International Law, 2004, 40(2).

12. Kal Raustiala, *The Architecture of International Cooperation: Transgovernmental Networks and the Future of International Law*, Virginia Journal of International Law, 2002, 43(1).

13. Kanishka Jayasuriya, *Globalization, Law, and the Transformation of Sovereignty: The Emergence of Global Regulatory Governance*, Indiana Journal of Global Legal Studies, 1999, 6.

14. William Thomas Worster, *Competition and Comity in the Fragmentation of International Law*, Brook Journal of International Law, 2008, 34(1).

15. Panagiotis Delimatsis, *The Fragmentation of International Trade Law*, Journal of World Trade, 2011, 45(1).

16. Gunther Teubner & Andreas Fischer-Lescano, *Regime-Collisions: The Vain Search for Legal Unity in the Fragmentation of Global Law*, Michigan Journal of International Law, 2004, 25(4).

17. Pravin Gordhan, *Customs in the 21st Century*, World Customs Journal, 2007, 1(1).

18. Hao Wu, *Customs Cooperation in the WTO: From Uruguay to Doha*, Journal of World Trade, 2017, 51(5).

19. Charles Lipson, *International Cooperation in Economic and Security Affairs*, World Politics, 1984, 37(1).

20. Joseph Grieco, *Anarchy and the Limits of Cooperation: A Realist Critique of Newest Liberal Institutionalism*, International Organization, 1988, 42(3).

21. Robert Jevis, *Realism, Neoliberalism, and Cooperation: Understanding the Debate*, International Security, 1999, 24(1).

22. Wolffgang Hans-Michael & Kafeero Edward, *Old Wine in New Skins: Analysis of the Trade Facilitation Agreement vis-à-vis the Revised Kyoto Convention*, World Customs Journal, 2014, 8(2).

23. Anne-Marie Slaughter, *Sovereignty and Power in a Networked World Order*, Stanford Journal of International Law, 2004, 40(2).

24. Deborah Elms, *After Bali: What Happens Next with Asian Trade Facilitation*, Asian Journal of WTO & International Health Law and Policy, 2014, 9(2).

25. Andrew Grainger, *Customs and Trade Facilitation: From Concepts to Implementation*, World Customs Journal, 2008, 2(1).

26. Krotov Igor, *Customs Union between the Republic of Belarus, the Republic of Kazakhstan and the Russian Federation within the Framework of the Eurasian Economic Community*, World Customs Journal, 2011, 5(2).

27. Peter Wilmott, *A Review of the European Commission's Plan for An Electronic Customs Environment*, World Customs Journal, 2007, 1(1).

28. Allyn Lise Taylor, *Making the World Health Organization Work: A Legal Framework for Universal Access to the Conditions for Health*, American Journal of Law and Medicine, 1992, 18.

二、中文类

（一）译著

1.［意］帕特丽夏·索丁、［澳］理查德·庞弗雷特：《贸易便利化：国际贸易成本的定义、测量、解释与降低》，范炜、梅盛军译，上海人民出版社 2015 年版。

2. 世界贸易组织秘书处编:《贸易走向未来——世界贸易组织(WTO)概要》,张江波等译,法律出版社1999年版。

3. [美]詹姆斯·N.罗西瑙:《面向本体论的全球治理》,载[英]戴维·赫尔德、[英]安东尼·麦克格鲁编:《治理全球化:权力、权威与全球治理》,曹荣湘等译,社会科学文献出版社2004年版。

4. [美]约瑟夫·S.奈、[美]约翰·D.唐纳胡主编:《全球化世界的治理》,王勇等译,世界知识出版社2003年版。

5. [阿塞拜疆]A. A. 阿里耶夫:《海关业务与世界经济发展》,方宁、刘平译,中国海关出版社2006年版。

6. [比]Luc De Wulf、[巴]José B. Sokol编著:《海关现代化建设案例研究》,胡方友等译,中国海关出版社2007年版。

7. [日]朝仓弘教:《世界海关和关税史》,吕博、安丽、张韧译,中国海关出版社2006年版。

8. [比]彼得·范德博思、单文华:《世界贸易组织法原理》,尚宽、贺艳译,法律出版社2020年版。

9. [英]安托尼·奥斯特:《现代条约法与实践》,江国青译,中国人民大学出版社2005年版。

10. [美]肯尼思·沃尔兹:《国际政治理论》,胡少华、王红缨译,中国人民公安大学出版社1992年版。

11. [美]罗伯特·基欧汉:《霸权之后——世界政治经济中的合作与纷争》,苏长和等译,上海人民出版社2001年版。

12. [英]戴维·赫尔德等:《全球大变革——全球化时代的政治、经济和文化》,杨雪冬等译,社会科学文献出版社2001年版。

13. 海关总署国际司编译:《关于简化和协调海关制度的国际公约(京都公约) 总附约和专项附约指南》,中国海关出版社2003年版。

14. 世界贸易组织秘书处编:《乌拉圭回合协议导读》,索必成、胡盈之译,法律出版社2000年版。

(二)著作

1. 蔡拓:《全球学与全球治理》,北京大学出版社2018年版。

2. 孙珺:《全球治理视角下的国际经济法》,北京大学出版社 2021 年版。

3. 国务院发展研究中心课题组:《百年大变局——国际经济格局新变化》,中国发展出版社 2018 年版。

4. 杨利军:《贸易冲突背景下全球化供应链的治理体系研究》,中国经济出版社 2020 年版。

5. 任琳:《全球治理:背景、实践与平台》,中国社会科学出版社 2020 年版。

6. 陈家刚主编:《全球治理:概念与理论》,中央编译出版社 2017 年版。

7. 中共中央党校(国家行政学院)国际战略研究院:《新时代全球治理与国际体系》,中共中央党校出版社 2020 年版。

8. 何力主编:《国际海关法学——原理和制度》,立信会计出版社 2007 年版。

9. 何力:《日本海关法原理与制度》,法律出版社 2010 年版。

10. 何力:《世界海关组织及法律制度研究》,法律出版社 2012 年版。

11. 何力主编:《海关国际法教程》,中国海关出版社 2011 年版。

12. 邵铁民、陈晖主编:《海关法学》,海关出版社 2010 年版。

13. 陈晖:《比较海关法》,中国海关出版社 2012 年版。

14. 朱秋沅:《国际海关法研究》,法律出版社 2011 年版。

15. 朱秋沅:《欧盟关税法及其壁垒性研究》,法律出版社 2017 年版。

16. 海关总署国际合作司编著:《WTO〈贸易便利化协定〉解读》,中国海关出版社 2017 年版。

17. 徐雅雯:《上海合作组织贸易投资便利化问题研究》,山东大学出版社 2015 年版。

18. 周阳:《美国海关法律制度研究》,法律出版社 2010 年版。

19. 王茜、张磊主编:《多哈回合谈判 2013 年年度报告:投资与贸易便利化专题》,法律出版社 2015 年版。

20. 苏长和:《全球公共问题与国际合作:一种制度的分析》,上海人民出版社 2000 年版。

21. 何明珂等:《贸易便利化与过境运输》,知识产权出版社 2008 年版。

22. 刘重力等:《APEC 贸易便利化问题研究》,南开大学出版社 2012 年版。

23. 曹建明、贺小勇:《世界贸易组织》,法律出版社 2011 年版。

24. 韩立余:《世界贸易组织法》(第3版),中国人民大学出版社2014年版。

25. 孔庆江:《世界贸易组织法理论与实践》,高等教育出版社2020年版。

26. 余丽:《世界贸易组织〈贸易便利化协定〉研究》,人民法院出版社2016年版。

27. 余锋:《WTO决策法律制度研究——民主的视角》,华东师范大学出版社2010年版。

28. 杨泽伟:《宏观国际法史》,武汉大学出版社2001年版。

29. 陈漓高、郑昭阳、齐俊妍等:《全球化条件下的区域经济一体化》,中国财政经济出版社2006年版。

30. 陈安主编:《国际经济法学》(第7版),北京大学出版社2017年版。

31. 陈漓高、齐俊妍、张燕等编著:《国际经济组织概论》,首都经济贸易大学出版社2010年版。

32. 赵长峰:《现实与理想:全球化背景下的国际合作与和谐世界》,中国社会科学出版社2011年版。

33. 邵津主编:《国际法》,北京大学出版社、高等教育出版社2000年版。

34. 梁西主编:《国际法》(第3版),武汉大学出版社2011年版。

35. 饶戈平主编:《国际组织法》,北京大学出版社1996年版。

36. 盛愉、魏家驹:《国际法新领域简论》,吉林人民出版社1984年版。

37. 伍贻康、张幼文等:《全球村落:一体化进程中的世界经济》,上海社会科学出版社、高等教育出版社1999年版。

38. 高疆:《多边贸易体制、全球贸易治理与国际贸易新规则》,上海社会科学院出版社2020年版。

39. 翁国民:《入世与中国海关法》,上海世界图书出版公司2001年版。

40. 杨丽、马彩英:《转型时期的中亚五国(1990—2001)》,甘肃人民出版社2003年版。

41. 中国社会科学院世界经济与政治研究所国际贸易研究室:《〈跨太平洋伙伴关系协定〉文本解读》,中国社会科学出版社2016年版。

(三)期刊论文

1. 辜胜阻等:《新型全球化与"一带一路"国际合作研究》,载《国际金融研究》2017 年第 8 期。

2. 胡鞍钢、王蔚:《从"逆全球化"到"新全球化":中国角色与世界作用》,载《学术界》2017 年第 3 期。

3. 郑玲丽:《国际贸易关系的法治与全球治理》,载孙琬钟、余敏友主编:《WTO 法与中国论丛》(2008 年卷),知识产权出版社 2008 年版。

4. 吴志成、董柞壮:《国际体系转型与全球治理变革》,载《南开学报(哲学社会科学版)》2018 年第 1 期。

5. [英]戴维·赫尔德:《重构全球治理》,杨娜译,载《南京大学学报(哲学·人文科学·社会科学版)》2011 年第 2 期。

6. [德]德克·梅斯纳、[英]约翰·汉弗莱:《全球治理舞台上的中国和印度》,赵景芳译,载《世界经济与政治》2006 年第 6 期。

7. 左海聪:《国际经济法基本问题论纲》,载《法学评论》2009 年第 1 期。

8. 王贵国:《理一分殊——刍论国际经济法》,载《比较法研究》1999 年第 4 期。

9. 金祥荣:《世界区域经济一体化浪潮及其影响》,载《国际贸易问题》1995 年第 6 期。

10. 王天元:《海关合作理事会与中国海关》,载《国际贸易》1988 年第 3 期。

11. 杨玉林:《海关合作理事会评介》,载《国际贸易》1987 年第 4 期。

12. 盛斌:《WTO〈贸易便利化协定〉评估及对中国的影响研究》,载《国际贸易》2016 年第 1 期。

13. 邵柏、魏珊、刘明杰:《国际突发公共卫生事件应对措施对国际贸易的影响及对策研究》,载《口岸卫生控制》2019 年第 4 期。

14. 何宇平:《论新修订的〈国际卫生条例〉对国家义务的设定》,载《中国国境卫生检疫杂志》2004 年第 4 期。

15. 龚向前:《传染病控制与当代国际法变革的新趋势——以〈国际卫生条例〉(2005)为例》,载《法学评论》2011 年第 1 期。

16. 董银果:《SPS 壁垒的评判标准探讨》,载《国际商务研究》2009 年第 1 期。

17. 戴宇欣:《采用国际标准及其例外看 WTO 有关协定的不公平性》,载《国际贸易》2007 年第 10 期。

18. 申进忠、牛宇贤:《WTO/TBT 协定中特殊与差别待遇条款的运用与思考》,载《中国口岸科学技术》2020 年第 7 期。

19. 申进忠、郑杰:《WTO/TBT 协定框架下技术法规的必要性检验探析》,载《中国口岸科学技术》2020 年第 9 期。

20. 贾立甲、李建军、王耀:《TBT 协定中认定技术法规的"强制性"判断标准探析》,载《中国口岸科学技术》2020 年第 8 期。

21. 王世川、黄意:《WTO〈TBT 协定〉框架下国际标准的"应然"与"实然"分析》,载《标准科学》2020 年第 3 期。

22. 张建平、樊子嫣:《"一带一路"国家贸易投资便利化状况及相关措施需求》,载《国家行政学院学报》2016 年第 1 期。

23. 葛顺奇、沈玉昊:《贸易便利化措施比较及中国自贸区的实践》,载《国际经济合作》2017 年第 4 期。

24. 何彤:《TPP 关于海关程序与贸易便利化领域对我国的影响及对策》,载《海关与经贸研究》2016 年第 5 期。

25. 石静霞:《国际贸易投资规则的再构建及中国的因应》,载《中国社会科学》2015 年第 9 期。

26. 杜玉琼:《论发展中国家在多边贸易规则谈判中的作用》,载《四川师范大学学报(社会科学版)》2012 年第 3 期。

27. 宋锡祥、张贻博:《〈欧盟—日本经济伙伴关系协定〉透视及中国的应对之策》,载《国际商务研究》2019 年第 3 期。

28. 王珉:《国际海关便利通关制度最佳实践经验、发展趋势与中国因应之策》,载《太平洋学报》2017 年第 6 期。

29. 王珉:《丝绸之路经济带海关国际合作法律机制的构建》,载《东北亚论坛》2017 年第 6 期。

30. 王海燕:《中国与中亚国家参与周边区域经济合作机制比较研究》,载《新疆师范大学学报(哲学社会科学版)》2010 年第 2 期。

31. 谢谦:《贸易便利化、经贸发展与我国的改革实践》,载《经济学动态》2018 年第 1 期。

32. 王贵国:《经济全球化与全球法治化》,载《中国法学》2008 年第 1 期。

33. 曾文革、江莉:《〈贸易便利化协定〉视域下我国海关贸易便利化制度的完善》,载《海关与经贸研究》2016 年第 1 期。

34. 胡加祥:《〈贸易便利化协定〉与海关通关规则研究》,载《海关与经贸研究》2016 年第 2 期。

35. 赵亮、陈淑梅:《我国区域贸易协定的现状、特征及顶层设计探究》,载《东北师大学报(哲学社会科学版)》2016 年第 1 期。

36. 钟昌元:《浅析〈亚太贸易协定〉优惠原产地规则》,载《对外经贸实务》2009 年第 3 期。

37. 刘奇超、苏铁等:《关税担保制度的国际比较与中国关税法立法》,载《经济研究参考》2017 年第 67 期。

38. 杨光、郭炜:《关税保证保险与海关税收担保制度创新》,载《中国保险》2018 年第 10 期。

39. 黄存真:《论 WTO 框架内电子商务规则现状与发展及我国相应对策》,载《武大国际法评论》2004 年第 1 期。

40. 邵景春:《〈联合国国际贸易法委员会电子商务示范法〉评析——兼论中国电子商务法制建设》,载《法学》2000 年第 12 期。

41. 刘益灯、谭泽林:《论欧盟电子商务法中的消费者重大利益保护问题》,载《消费经济》2009 年第 3 期。

42. 鄂立彬、黄永稳:《国际贸易新方式:跨境电子商务的最新研究》,载《东北财经大学学报》2014 年第 2 期。

43. 郭鹏:《电子商务立法:全球趋同化中存在利益分歧——美国与欧盟的立场分析》,载《中国社会科学院研究生院学报》2010 年第 2 期。

44. 何其生:《美国自由贸易协定中数字产品贸易的规制研究》,载《河南财经政法大学学报》2012 年第 5 期。

45. 王立武、杨柳:《美国自由贸易协定的电子商务条款探析》,载《亚太经济》2013 年第 6 期。

46. 罗豪才、宋功德:《认真对待软法——公域软法的一般理论及其中国实践》,载《中国法学》2006 年第 1 期。

47. 何志鹏、尚杰:《国际软法的效力、局限及完善》,载《甘肃社会科学》2015 年第 2 期。

48. 何志鹏:《逆全球化潮流与国际软法的趋势》,载《武汉大学学报(哲学社会科学版)》2017 年第 4 期。

49. 何志鹏:《国际经济法的价值追寻与价值选择》,载《河南省政法管理干部学院学报》2004 年第 3 期。

50. 王海峰:《论国际经济合作领域中的“软法”现象》,载《国际贸易》2007 年第 5 期。

51. 李泽锐:《略论国际经济软法与建立国际经济新秩序的斗争》,载《法学研究》1983 年第 6 期。

52. 徐崇利:《全球治理与跨国法律体系:硬法与软法的“中心—外围”之构造》,载《国外理论动态》2013 年第 8 期。

53. 余锋:《软法与硬法的冲突和对抗:重塑国际贸易体制的新路径选择》,载《当代亚太》2011 年第 4 期。

54. 蔡高强:《论国际组织表决机制发展中的中国话语权提升》,载《现代法学》2017 年第 3 期。

55. 龚正:《深入研究国际海关惯例　积极推动海关法制建设——浅谈〈京都公约〉与〈海关法〉的修改》,载《中国海关》1999 年第 6 期。

56. 伊羊羊:《贸易便利化视角下 WCO〈京都公约〉(修订)的发展分析》,载陈晖主编:《海关法评论》第 5 卷,法律出版社 2015 年版。

57. 伊羊羊:《〈京都公约〉的修改及可能产生的影响》,载《中国海关》1998 年第 3 期。

58. 张树杰:《世界海关组织二十一世纪海关蓝图》,载《对外经贸实务》2011 年第 2 期。

59. 张树杰:《国际组织框架下的贸易便利化议题与进程:发展与趋势》,载陈晖主编:《海关法评论》第 1 卷,法律出版社 2010 年版。

60. 何力:《世界海关组织与 WTO 合作的制度基础和体制融合》,载陈晖主编:《海关法评论》第 3 卷,法律出版社 2013 年版。

61. 何力:《国际海关法和国际海关法学基本问题初探》,载《上海海关学院学报》2007 年第 4 期。

62. 何力:《全球化背景下中国 AEO 互认及其国际海关法贡献》,载《海关与经贸研究》2018 年第 1 期。

63. 何力:《从国际组织功能看 WTO 与 WCO 的关系》,载《政法论丛》2010 年第 3 期。

64. 何力:《新形势下“一带一路”建设与国际海关法的走向》,载陈晖主编:《海关法评论》第 7 卷,法律出版社 2017 年版。

65. 陈晖:《国际贸易安全与便利:我国〈海关法〉面临的新课题》,载《国际贸易问题》2008 年第 8 期。

66. 朱秋沅:《我国国际海关法学术研究综述》,载陈晖主编:《海关法评论》第 2 卷,法律出版社 2011 年版。

67. 朱秋沅:《〈经修正的京都公约〉的修正机制及公约未来走向分析》,载《海关与经贸研究》2020 年第 1 期。

68. 陈晓华:《试论条约机构与多边条约的实施》,载《云南大学学报(法学版)》2010 年第 2 期。

69. 严波:《世界海关组织与 WTO 在贸易便利化中的角色分析》,载《世界贸易组织动态与研究》2007 年第 11 期。

70. 朱高章、李灵:《海关国际合作新进展》,载《中国海关》2010 年第 8 期。

71. 王淑敏、冯明成:《〈贸易便利化协定〉与〈京都公约〉(修订)比较及对中国自由贸易港的启示》,载《大连海事大学学报(社会科学版)》2019 年第 2 期。

72. 黄志瑾:《WTO〈贸易便利化协定〉评述——多哈回合的突破?》,载《上海对外经贸大学学报》2014 年第 5 期。

73. 郭永泉:《中国自由贸易港的海关制度创新研究》,载《海关与经贸研究》2018 年第 2 期。

74. 黄丙志:《贸易安全与便利:海关管理目标及阶段性推进的逻辑思辨》,载《上海经济研究》2015 年第 11 期。

75. 刘静:《澳大利亚、新西兰—东盟自由贸易区的背景、意义及展望》,载《亚太经济》2005 年第 4 期。

76. 刘主光、艾雨婷:《东盟国家贸易便利化措施研究》,载《东南亚纵横》2015 年第 6 期。

77. 魏格坤:《中国—东盟贸易便利化的障碍与破解思路》,载《对外经贸实务》2016 年第 6 期。

78. 闫亚娟、陈志恒:《欧亚经济联盟对外自贸区建设的进展与方向》,载《俄罗斯东欧中亚研究》2021 年第 2 期。

79. 孙长龙:《中国与欧亚经济联盟经贸合作的前景、阻碍与法律建议》,载

《国际经贸探索》2019 年第 8 期。

80. 苏铁、刘奇超等:《商品归类、海关估价与原产地规则:国际比较与立法建议》,载《国际税收》2017 年第 5 期。

81. 夏阳、陈颖怡:《〈协调制度〉与现代化海关发展》,载《战略决策研究》2011 年第 3 期。

82. 陆跃平:《〈商品名称及编码协调制度〉及其公约介绍》,载《国际贸易》1992 年第 1 期。

83. 侯富强、徐泉:《从〈海关估价协议〉谈我国海关估价制度的完善》,载《江西社会科学》2003 年第 9 期。

84. 林弘:《我国海关估价研究综述与展望》,载《上海海关学院学报》2011 年第 1 期。

85. 王青、李建明:《国际侦查合作背景下的境外取证与证据的可采性》,载《江苏社会科学》2017 年第 4 期。

86. 祝少春:《海关缉私的国际互助研究》,载《社科纵横(新理论版)》2010 年第 1 期。

87. 苑荣华、王岩:《海关行政处罚程序转换及域外证据采信》,载《人民司法(案例)》2017 年第 8 期。

88. 厉力:《原产地规则研究综述》,载《国际商务研究》2012 年第 4 期。

89. 杜兰莎:《WTO〈原产地规则协定〉的理论研究与实证研究》,载《时代经贸·下旬》2008 年第 1 期。

90. 邓宁:《WTO 的原产地标准与我国原产地规则的完善》,载《财会研究》2011 年第 14 期。

91. 韩剑、岳文、吴小康:《优惠自贸协定、原产地规则与企业技术升级》,载《经济评论》2019 年第 4 期。

92. 李海莲、邢丽:《区域自由贸易协定原产地规则的影响及治理策略》,载《经济纵横》2017 年第 1 期。

93. 李大伟:《类 TPP 原产地规则条款对中国参与全球价值链的影响研究》,载《宏观经济研究》2017 年第 12 期。

94. 何彤:《TPP 关于海关程序与贸易便利化领域对我国的影响及对策》,载《海关与经贸研究》2016 年第 5 期。

95. 白洁、苏庆义:《CPTPP 的规则、影响及中国对策:基于和 TPP 对比的分析》,载《国际经济评论》2019 年第 1 期。

96. 樊莹:《CPTPP 的特点、影响及中国的应对之策》,载《当代世界》2018 年第 9 期。

97. 袁波:《CPTPP 的主要特点、影响及对策建议》,载《国际经济合作》2018 年第 12 期。

98. 蔡彤娟、郭小静:《TPP 到 CPTPP:中国面临的新挑战与对策》,载《区域与全球发展》2019 年第 2 期。

99. 刘霜林、金泉明:《"五问"RCEP 签署与关税变化影响》,载《中国海关》2021 年第 1 期。

100. 王树春、万青松:《上海合作组织与欧亚经济共同体的关系探析》,载《世界经济与政治》2012 年第 3 期。

101. 刘华芹:《新时期进一步推进上海合作组织区域经济合作的思考与建议》,载《国际贸易》2011 年第 5 期。

102. 刘梦非:《中国与哈萨克斯坦海关合作机制研究》,载《暨南学报(哲学社会科学版)》2015 年第 8 期。

103. 李建民:《丝绸之路经济带、欧亚经济联盟与中俄合作》,载《俄罗斯学刊》2014 年第 5 期。

104. 郭晓琼:《竞争与合作:对欧亚联盟与上海合作组织关系的思考》,载《俄罗斯东欧中亚研究》2013 年第 3 期。

105. 甘红云:《完善中国对外贸易摩擦预警机制的思路探讨》,载《当代经济》2011 年第 24 期。

106. 杜晓英:《推进丝绸之路经济带国家贸易便利化合作的措施研究》,载《青海社会科学》2016 年第 3 期。